铁路职工岗位培训系列教材

电力机车副司机（理论部分）

中国铁路呼和浩特局集团有限公司　编

中国铁道出版社有限公司

2023年·北　京

内 容 简 介

本书是中国铁路呼和浩特局集团有限公司编写的铁路职工岗位培训系列教材之分册，介绍电力机车副司机岗位应掌握的理论知识。全书分为三篇，内容包括：力学和机械基础，电工、电子基础等基本知识；专业基础知识，交、直流传动电力机车基本构造、作用及原理，制动系统基本构造、作用及原理，行车安全装备有关知识，电力机车常见故障处理等专业知识；新技术应用等相关知识。

本书可供电力机车副司机工种及相关人员培训及自学使用。

图书在版编目(CIP)数据

电力机车副司机．理论部分/中国铁路呼和浩特局集团有限公司编．—北京：中国铁道出版社有限公司，2023.10

铁路职工岗位培训系列教材

ISBN 978-7-113-30607-6

Ⅰ.①电… Ⅱ.①中… Ⅲ.①电力机车-驾驶员-岗位培训-教材 Ⅳ.①U268.48

中国国家版本馆 CIP 数据核字(2023)第 190177 号

书　　名：电力机车副司机(理论部分)
作　　者：中国铁路呼和浩特局集团有限公司

责任编辑：袁文东　　**编辑部电话：**(010)51873421
封面设计：郑春鹏
责任校对：苗　丹
责任印制：赵星辰

出版发行：中国铁道出版社有限公司(100054，北京市西城区右安门西街 8 号)
网　　址：http://www.tdpress.com
印　　刷：河北宝昌佳彩印刷有限公司
版　　次：2023 年 10 月第 1 版　2023 年 10 月第 1 次印刷
开　　本：787 mm×1 092 mm 1/16　**印张：**14.25　**字数：**326 千
书　　号：ISBN 978-7-113-30607-6
定　　价：140.00 元

版权所有　侵权必究

凡购买铁道版图书，如有印制质量问题，请与本社读者服务部联系调换。电话：(010)51873174

打击盗版举报电话：(010)63549461

编　委　会

主　　任：田春亮

副 主 任：谢　辉　吴　颖

编　　委：牛　明　何永康　段　辰

（按姓氏笔画排序）

主　　审：侯宜强　李振杰　李春龙

前言

技能是强国之基、立业之本，技能人才是支撑铁路高质量发展的重要力量，为加强铁路专业技能人才队伍建设，加快铁路创新型、应用型、技能型人才培养，依据铁路特有工种技能培训规范，中国铁路呼和浩特局集团有限公司组织编写了铁路职工岗位培训系列教材。

本套教材从各工种岗位实际出发，注重专业性、实用性和指导性，内容主要包括基础知识、专业知识和相关知识三篇，各篇章节内容紧扣培训规范，通过深入浅出的讲解，力求通俗易懂。本套教材可作为铁路职工岗位培训和业务学习用书，亦可供有兴趣的职工自学使用。

本套教材由中国铁路呼和浩特局集团有限公司教材编审委员会组织，集团公司运输、客运、货运、机务、工务、电务、车辆及供电部编写、审稿，职工培训部校订并实施完成。本书第一章至第三章由段辰编写；第四章至第六章由牛明编写；第七章及第八章何永康由编写。全书由侯宜强、李振杰、李春龙主审。在此对所有编审人员及支持帮助本书编写的同志表示衷心的感谢。

本书编写时间短，难免存在疏漏之处，欢迎读者朋友批评指正。

编委会

2023 年 8 月

目 录

第一篇 基础知识

第二篇 专业知识

第三篇　相关知识

第一篇　基础知识

第一章 力学和机械基础

第一节 力学知识

一、机车牵引力的产生和传递过程

（一）机车牵引力的产生

机车牵引力的产生，是由机车动力装置产生的机械能（热力机车）或直接由接触网获得的电能（电力机车），通过传动装置产生的使动轮回转的扭矩，在各动轮的轮周上形成切线力，依靠动轮与钢轨间的黏着作用而产生的作用于各动轮周上使机车发生平移运动的反作用力。这种由钢轨作用于动轮周上的切向外力之和，即为机车轮周牵引力，简称机车牵引力。机车牵引力用符号 F 表示，计量单位为千牛（kN）。

对于动车组、城市轨道列车和地铁列车而言，动力集中配置（拖车不带动力转向架）的称为动车牵引力，动力分散配置（拖车带动力转向架）的称为列车牵引力。

（二）牵引力传递过程

机车牵引时，牵引力的传递过程为：轮周牵引力→车架→牵引梁→缓冲器→从板→尾销→车钩。

二、机车制动力的产生和传递过程

（一）机车制动力的产生

1. 摩擦制动

(1)闸瓦制动：以压缩空气为动力，通过空气制动机将闸瓦压紧车轮踏面由摩擦产生制动力。常速机车车辆均采用这种制动方式。

(2)盘形制动：以压缩空气为动力，通过空气制动机将闸片压紧装在车轴或车轮上的制动盘产生摩擦形成制动力。

2. 动力制动

依靠机车的动力机械产生的制动力，包括电阻制动、再生制动、液力制动，其大小受到机车动力制动功率的限制。

（二）机车制动力传递过程

机车制动时，制动力的传递过程为：基础制动→轴箱→一系弹簧→构架→牵引装置→车体。

三、车辆制动力的产生和传递过程

(一)车辆制动力的产生

为了实现列车的制动,达到减速或停车的目的,在机车与车辆上都装有一套制动装置。车辆制动装置由车辆制动机和车辆基础制动装置两部分组成。

在车辆制动装置中,由机车司机操纵控制,并产生制动原力的部分称为制动机;传递制动原力,并将其扩大以后均匀分配到各个闸瓦的装置称为基础制动装置。

(二)车辆制动力传递过程

闸瓦制动的列车,列车的制动过程实质上就是列车动能转换的过程。

运行中的列车具有动能,动能的大小等于列车质量与速度平方的乘积的一半。因此,列车质量越大、速度越高,其动能就越大。列车在制动过程中,闸瓦紧压在滚动着的车轮踏面上,使车轮与闸瓦产生摩擦,将列车动能转变成热能,转移到闸瓦并散热于大气。随着列车动能的转移和减小,列车不断减速,直至列车全部动能转移完毕,列车停车。

四、机车及列车各种运行阻力的分类及产生原因

(一)各种运行阻力的分类

列车运行阻力按阻力产生的原因分为基本阻力和附加阻力。

1. 基本阻力

基本阻力是列车在运行中任何情况下都存在的阻力。列车在平、直线路上运行时,只有运行基本阻力。列车在直线路上起动时,只有起动基本阻力。

2. 附加阻力

附加阻力是指发生在个别情况下的阻力。如:曲线阻力、隧道阻力、坡道阻力等。

3. 总 阻 力

基本阻力加上附加阻力称为总阻力。

作用在机车、车辆或列车上全部重量的阻力分别称为机车、车辆或列车总阻力,用符号“W”表示,计量单位为 kN;单位阻力用“ω”表示,计量单位为 N/kN。

(二)各种阻力产生的原因

1. 列车起动基本阻力

列车起动基本阻力产生的原因和影响因素主要有以下方面:

(1)机车、车辆长时间停留后,滑动轴承与轴颈间的润滑油被压出,流入轴箱下部,在正常运转情况下所形成的润滑油膜被破坏。因此,机车、车辆在起动的瞬间,滑动轴承与轴颈间的滑动摩擦近乎干摩擦,使摩擦系数急剧增大。

(2)车辆长时间停留后,轴温降低,润滑油黏度加大,故摩擦阻力也增大。

(3)列车长时间停留,在轴荷重的作用下,使轮轨接触处发生较大的变形增加轮轨间的滚动摩擦阻力。

上述原因均使机车、车辆起动时的基本阻力比正常运行时大得多,此时列车所受到的阻力称为起动基本阻力。

2. 附加阻力

附加阻力是机车、车辆运行在某些特定条件下才能遇到的阻力。如列车进入坡道、曲线时，列车起动或遇到大风天气运行时所增加的阻力。

附加阻力包括曲线阻力、坡道阻力和隧道附加阻力。

(1)曲线阻力定义及其产生的原因

列车在曲线上运行时的阻力大于相同条件下直线上的运行阻力，增大的那部分阻力就是曲线附加阻力。

①列车运行在曲线地段时，由于内、外轨长度的不同将使车轮相对于钢轨的纵向、横向滑动加剧；

②机车、车辆在离心力的作用下，轮缘与轨头内侧的摩擦增加；

③车辆上下心盘之间以及轴承有关部分的摩擦加剧。

(2)坡道阻力定义及其产生的原因

列车在坡道上运行时，除了基本阻力之外，还有坡道阻力。因为坡道阻力只产生在坡道上，所以叫作坡道附加阻力。

列车运行在上坡道时，由于坡道具有一定的斜度，机车、车辆将受到一个与坡道平行，且指向下坡方向的重力的分力。这个分力影响着列车的运行，这就是坡道阻力产生的原因。

(3)隧道阻力定义及其产生的原因

列车在隧道内运行时，空气阻力比在空旷地带要大，空气阻力增加的部分称为隧道附加阻力，简称隧道阻力。列车在隧道内起动时没有隧道附加阻力。

第二节　机械基础知识

一、机械传动基本概论

机械传动主要是指利用机械方式传递动力及运动的传动。机械传动有多种形式，主要可分为摩擦传动和啮合传动两类。

（一）摩擦传动

靠机件间的摩擦力传递动力和运动的摩擦传动，包括带传动、绳传动和摩擦轮传动等。摩擦传动容易实现无级变速，大都能适应轴间距较大的传动场合，过载打滑还能起到缓冲和保护传动装置的作用，但这种传动一般不能用于大功率的场合，也不能保证准确的传动比。

（二）啮合传动

靠主动件与从动件啮合或借助中间件啮合传递动力或运动的啮合传动，包括齿轮传动、链传动、螺旋传动和谐波传动等。啮合传动能够用于大功率的场合，传动比准确，但一般要求较高的制造精度和安装精度。

二、机械传动的基本形式及特点

（一）带 传 动

1. 带传动组成及工作原理

带传动一般是由主动轮、传动带和从动轮组成，传动带紧套在两轮上，使带和带轮之间的接触面产生正压力。当原动机驱动主动轮转动时,依靠带和带轮间的摩擦力的作用,带动从动轮一起转动,并传递动力。带传动示意如图 1-1 所示。

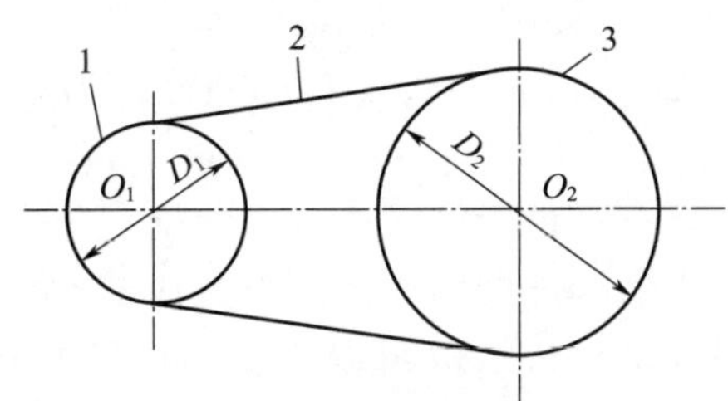

图 1-1 带传动示意

1—主动轮;2—传动带;3—从动轮

2. 带传动特点

(1)带具有弹性,可缓解冲击和振动,传动平稳,无噪声。

(2)当机器过载时,带在带轮上打滑,对机器具有过载保护作用。

(3)结构简单,成本低,带损坏后容易更换,安装维护方便。

(4)结构不够紧凑,大功率的带传动尺寸往往很大,而且不能保证准确的传动比。

3. 带传动类型及应用

常用的带传动有平型带传动、三角带传动、圆形带传动和同步齿形带传动等。带传动的类型如图 1-2 所示。

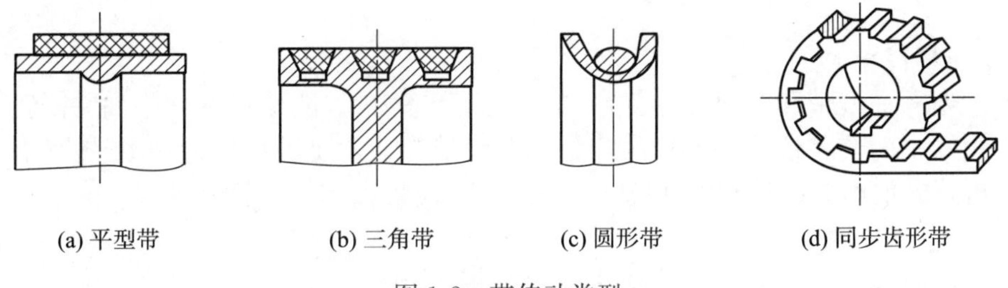

(a) 平型带　(b) 三角带　(c) 圆形带　(d) 同步齿形带

图 1-2 带传动类型

(1)平型带传动

平型带的横剖面扁平。工作时,带的环形内表面与轮缘接触,结构简单,带轮也容易制造,而且平型带比较薄,挠曲性能好,适用于在传动中心距较大、高速运转的传动。

常用的平型带有橡胶布带、缝合棉布带、棉织带和毛织带等数种。其中以橡胶布带应用最多。

(2)三角带传动

三角带的横剖面是梯形,带轮上也做出相应的轮槽。工作时,三角带只和轮槽的两个侧面接触。根据摩擦原理,在同样的张紧力下,三角带传动较平型带传动能产生更大的摩擦力;并且结构比较紧凑,允许的传动比也比较大,三角带具有已标准化并大量生产等优点,因此三角带传动的应用比平型带传动广泛得多。

标准三角带都制成无接头的环形,由伸张层、强力层、压缩层和包布层组成。三角带的结构主要有帘布结构和线绳结构两类。帘布结构三角带制造比较方便，一般用途的三角带主要采用帘布结构；线绳结构的三角带柔韧性好，抗弯强度高，适用转速较高、载荷不大、带轮直径较小的场合。三角带的组成如图 1-3 所示。

三角带剖面尺寸分为 O、A、B、C、D、E、F 七种型号。为了制造和测量方便，公称长度以内圆周长度表示。

除以上所述的三角带外，还有一种活络三角带。活络三角带是由多层挂胶帆布贴合，经硫化并冲成小片，逐节搭叠后用螺栓连接而成。活络三角带的长度，可以根据需要加长或缩短，适应于中心距不能调整的传动中。一般可以代替同型号的三角带，但在速度较高时，传动的平稳性较差，而且使用寿命也较短。活络三角带如图 1-4 所示。

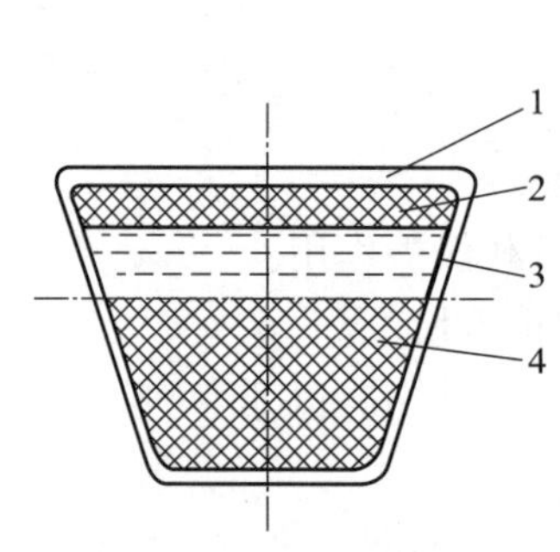

图 1-3　三角带组成

1—伸张层；2—强力层；3—压缩层；4—包布层

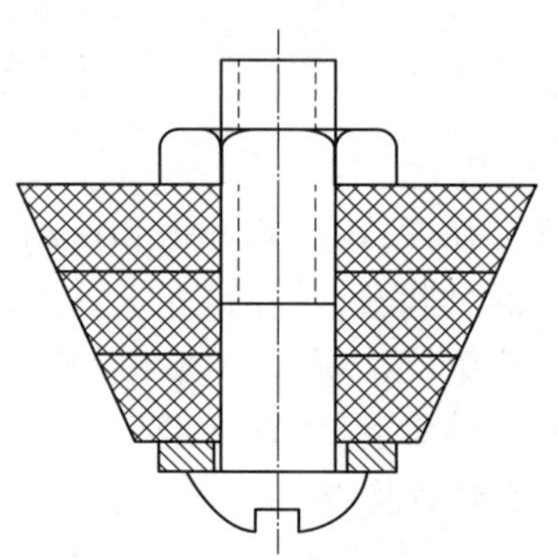

图 1-4　活络三角带

(3)多楔带传动

多楔带兼有平型带和三角带的优点：柔性好，摩擦力大，能传递的功率高，并解决了多根三角带长短不一而使各带受力不均的问题。多楔带传动主要用于传递功率较大而结构要求紧凑的场合，传动比可达 10，带速可达 40 m/s。多楔带如图 1-5 所示。

（二）链 传 动

1. 链传动组成及工作原理

链传动由主动轮、链条和从动轮组成，属于带有中间挠性件的啮合传动。链轮上制有特殊齿形的齿，依靠链轮轮齿与链节的啮合来传递运动和动力。链传动如图 1-6 所示。

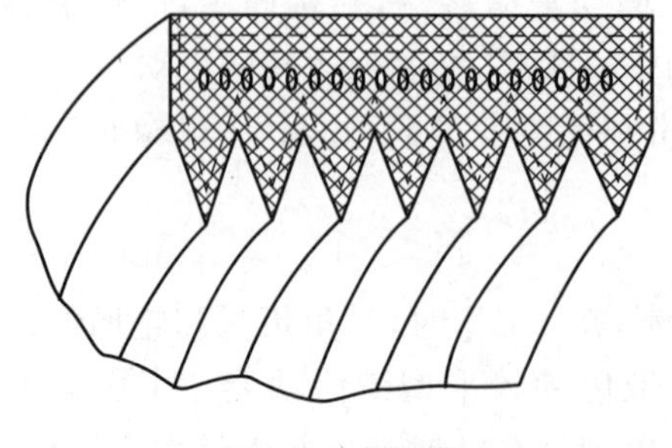

图 1-5　多楔带

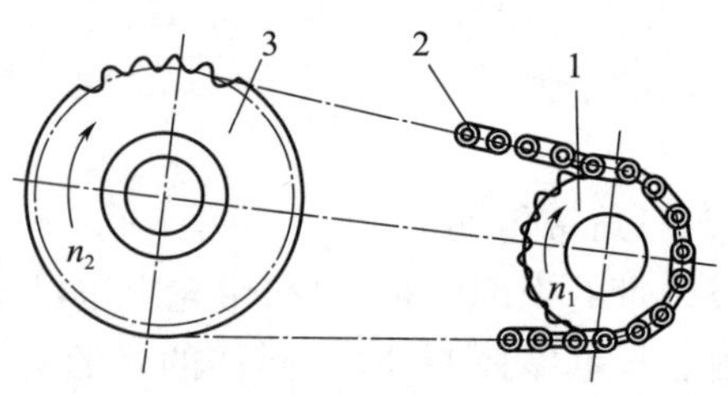

图 1-6　链传动

1—主动轮；2—链条；3—从动轮

2. 链传动特点

与带传动、齿轮传动相比,链传动具有下列特点:

(1)和齿轮传动比较,链传动较易安装,成本低,它可以在两轴中心结构较为紧凑相距较远的情况下传递运动和动力,而且能在低速、重载和高温条件下及尘土飞扬的不良环境中工作。

(2)和带传动比较,链传动能保证准确的平均传动比,传递功率较大,传递效率较高,一般可达0.95～0.97,且作用在轴和轴承上的力较小。链传动无弹性滑动和打滑现象,因而能保持准确的传动比(平均传动比),传动效率较高;又因链条不需要像带那样张得很紧,所以作用于轴上的径向压力较小。链传动是属于带有中间挠性件的啮合传动。

(3)链条的铰链易磨损,使得节距变大,造成脱落现象。

3. 链传动应用

当两轴平行且同向回转,中心距较远,传递功率较大、平均传动比要求较准确时,可采用链传动。链传动多用于轻工机械、农业机械、石油化工机械、采矿、冶金、运输起重机械、机床、汽车、摩托车和自行车等机械传动上。

4. 链条种类

链条的种类很多,常用的是滚子链和齿形链。

(1)滚 子 链

滚子链也称套筒滚子链,由外链板、销轴、内链板、套筒和滚子组成。销轴与外链板、套筒与内链板分别采用过盈配合固定。而销轴与套筒、滚子与套筒之间则为间隙配合,这样当链节屈伸时,内链板与外链板之间就能相对转动。套筒、滚子与销轴之间也可以自由转动。当链条与链轮进入或脱离啮合时,滚子可在链轮上滚动,两者之间主要是滚动摩擦,从而减少了链条和链轮齿的磨损。套筒滚子链如图1-7所示。

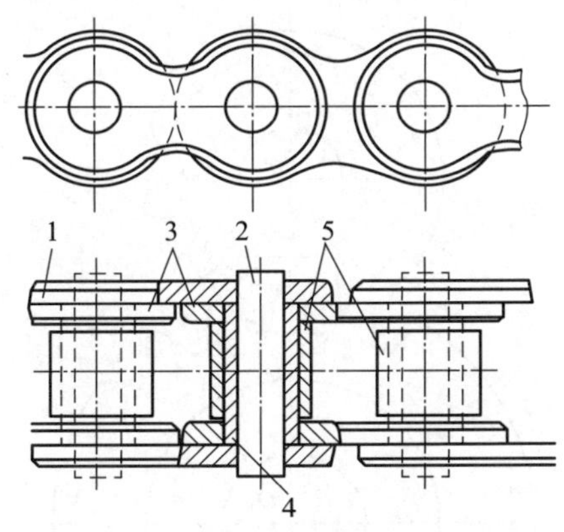

图1-7 套筒滚子链

1—外链板;2—销轴;3—内链板;4—套筒;5—滚子

(2)齿 形 链

齿形链根据铰接的结构不同,可分为圆销铰链式、轴瓦铰链式和滚柱铰链式三种。

圆销铰链式齿形链主要由套筒、齿形板、销轴与外链板组成。销轴与套筒为间隙配合。圆销铰链式齿形链的承压面仅为宽度的一半,故比压大,易磨损,成本较高。但圆销铰链式齿形链比套筒滚子链传动平稳，传动速度高且噪声小，因而齿形链又叫无声链。圆销铰链式齿形链如图 1-8 所示。

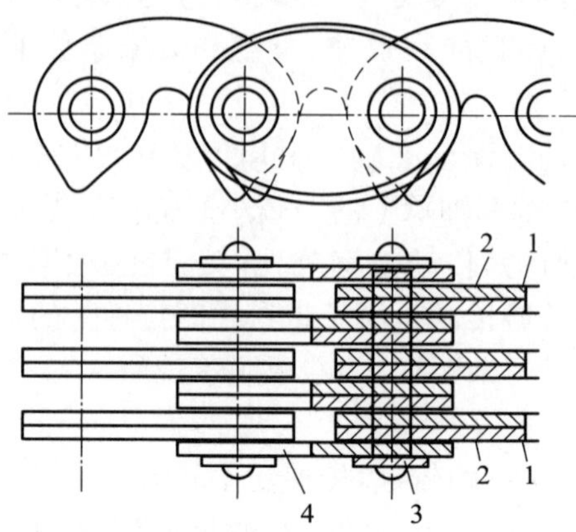

图 1-8　圆销铰链式齿形链

1—套筒；2—齿形板；3—销轴；4—外链板

（三）齿轮传动

1. 齿轮传动组成及工作原理

齿轮传动由主动轮和从动轮组成，两齿轮的轴线相对位置不变，并各绕其自身的轴线而转动。当一对齿轮相互啮合而工作时，主动轮（上）的轮齿 1，2，3，…通过啮合点法向力的作用逐个地推动从动轮（下）的轮齿 1′，2′，3′，…使从动轮转动，从而将主动轮的动力和运动传递给从动轮。齿轮传动组如图 1-9 所示。

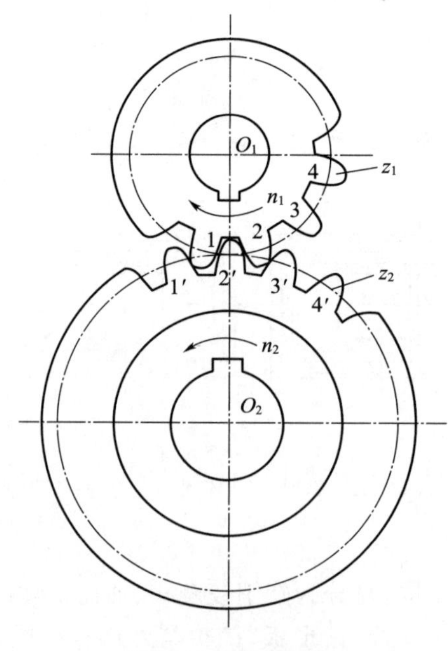

图 1-9　齿轮传动组

2. 齿轮传动特点及应用

齿轮传动与带传动和链传动等比较，有如下特点：

(1)能保证瞬时传动比恒定，平稳性较高，传递运动准确可靠。

(2)传递的功率和速度范围较大。齿轮传动传递的功率从几瓦至几万千瓦，圆周速度从很低到 100 m/s 以上。

(3)结构紧凑、可实现较大的传动比。在同样的使用条件下，齿轮传动所需的空间尺寸一般较小。

(4)传动效率高，工作可靠，使用寿命长。常用的机械传动中，以齿轮传动的效率为最高。如一级圆柱齿轮传动的效率可达 99%。设计制造正确合理，使用维护良好的齿轮传动，工作可靠，寿命度达十到二十年，这也是其他机械传动不能比的。

(5)齿轮传动的制造及安装精度要求高，价格较贵，且不宜用于传动距离过大的场合。

齿轮传动是现代各类机械传动中应用广泛且主要的一种传动，在工程机械、矿山机械、冶金机械以及各类机床中都应用着齿轮传动。齿轮传动中齿轮的直径能够从仪表齿轮的不到 1 mm，到重型齿轮的 10 m 以上。大部分齿轮是用来传递旋转运动的，但也可以把旋转运动变成往复直线运动，如齿轮齿条传动。

3. 齿轮传动基本要求

用来传递运动和动力的齿轮，其啮合传动是个比较复杂的过程。从传递运动和动力两方面来考虑，齿轮传动应满足以下两个基本要求：

(1)传动要平稳。要求齿轮在传动过程中，任何瞬时的传动比保持恒定不变。这样可以保持传动的平稳性，避免或减少传动中的噪声、冲击和振动。

(2)承载能力强。要求齿轮的尺寸小，重量轻，而承受载荷的能力大；也就是要求齿轮强度高，耐磨性好，寿命长。

4. 齿轮传动类型

按齿轮的啮合方式，可分为外啮合齿轮传动、内啮合齿轮传动和齿条传动。按齿形方向与轴的相对位置，可分为直齿、斜齿两种。按轮齿的齿廓曲线不同，可分为渐开线齿轮、摆线齿轮和圆弧齿轮等。齿轮传动类型如图 1-10 所示。

齿轮传动的种类很多，可以按不同方法进行分类。

根据齿轮传动轴的相对位置，可将齿轮传动分为两大类，即平面齿轮传动(两轴平行)和空间齿轮传动(两轴不平行)。

按齿轮传动在工作时的圆周速度不同，可分为低速($v<3$ m/s)、中速($3\leqslant v\leqslant 15$ m/s)和高速($v>15$ m/s)三种。

按齿轮传动的工作条件不同，可分为闭式齿轮传动和开式齿轮传动两种。在农业机械、建筑机械以及简易的机械设备中有一些齿轮传动没有防尘罩或机壳，齿轮完全暴露在外边，这叫作开式齿轮传动；这种传动不仅外界杂物极易侵入，而且润滑不良，因此工作条件不好，轮齿也容易磨损，故宜用于低速传动。当齿轮传动装有简单的防护罩，有时还把大齿轮部分地浸入油池中，则称为半开式齿轮传动；它的工作条件虽有改善，但仍不能做到严密防止外界杂物侵入，润滑条件也不算最好。而汽车、航空发机等所用的齿轮传动，都是装在经过精确加工且封闭严密的箱体(机匣)内，这称为闭式齿轮传动(齿轮箱)。它与开式或半开式齿

(a) 外啮合直齿圆柱齿轮传动

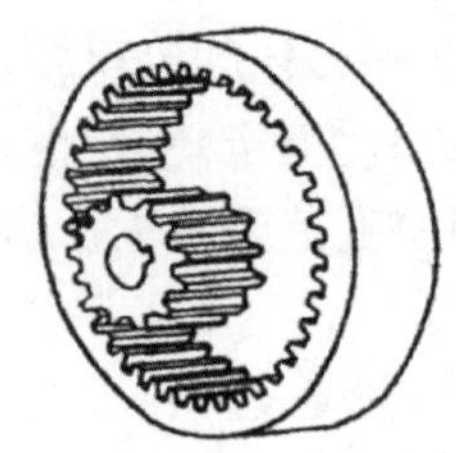

(b) 内啮合直齿圆柱齿轮传动

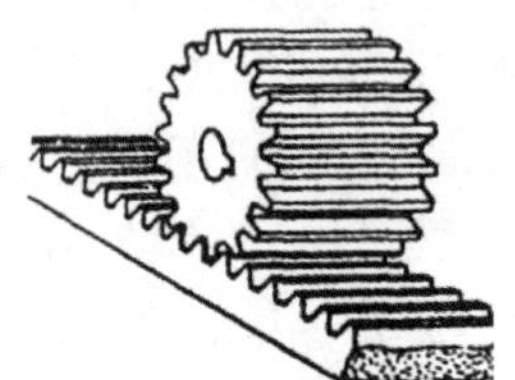

(c) 齿轮齿条传动

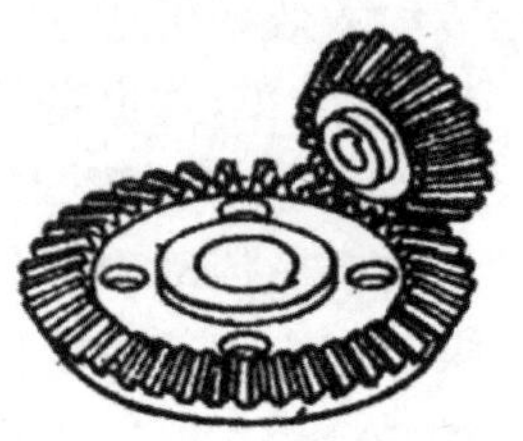

(d) 直齿圆锥齿轮传动

(e) 斜齿圆锥齿轮传动

(f) 人字齿轮传动

图 1-10　齿轮传动类型

轮传动相比，润滑及防护等条件最好，多用于重要的场合。

（四）蜗杆传动

1. 蜗杆传动组成

蜗杆传动是由蜗杆和蜗轮组成，用来传递空间互相垂直而不相交的两轴间的运动和动力。由于它具有传动比大而结构尺寸紧凑等优点，所以在各类机床、冶金、矿山及起重等机械设备的传动系统中，得到了广泛的应用。蜗杆传动的组成如图 1-11 所示。

2. 蜗杆传动类型

根据蜗杆形状的不同，蜗杆传动可以分为圆柱蜗杆传动、圆弧面蜗杆传动和锥蜗杆传动。

(1)圆柱蜗杆传动

圆柱蜗杆传动包括普通圆柱蜗杆传动和圆弧齿圆柱蜗杆传动两类。

①普通圆柱蜗杆传动

普通圆柱蜗杆传动分为多种类型，但其中较常用的是阿基米德蜗杆传动。

阿基米德蜗杆，在垂直于其轴线的剖面上，齿廓曲线为阿基米德螺旋线；在通过其轴线的剖面上，齿廓为直线，犹如直齿齿条的齿廓；在螺旋线的法向剖面内，齿廓为曲线。至于蜗轮，在主剖面上（通过蜗杆轴线并垂直于蜗杆的平面），其齿廓则为渐开线；在此剖面上，蜗杆与蜗轮的啮合关系可以看作是直齿齿条和齿轮的啮合关系。

图 1-11　蜗杆传动组成

阿基米德圆柱蜗杆的缺点是难以进行磨削，因而精度不高；但它具有加工简便的优点，故在机械中应用广泛。

②圆弧齿圆柱蜗杆传动

圆弧齿圆柱蜗杆传动在主剖面上，蜗杆的齿廓为凹弧形，而与蜗杆相配的蜗轮的齿廓则为凸弧形。所以圆弧齿圆柱蜗杆传动是一种凹凸弧齿廓相啮合的传动，也是一种线接触的啮合传动。其主要特点为：效率高，一般可达 90%以上；承载能力高，一般可较普通圆柱蜗杆传动高出 50%～150%；体积小；重量轻；结构紧凑。圆弧齿圆柱蜗杆传动广泛地应用到冶金、矿山、化工、建筑、起重等机械设备的减速机构中。

(2)圆弧面蜗杆传动

圆弧面蜗杆传动的特征是，所用蜗杆切制螺纹段的外形是以凹圆弧为母线所形成的旋转曲面，所以把这种蜗杆传动叫作圆弧旋转面蜗杆传动，简称圆弧面蜗杆传动。在这种传动的啮合带内，蜗轮的节圆位于蜗杆的节弧面上，即蜗杆的节弧沿蜗轮的节圆包着蜗轮。在主剖面内，蜗杆和蜗轮的轮齿都是直线齿廓。由于同时相啮合的齿对增多，而且轮齿的接触线与蜗杆齿运动的方向近似于垂直，这就大大改善了轮齿受力情况和润滑油膜形成的条件，因而承载能力约为阿基米德蜗杆传动的 2～4 倍，效率一般高达 0.85～0.9；但它需要较高的制造和安装精度。圆弧面蜗杆传动如图 1-12 所示。

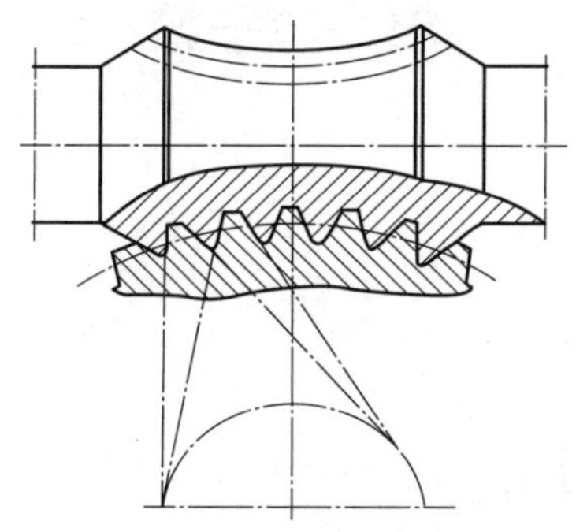

图 1-12　圆弧面蜗杆传动

(3)锥蜗杆传动

锥蜗杆传动也是一种空间交错轴之间的传动，两轴交错角通常为 90°。蜗杆是由在节锥上分布的等导程的螺旋所形成的，故称为锥蜗杆。而蜗轮在外观上就像一个螺旋圆锥齿轮，它是用与锥蜗杆一致的锥滚刀在普通滚齿机上加工而成的，故称为锥蜗轮。锥蜗杆传动的特点是：同时接触的点数较多，重叠系数大；传动比范围大（一般为 10～360）；承载能力和效率较高；侧隙便于控制和调整；能做离合器使用；可节约有色金属；制造安装简便，工艺性好。但由于结构上的原因，传动具有不对称性，因而正、反转时受力不同，承载能力和效率也不同。锥蜗杆传动如图 1-13 所示。

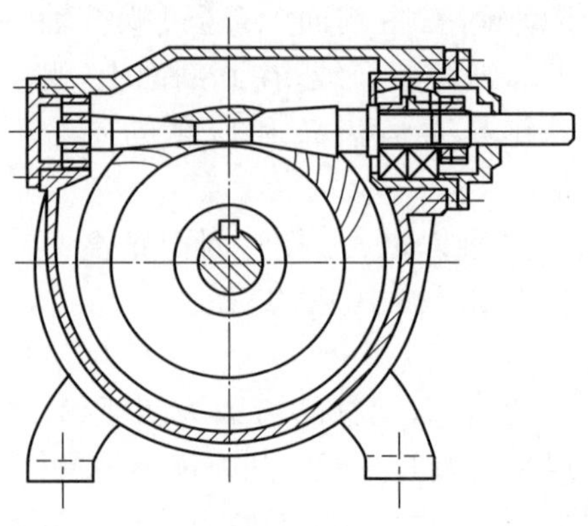

图 1-13 锥蜗杆传动

3. 普通圆柱蜗杆传动特点

(1)在蜗杆传动中,因蜗杆头数一般较少,所以能实现大的传动比。

(2)在蜗杆传动中,由于蜗杆齿是连续不断的螺旋齿,蜗轮齿和蜗杆齿是逐渐进入啮合并逐渐退出啮合的,同时啮合的齿对又较多,故冲击载荷小,传动平稳,噪声低。

(3)当蜗杆的螺旋线升角小于啮合面的当量摩擦角时,蜗杆传动便具有自锁性。

(4)蜗杆传动与螺旋齿轮传动一样,在啮合处有相对滑动。当滑动速度很大,工作条件不够良好时,就会产生较严重的摩擦与磨损,从而引起过度发热,使润滑情况恶化。因此摩擦损失较大,效率低。

复习思考题

1. 什么是机车牵引力?
2. 机车牵引力的传递过程是什么?
3. 什么是动力制动?
4. 什么是闸瓦制动?
5. 什么是盘形制动?
6. 机车制动力的传递过程是什么?
7. 阻力按产生的原因,可分为哪两类? 分别如何定义?
8. 机械传动的基本形式有哪些?
9. 齿轮传动的类型有哪些? 有何特点?
10. 蜗杆传动的类型有哪些? 有何特点?

第二章 电工、电子基础

第一节 电 工 基 础

一、直流电和交流电基本概念

(一)直流电(direct current,简称 DC)

直流电是指方向始终固定不变的电压或电流。能产生直流电的电源称为直流电源,常见的干电池、蓄电池和直流发电机等都是直流电源。直流电的电流方向总是由电源正极流出,再通过电路流到负极。直流电又分为稳定直流电和脉动直流电。稳定直流电是指方向固定不变并且大小也不变的直流电。脉动直流电是指方向固定不变,但大小随时间变化的直流电。

(二)交流电(alternating current,简称 AC)

交流电是指方向和大小都随时间做周期性变化的电压或电流。常见的电灯、电机等用的电都是交流电。

二、电感和电容的串联、并联

电感串联的特点:流过每个电感的电流都是一样的;$L_{总}=L_1+L_2+L_3$,各个电感的电压等于各自电感值与电流的乘积;总的电压等于各个电感的电压之和。并联的特点:每个电感两端的电压是一样的;$1/L=1/L_1+1/L_2+1/L_3$,各个电感的电流等于各自电感电压与自电感值的商;总的电流等于各个电感的电流之和。

电容器串联时,相邻板上的电荷均由感应产生,所以各个电容器所带的电荷量是相等的。串联时有 $U_{总}=U_1+U_2+\cdots+U_n$,又因为 $Q=CU$,$Q_1=Q_2=\cdots Q_n$,所以 $Q_{总}/C_{总}=Q_1/C_1+Q_2/C_2+\cdots+Q_n/C_n$,两边同时约去 Q,得到 $1/C_{总}=1/C_1+1/C_2+\cdots 1/C_n$。并联时各个电容器两端电压相等,根据电路中电荷守恒可得出 $Q_{总}=Q_1+Q_2+\cdots+Q_n$,又因为 $Q=CU$,所以 $C_{总}U=C_1U+C_2U+\cdots+C_nU$,两边同时约去 U,就得到了 $C_{总}=C_1+C_2+\cdots+C_n$。

电容器的串并联与电阻的串并联比较相似,但是电阻串联时的情况与电容器并联的情况相同,电阻并联与电容器串联情况一样。

三、电磁感应基本知识

为了学习电磁感应现象,先介绍两个实验。

实验一:将直导线 AB 放在磁场中,它的两端与检流计连接构成闭合回路,通电直导体在磁场中运动如图 2-1 所示。当导线向右移动垂直切割磁感应线时，检流计指针偏转，导线向右运动如图 2-1(a)所示，表示导线中有电流产生；导线向左方垂直移动切割磁感应线时，检流计指针也发生偏转，但方向与前面的相反；导线向左运动如图 2-1(b)所示。

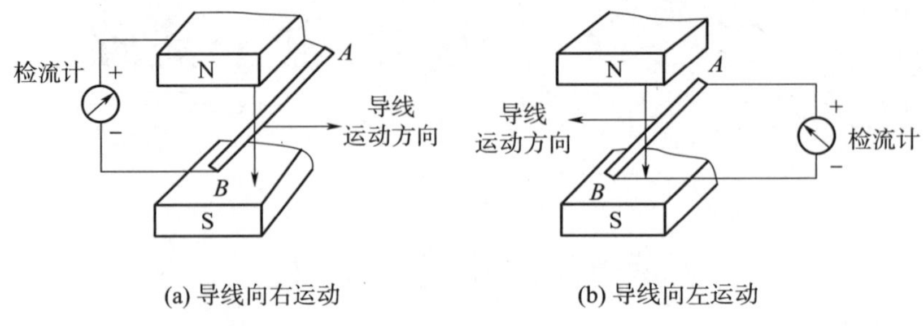

图 2-1　通电直导体在磁场中运动

导体不动，没有切割磁感应线时，检流计指针无偏转，说明导线中没有电流。通过实验可以看到，导线的移动速度越快，检流计指针偏转越大，即电流越大。

实验二：将线圈的两端与一个检流计连接而构成闭合回路，条形磁铁相对线圈运动如图 2-2 所示。

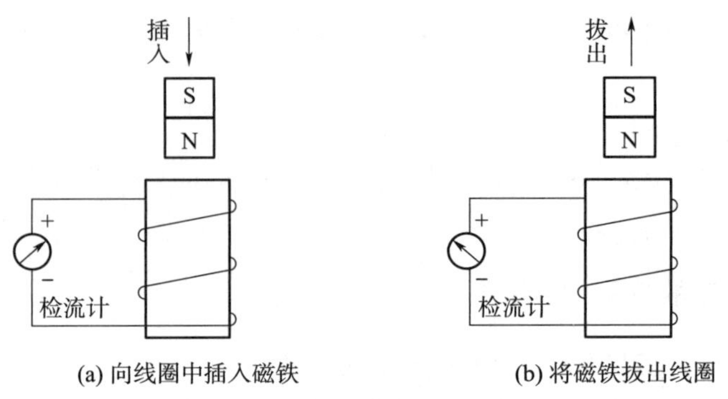

图 2-2　条形磁铁相对线圈运动

当条形磁铁插入线圈瞬间，线圈中的磁通量增加，检流计指针向右偏转。向线圈中插入磁铁如图 2-2(a)所示，说明线圈中磁通发生变化，线圈中有电流出现。若把条形磁铁从线圈中拔出，在拔出瞬间，检流计指针向相反方向偏转，说明线圈中磁通也发生变化，线圈中也有电流出现，将磁铁拔出线圈如图 2-2(b)所示。当条形磁铁在线圈中停止运动时，检流计指针无偏转，线圈中磁通没有变化，线圈中也没有电流。如果条形磁铁插入或拔出的速度越快，即磁通量变化得越快，则检流计指针偏转越大，反之，检流计指针偏转越小。

上述两个实验说明，无论是直导线在磁场中作切割磁感应线运动，还是磁铁对线圈做相对运动，都是由于运动使得穿过(直导线或线圈组成的)闭合回路中的磁通量发生了改变，因而在直导线或线圈中产生电动势。若直导线或线圈构成回路，则直导线或线圈中将有电流出现。回路中磁通量的变化是导致直导线或线圈中产生电动势的根本原因，即“动磁生电”。磁通量的变化越大，产生的电动势越大。

因磁通变化而在直导线或线圈中产生电动势的现象，叫作电磁感应。由电磁感应产生的电动势叫作感应电动势。由感应电动势在闭合电路形成的电流,叫作感应电流。

四、基本概念

(一)电路组成和作用

电流所流过的路径称为电路。电路是由电源、负载、开关和连接导线等 4 个基本部分组成。电源是把非电能转换成电能并向外提供电能的装置。常见的电源有干电池、蓄电池和发电机等。负载是电路中用电器的总称,它将电能转换成其他形式的能。如电灯把电能转换成光能;电烙铁把电能转换成热能;电机把电能转换成机械能。开关属于控制电器,用于控制电路的接通或断开。连接导线将电源和负载连接起来,担负着电能的传输和分配的任务。电路电流方向是由电源正极经负载流到电源负极,在电源内部,电流由负极流向正极,形成一个闭合通路。

(二)电　流

电荷的定向移动形成电流。电流有大小,有方向。

1. 电流方向

通常规定正电荷定向移动的方向为电流的方向。金属导体中,电流是电子在导体内电场的作用下定向移动的结果,电子流的方向是负电荷的移动方向,与正电荷的移动方向相反,所以金属导体中电流的方向与电子流的方向相反,金属导体中的电流方向如图 2-3 所示。

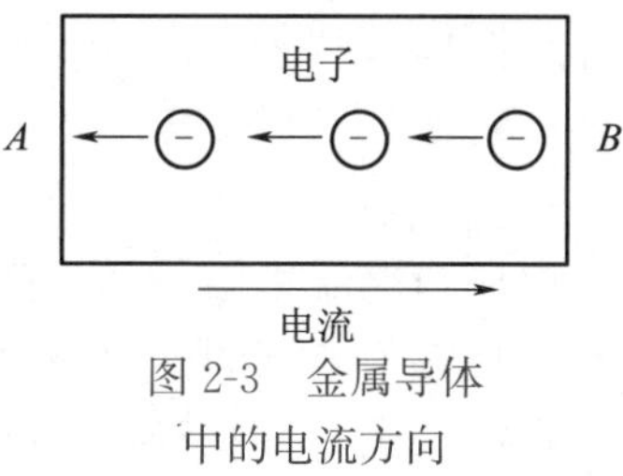

图 2-3　金属导体中的电流方向

2. 电流大小

电学中用电流强度来衡量电流的大小。电流强度就是 1 s 内通过导体截面的电量。电流强度用字母 I 表示,计算见公式(2-1)。

$$I=\frac{Q}{t} \tag{2-1}$$

式中　I——电流强度,单位为安(A);

Q——在 t 秒时间内,通过导体截面的电量数,单位为库(C);

t——时间,单位为秒(s)。

实际使用时,通常把电流强度简称为电流。电流的单位是安培,简称安,用字母 A 表示。如果 1 s 内通过导体截面的电量为 1 C,则该电流的电流强度为 1 A。实际应用中,单位除安培外,还有千安(kA)、毫安(mA)和微安(μA),它们之间的关系见公式(2-2)。

$$1\ \text{kA}=10^3\ \text{A}=10^6\ \text{mA}=10^9\ \mu\text{A} \tag{2-2}$$

(三)电　压

电荷在导体中定向移动而形成电流的原因,对照水流的形成来理解这个问题,如图 2-4(a)所示。

从图 2-4(a)可以看到水由 A 槽经 C 管向 B 槽流去。水能在 C 管中进行定向移动,是由于 A 槽水位高,B 槽水位低所致:A、B 两槽之间的水位差即水压,是实现水形成水流的原因。与水流相似,在电流的形成[图 2-4(b)]中,开关 S 闭合后,电路里就有电流。这是因为

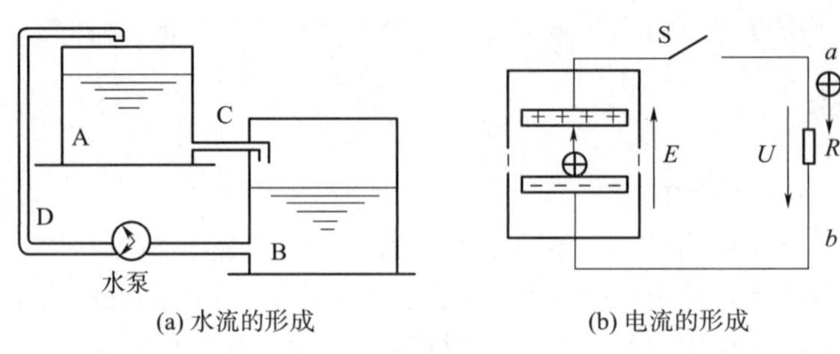

(a) 水流的形成　　(b) 电流的形成

图 2-4　水流和电流形成

电源的正极电位高，负极电位低。两个极间电位差（电压）使正电荷从正极出发，经过负载 R 移向负极形成电流。所以，电压是自由电荷发生定向移动形成电流的原因。在电路中电场力把单位正电荷由高电位 a 点移向低电位 b 点所做的功称为两点间的电压。所以电压是 a 与 b 两点间的电位差，它是衡量电场力做功本领大小的物理量。

电压用字母 U 表示，单位为伏特，简称伏，用字母 V 表示，电场力将 1 C 电荷从 a 点移到 b 点所做的功为 1 J，则 ab 间的电压值就是 1 V。常用的电压单位还有千伏（kV），毫伏（mV）等，它们之间的关系见公式（2-3）。

$$1\ \text{kV}=10^3\ \text{V}=10^6\ \text{mV} \tag{2-3}$$

电压与电流相似，不但有大小，而且有方向。对于负载来说，电流流入端为正端，电流流出端为负端。电压的方向是由正端指向负端，也就是说负载中电压实际方向与电流方向一致。在电路图中，用带箭头的细实线表示电压的方向。

（四）电　阻

一般来说，导体对电流的阻碍作用称为电阻，用字母 R 表示。电阻的单位为欧姆，简称欧，用字母 Ω 表示。

如果导体两端的电压为 1 V，通过的电流为 1 A，则该导体的电阻就是 1 Ω。

常用的电阻单位还有兆欧（MΩ）、千欧（kΩ），它们之间的关系见公式（2-4）。

$$1\ \text{M}\Omega=10^3\ \text{k}\Omega=10^6\ \Omega \tag{2-4}$$

应当强调指出：电阻是导体中客观存在的，它与导体两端电压变化情况无关，即使没有电压，导体中仍然有电阻存在。实验证明，当温度一定时，导体电阻只与材料及导体的几何尺寸有关。对于两根材质均匀、长度为 L、截面积为 S 的导体而言，其电阻大小可用公式（2-5）表示。

$$R=\rho\frac{L}{S} \tag{2-5}$$

式中　R——导体电阻，单位为欧（Ω）；

L——导体长度，单位为米（m）；

S——导体截面积，单位为平方毫米（mm^2）；

ρ——电阻率，单位为欧米（Ω·m）。

公式（2-5）中电阻率是与材料性质有关的物理量。电阻率的大小等于长度为 1 m，截面积为 1 mm^2的导体在一定温度下的电阻值，其单位为欧米（Ω·m）。例如：铜的电阻率为 1.7×10^{-8} Ω·m，就是指长为 1 m，截面积为 1 mm^2的铜线的电阻是 1.7×10^{-8} Ω。常用材料在 20 ℃时的电阻率见表 2-1。

从表 2-1 中可知，铜和铝的电阻率较小，是应用广泛的导电材料。由于铝的价格相对较低，常用铝线作输电线。由于铜线有更好的电气特性，如强度高、电阻率小，现在铜制线材被更广泛应用。电机、变压器的绕组一般都用铜材。

表 2-1 常用材料在 20 ℃时的电阻率

材料名称	电阻率（Ω·m）	材料名称	电阻率（Ω·m）
银	1.6×10^{-8}	铜	1.7×10^{-8}
铝	2.9×10^{-8}	钨	5.3×10^{-8}
铁	1.0×10^{-8}	康铜	5.0×10^{-8}
锰铜	4.4×10^{-8}	铝铬铁电阻丝	1.2×10^{-8}

（五）电功和电功率

电流通过用电器时，用电器就将电能转换成其他形式的能，如热能、光能和机械能等。通常把电能转换成其他形式的能叫作电流做功，简称电功，用斜体字母 W 表示。电流通过用电器所做的功与用电器的端电压、流过的电流、所用的时间和电阻有公式(2-6)的关系。

$$W=UIt=I^2Rt=\frac{U^2}{R}t \tag{2-6}$$

如果公式(2-6)中，电压单位为伏，电流单位为安，电阻单位为欧，时间单位为秒，则电功单位就是焦耳，简称焦，用字母 J 表示。

电流在单位时间内通过用电器所做的功称为电功率，用字母 P 表示。其数学表达式见公式(2-7)。

$$P=\frac{W}{t} \tag{2-7}$$

将公式(2-6)代入公式(2-7)后得到公式(2-8)。

$$P=UI=I^2R=\frac{U^2}{R} \tag{2-8}$$

若在公式(2-8)中，电功单位为焦耳，时间单位为秒，则电功率的单位就是焦/秒。焦/秒又叫瓦特，简称瓦，用正体字母 W 表示。在实际工作中，常用的电功率单位还有千瓦(kW)、毫瓦(mW)等，它们之间的关系见公式(2-9)。

$$1\ \text{kW}=10^3\ \text{W}=10^6\ \text{mW} \tag{2-9}$$

从公式(2-6)～公式(2-9)中可以得出如下结论：

1. 当用电器的电阻一定时，电功率与电流平方或电压平方成正比。若通过用电器的电流是原来电流的 2 倍，则电功率就是原功率的 4 倍；若加在用电器两端电压是原电压的 2 倍，则电功率就是原功率的 4 倍。

2. 当流过用电器的电流一定时，电功率与电阻值成正比。对于串联电阻电路，流经各个电阻的电流是相同的，则串联电阻的总功率与各个电阻的电阻值的和成正比。

3. 当加在用电器两端的电压一定时，电功率与电阻值成反比。对于并联电阻电路，各个电阻两端电压相等，则各个电阻的电功率与各电阻的阻值成反比。

在实际工作中，电功的单位常用千瓦时（kW·h），也叫“度”。1 千瓦时是 1 度，它表示功率为 1 千瓦的用电器 1 小时所消耗的电能，即：

$$1\ \text{kW}\cdot\text{h}=1\ \text{kW}\times 1\ \text{h}=3.6\times 10^{6}\ \text{J} \tag{2-10}$$

例题：一台 42 英寸（1 英寸＝2.54 厘米）等离子电视机的功率约为 300 W，平均每天开机 3 h，若每度电费为人民币 0.48 元，问一年（以 365 天计算）要交纳多少电费？

解：

电视机的功率为　　$P=300\ \text{W}=0.3\ \text{kW}$

电视机一年开机的时间为　　$t=3\times 365=1\ 095\ \text{h}$

电视机一年消耗的电能为　　$W=Pt=0.3\times 1\ 095=328.5\ \text{kW}\cdot\text{h}$

一年的电费为　　$328.5\times 0.48=157.68$ 元

（六）导体、绝缘体和半导体

物质按导电性能可分为导体、绝缘体和半导体。物质的导电特性取决于原子结构。

1. 导　　体

导体一般为低价元素，如铜、铁、铝等金属，其最外层电子受原子核的束缚力很小，因而极易挣脱原子核的束缚成为自由电子。因此在外电场作用下，这些电子产生定向运动（称为漂移运动）形成电流，呈现出较好的导电特性。

2. 绝 缘 体

高价元素（如惰性气体）和高分子物质（如橡胶、塑料）最外层电子受原子核的束缚力很强，极不易摆脱原子核的束缚成为自由电子，所以其导电性极差，可作为绝缘材料。

3. 半 导 体

半导体的最外层电子数一般为 4 个，既不像导体那样极易摆脱原子核的束缚，成为自由电子，也不像绝缘体那样被原子核束缚得那么紧，因此，半导体的导电特性介于二者之间。常用的半导体材料有硅、锗、硒等。

（七）断路和短路

断路：某个地方没有接通。断路是指因为电路中某一处因断开而使电阻过大，电流无法正常通过，导致电路中的电流为零。中断点两端电压为电源电压，一般对电路无损害。如有可能是导线断了，或用电器（如灯泡中的灯丝断了）与电路断开。断路示意如图 2-5 所示。

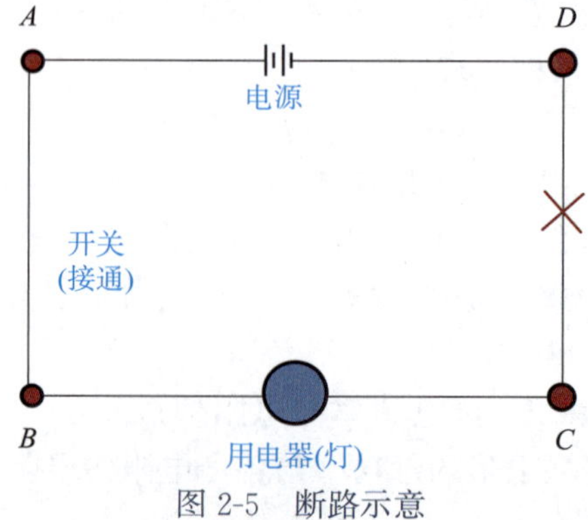

图 2-5　断路示意

短路：电流不通过用电器就直接接通叫作短路。发生短路时，因电流过大往往引起机器损坏或火灾。短路示意如图 2-6 所示。

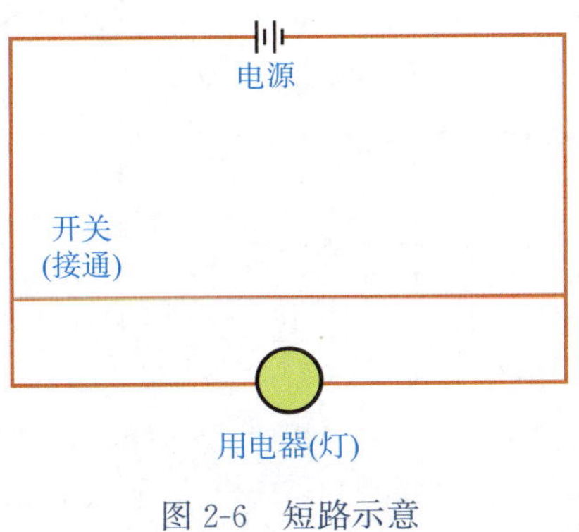

图 2-6 短路示意

第二节 电子技术

一、二极管和三极管作用及特征

(一)二 极 管

二极管是电子元件当中，一种具有两个电极的装置，只允许电流由单一方向流过，大多数使用是应用其整流的功能。而变容二极管则用来当作电子式的可调电容器。大部分二极管所具备的电流方向性通常称为"整流"功能。二极管最普遍的功能就是只允许电流由单一方向通过(称为顺向偏压)，反向时阻断(称为逆向偏压)。因此，二极管可以想成电子版的逆止阀。

二极管工作原理：晶体二极管为一个由 P 型半导体和 N 型半导体形成的 PN 结，在其界面处两侧形成空间电荷层，并建有自建电场。当不存在外加电压时，由于 PN 结两边载流子浓度差引起的扩散电流和自建电场引起的漂移电流相等而处于电平衡状态。当外界有正向电压偏置时，外界电场和自建电场的互相抑消作用使载流子的扩散电流增加引起了正向电流。当外界有反向电压偏置时，外界电场和自建电场进一步加强，形成在一定反向电压范围内与反向偏置电压值无关的反向饱和电流 I_0。当外加的反向电压高到一定程度时，PN 结空间电荷层中的电场强度达到临界值产生载流子的倍增过程，产生大量电子空穴对，产生了数值很大的反向击穿电流，称为二极管的击穿现象。PN 结的反向击穿有齐纳击穿和雪崩击穿。二极管工作原理如图 2-7 所示。

(二)三 极 管

三极管全称为半导体三极管，也称双极型晶体管、晶体三极管，是一种控制电流的半导体器件其作用是把微弱信号放大成幅度值较大的电信号，也用作无触点开关。晶体三极管是半导体基本元器件之一，具有电流放大作用，是电子电路的核心元件。三极管是在一块半导体基片上制作两个相距很近的 PN 结，两个 PN 结把整块半导体分成三部分，中间部分是基区，两侧部分是发射区和集电区，排列方式有 PNP 和 NPN 两种。

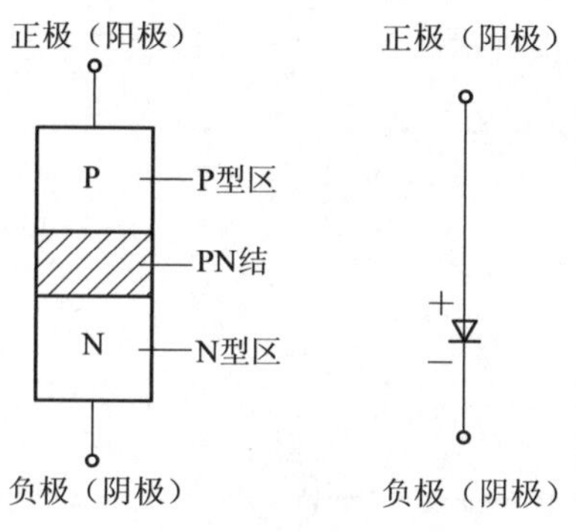

图 2-7　二极管工作原理

三极管工作原理：晶体三极管（以下简称三极管）按材料分，有锗管和硅管两种。而每一种又有 NPN 和 PNP 两种结构形式，但使用较多的是硅 NPN 和锗 PNP 两种三极管[其中，N 是负极（negative）的意思，N 型半导体在高纯度硅中加入磷取代一些硅原子，在电压刺激下产生自由电子导电，而 P 是正极（positive）的意思是加入硼取代硅，产生大量空穴利于导电]。两者除了电源极性不同外，其工作原理都是相同的，下面仅介绍 NPN 硅管的电流放大原理。对于 NPN 管，它是由 2 块 N 型半导体中间夹着一块 P 型半导体所组成，发射区与基区之间形成的 PN 结称为发射结，而集电区与基区形成的 PN 结称为集电结，三条引线分别称为发射极 e（emitter）、基极 b（base）和集电极 c（collector）。三极管工作原理如图 2-8 所示。

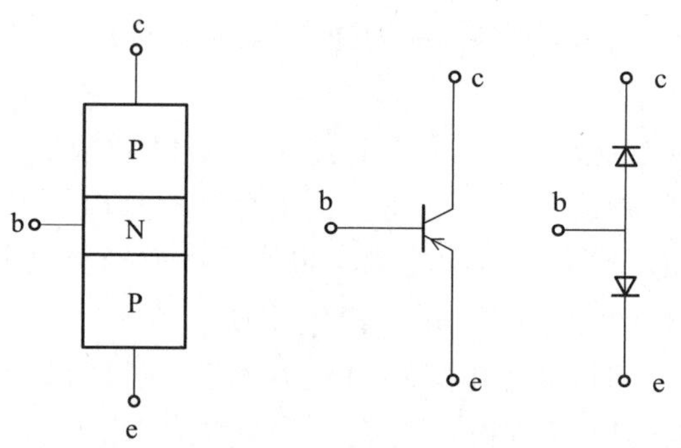

图 2-8　三极管工作原理

当 b 点电位高于 e 点电位零点几伏时，发射结处于正偏状态，而 c 点电位高于 b 点电位几伏时，集电结处于反偏状态，集电极电源 E_c 要高于基极电源 E_b。

在制造三极管时，有意识地使发射区的多数载流子浓度大于基区的，同时基区做得很薄，要严格控制杂质含量，这样，一旦接通电源后，由于发射结正偏，发射区的多数载流子（电子）及基区的多数载流子（空穴）很容易地越过发射结互相向对方扩散，但因发射区的浓度大于基区，所以通过发射结的电流基本上是电子流，这股电子流称为发射极电流子。

由于基区很薄，加上集电结的反偏，注入基区的电子大部分越过集电结进入集电区而形成集电极电流 I_c，只剩下很少（1%～10%）的电子在基区的空穴进行复合，被复合掉的基区

空穴由基极电源 E_b 重新补给，从而形成了基极电流 I_b。根据电流连续性原理得

$$I_e = I_b + I_c \tag{2-11}$$

在基极补充一个很小的 I_b，就可以在集电极上得到一个较大的 I_c，这就是所谓电流放大作用，I_c 与 I_b 是维持一定的比例关系，即

$$\beta_1 = I_c / I_b \tag{2-12}$$

式中 β_1——直流放大倍数。

集电极电流的变化量 ΔI_c 与基极电流的变化量 ΔI_b 之比为

$$\beta = \Delta I_c / \Delta I_b \tag{2-13}$$

式中，β 称为交流电流放大倍数，由于低频时 β_1 和 β 的数值相差不大，所以有时为了方便起见，对两者不做严格区分，β 值为几十至一百多。

$$\alpha_1 = I_c / I_e (I_c 与 I_e 是直流通路中的电流大小)$$

式中，α_1 称为直流放大倍数，一般在共基极组态放大电路中使用，描述了发射极电流与集电极电流的关系。

$$\alpha = \Delta I_c / \Delta I_e \tag{2-14}$$

公式(2-14)中的 α 为交流共基极电流放大倍数。同理 α 与 α_1 在小信号输入时相差也不大。

对于两个描述电流关系的放大倍数有以下关系：

$$\beta = \frac{\alpha}{1-\alpha} \tag{2-15}$$

三极管的电流放大作用实际上是利用基极电流的微小变化去控制集电极电流的巨大变化。

三极管是一种电流放大器件，但在实际使用中通常利用电阻将三极管的电流放大作用转变为电压放大作用。

1. 发射区向基区发射电子

电源 U_b 经过电阻 R_b 加在发射结上，发射结正偏，发射区的多数载流子(自由电子)不断地越过发射结进入基区，形成发射极电流 I_e。同时基区多数载流子也向发射区扩散，但由于多数载流子浓度远低于发射区载流子浓度，可以不考虑这个电流，因此可以认为发射结主要是电子流。

2. 基区中电子的扩散与复合

电子进入基区后，先在靠近发射结的附近密集，渐渐形成电子浓度差，在浓度差的作用下，促使电子流在基区中向集电结扩散，被集电结电场拉入集电区形成集电极电流 I_c。也有很小一部分电子(因为基区很薄)与基区的空穴复合，扩散的电子流与复合电子流之比决定了三极管的放大能力。

3. 集电区收集电子

由于集电结外加反向电压很大，这个反向电压产生的电场力将阻止集电区电子向基区扩散，同时将扩散到集电结附近的电子拉入集电区从而形成集电极主电流 I_{cn}。另外集电区的少数载流子(空穴)也会产生漂移运动，流向基区形成反向饱和电流，用 I_{cbo} 来表示，其数值很小，但对温度却异常敏感。

复习思考题

1. 如何形成电流？
2. 如何定义电流的大小和方向？
3. 如何定义电阻？电阻的单位是什么？
4. 什么是电功？如何定义电功率？
5. 电路的定义是什么？它由哪几个部分组成？
6. 什么是电源？常见的电源有哪些？
7. 如何定义导体、绝缘体和半导体？
8. 什么是断路和短路？
9. 二极管的作用是什么？
10. 三极管的作用是什么？

第二篇　专 业 知 识

第三章　专业基础知识

第一节　相关基本概念

一、铁路线路

铁路线路是机车车辆和列车运行的基础，直接承受机车车辆轮对传来的压力。铁路线路是由路基、桥隧建筑物（桥梁、隧道、涵洞等）和轨道（钢轨、轨枕、联结零件、道床、防爬设备和道岔等）组成的一个整体工程结构。

（一）铁路线路平面

1. 铁路线路平面组成要素

线路中心线在水平面上的投影，称为铁路线路的平面；线路中心线（展直后）在垂直面上的投影，称为铁路线路的纵断面。直线和曲线构成线路平面的组成要素。

2. 曲线附加阻力与曲线半径

列车在线路上运行，总会受到各种阻力。阻力方向与列车运行方向相反。阻力主要有基本阻力和附加阻力两大类。基本阻力是指列车在空旷地段沿平、直轨道运行时所受到的阻力。附加阻力是列车在线路上运行时，除基本阻力外所受到的额外阻力，如坡道阻力、曲线阻力、起动阻力等。

列车在曲线上行驶速度越快，所产生的离心力也就越大，为保证列车运行安全、平稳和舒适，必须限制列车通过曲线时的速度。曲线半径不同，允许通过曲线的最大速度也不同。

普速铁路区间线路最小曲线半径见表 3-1。

表 3-1　普速铁路区间线路最小曲线半径

铁路等级	Ⅰ			Ⅱ	
路段设计行车速度（km/h）	200	160	120	120	80
一般（m）	3 500	2 000	1 200	1 200	600
困难（m）	2 800	1 600	800	800	500

高速铁路区间线路最小曲线半径见表 3-2。

3. 圆曲线与缓和曲线

在平面图上，铁路曲线包括圆曲线和缓和曲线。在列车运行中不能从直线直接进入圆曲线，因此，在铁路线路上，直线和圆曲线之间由一段缓和曲线连接。缓和曲线是一段曲率连续变化的曲线，通常设置在直线与圆曲线或不同半径圆曲线之间。缓和曲线能使列车安全、平顺、舒适地由直线过渡到圆曲线。

表 3-2 高速铁路区间线路最小曲线半径

<table>
<tr><th colspan="2">路段设计行车速度(km/h)</th><th colspan="2">最小曲线半径(m)</th></tr>
<tr><td rowspan="2">200</td><td rowspan="2">客运专线</td><td>一般</td><td>2 200</td></tr>
<tr><td>困难</td><td>2 000</td></tr>
<tr><td rowspan="4">250</td><td rowspan="2">有砟轨道</td><td>一般</td><td>3 500</td></tr>
<tr><td>困难</td><td>3 000</td></tr>
<tr><td rowspan="2">无砟轨道</td><td>一般</td><td>3 200</td></tr>
<tr><td>困难</td><td>2 800</td></tr>
<tr><td rowspan="4">300</td><td rowspan="2">有砟轨道</td><td>一般</td><td>5 000</td></tr>
<tr><td>困难</td><td>4 500</td></tr>
<tr><td rowspan="2">无砟轨道</td><td>一般</td><td>5 000</td></tr>
<tr><td>困难</td><td>4 000</td></tr>
<tr><td rowspan="4">350</td><td rowspan="2">有砟轨道</td><td>一般</td><td>7 000</td></tr>
<tr><td>困难</td><td>6 000</td></tr>
<tr><td rowspan="2">无砟轨道</td><td>一般</td><td>7 000</td></tr>
<tr><td>困难</td><td>5 500</td></tr>
</table>

(二)铁路线路纵断面

1. 坡　　度

为了适应地面的起伏，线路上除了平道以外，还修成不同的坡道。因此，平道与坡道就成了线路纵断面的组成要素。坡道的陡与缓常用坡度来表示。坡度是一段坡道两端点的高差与水平距离之比。坡道坡度的大小通常是用千分率来表示。

2. 坡道附加阻力

列车在坡道上运行时，会受到一种由坡道引起的阻力，这一阻力称为坡道附加阻力。列车平均每单位质量所受到的坡道阻力，称为单位坡道阻力，机车车辆每单位质量上坡时所受的单位坡道附加阻力值，等于用千分率表示的这一坡道坡度数。

3. 限制坡度

在一个区段上，决定一台某一类型机车所能牵引的货物列车重量(最大值)的坡度，称为限制坡度。在一般情况下，限制坡度的数值往往和区段内陡长上坡道的最大坡度值相当。

如果在坡道上又有曲线，这一坡道的坡道阻力值和曲线阻力值之和，不能大于该区段规定的限制坡度的阻力值。

4. 变 坡 点

平道与坡道、坡道与坡道的交点，称为变坡点。列车经过变坡点时，由于坡度的突然变化，车钩内产生附加应力；坡度变化越大，附加应力越大，容易造成断钩事故。为了保证列车运行的安全和平稳，我国铁路对纵断面上竖曲线的半径有相应的规定。

（三）线路标志

为了检查和养护维修线路，为了司机和车长等工作上的需要，在线路沿线设有各种线路标志。线路标志包括：公里标、半公里标，曲线标，圆曲线和缓和曲线的始终点标，桥梁标，隧道(明洞)标，坡度标以及铁路局集团公司、工务段、线路车间、线路工区和供电段的界标。

二、路基和桥隧建筑物

路基和桥隧建筑物都是轨道的基础，是铁路线路的重要组成部分；直接承受轨道的重量以及机车车辆及其载荷的压力。路基工程主要由路基本体、路基防护和加固建筑物、路基排水设备三部分建筑物组成。铁路路基是为了满足轨道铺设和运营条件而修建的土工构筑物。路基必须保证轨顶设计高程，并与桥梁隧道连接组成完整贯通的铁路线路。

（一）路　　基

路基常见的两种基本形式是路堤和路堑，路基的基本形式如图 3-1 所示。路基还有半路堤、半路堑或不填不挖路基。

路堤：当铺设轨道的路基面高于天然地面时，路基以填筑方式构成，这种路基称为路堤。路堤如图 3-1(a)所示。路堤的组成包括路基面、边坡、护道、取土坑(或纵向排水沟)等。

路堑：当铺设轨道的路基面低于天然地面时，路基以开挖方式构成，这种路基称为路堑。路堑的组成包括路基面、边坡、侧沟、弃土堆和截水沟等。路堑如图 3-1(b)所示。

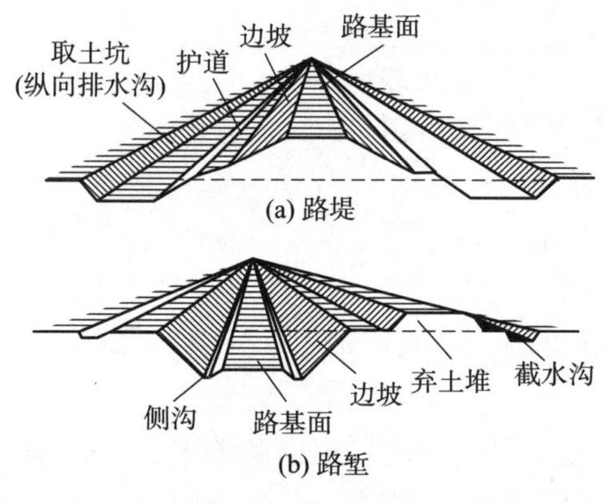

图 3-1　路基基本形式

（二）铁路桥隧建筑物

当铁路线路要通过江河、溪沟、谷地以及山岭等天然障碍，或要跨越公路、铁路时，就需要修建桥隧建筑物，以使铁路线路得以继续向前延伸。桥隧建筑物包括桥梁、涵洞、隧道等。在修建铁路时，桥隧建筑物的工程量一般占相当大的比重，而大桥和隧道的施工期限，有时还成为新建铁路能否按时通车的关键。

1. 桥　　梁

桥梁主要由桥面、桥跨结构、墩台及基础三部分组成。桥面是桥梁上铺设的轨道部分。桥跨结构是桥梁承受荷载，跨越障碍的部分。墩台是支撑桥跨结构的部分，包括桥墩和桥台。设于桥梁中部的支座称为桥墩，设于桥梁两端的支座称为桥台。桥墩与桥台的底部为桥台的基础。两个相邻墩台之间的空间叫作桥孔。每个桥孔在设计水位处的距离称为孔径。从桥跨结构底部到设计水位的高度以及相邻两桥墩台之间的界限空间，称为桥下净空。每一个桥跨两端支座间的距离，称为跨度。整个桥梁包括墩台在内的总长度，是桥梁的全长。

桥梁的种类很多、形式也多样，一般可按照桥梁的建造材料、桥梁长度、桥梁外形以及桥梁跨越障碍等加以区分。

(1)桥梁按长度不同分，有特大桥、大桥、中桥和小桥等。

(2)桥梁按结构类型分，有梁桥、拱桥、斜拉桥等形式。

(3)桥梁按建造材料分，有钢桥、钢筋混凝土桥、石桥等。

(4)桥梁按跨越的障碍分，有跨河桥、跨线桥、高架桥等。

2. 涵　洞

涵洞设在路堤下部的填土中，是用以通过水流的一种建筑物。涵洞主要由洞身(由若干管节所组成)、基础、端墙和翼墙所组成。管节埋在路基之中，它具有一定的纵向坡度(从进口向出口)，以便排水。端墙和翼墙的作用是便于水流进出涵洞，同时还可以保护路堤边坡，使它不受水流的冲刷。按照建筑材料的不同，涵洞有石涵、混凝土涵、钢筋混凝土涵、铁涵等多种。涵洞的截面有矩形、圆形、拱形等不同形式。

3. 隧　道

铁路隧道大多建筑在山中，用以避免开挖很深的路堑，或修建很长的迂回线。铁路隧道结构由主体建筑和附属建筑物两大部分构成。主体建筑物是为了保持隧道的稳定，保证隧道正常使用而修建的；主要由洞身内部衬砌和洞门组成。附属建筑物是指为了保证隧道正常使用、方便养护、维修作业，以及满足供电、通信等方面需要的各种辅助设施，如隧道排水设施、避车洞、电缆槽、运营通风设施及洞口缓冲结构等。

三、轨　道

轨道是指处于路基面以上、车辆车轮以下部分的铁路线路建筑物，由钢轨、轨枕、联结零件、道床、防爬设备和道岔等主要部件组成。轨道的功能是引导机车车辆运行，直接承受由车轮传来的巨大压力，并把它传递给路基或桥隧建筑物。

(一)钢　轨

钢轨的作用是直接承受车轮的巨大压力并引导车轮的运行方向，因而它应当具备足够的强度、稳定性和耐磨性。为了使钢轨具有最佳的抗弯性能，钢轨的断面形状采用“工”字形，钢轨断面形式如图 3-2 所示。

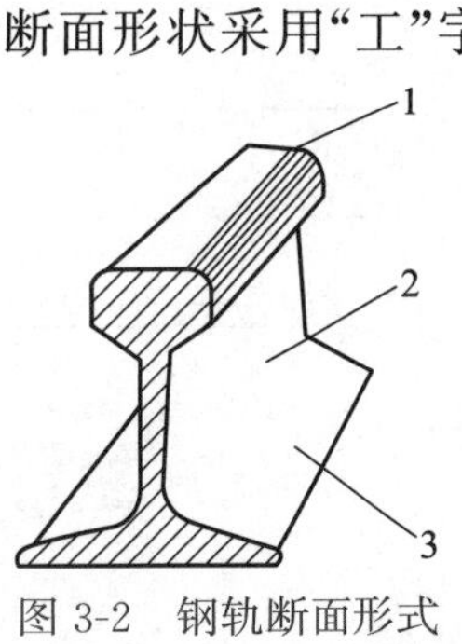

图 3-2　钢轨断面形式
1—轨头；2—轨腰；3—轨底

(二)轨　枕

轨枕的作用是支承钢轨，并将钢轨传来的压力传递给道床，同时可固定钢轨的位置及保持规定的轨距。轨枕应具有必要的坚固性、弹性和耐久性，制造简单、铺设及养护方便。

轨枕按具体使用目的不同可分为普通轨枕、桥枕、岔枕等。轨枕按照制作材料分，主要有钢筋混凝土枕和木枕两种。我国铁路上广泛采用钢筋混凝土轨枕。

（三）联结零件

钢轨与轨枕的连接主要依靠联结零件。联结零件包括接头联结零件和中间联结零件两类。

接头联结零件是用来连接钢轨与钢轨间的接头，它包括双头夹板、螺栓、螺帽和弹性垫圈等。钢轨接头处必须保持一定的缝隙，这一缝隙称为轨缝。当气温发生变化时，轨缝可满足钢轨的自由伸缩。中间联结零件(又称扣件)的作用是将钢轨紧扣在轨枕上，以固定钢轨的正确位置，阻止钢轨的纵向爬行和横向位移，防止钢轨倾翻，同时还能提供必要的弹性、绝缘性能等。

（四）道　床

在轨道结构中，道床是指在路基面以上，轨枕底下的部分，是铺设在路基面上的石砟(道砟)垫层。道床主要作用是支承轨枕，把轨枕上部的压力均匀地传递给路基；并固定轨枕的位置，阻止轨枕纵向或横向移动，增加轨道的弹性，缓和机车车辆轮对对钢轨的冲击，此外还起到排水的作用。道床分为有砟道床和无砟道床。

（五）防爬设备

因列车运行时纵向力的作用，使钢轨产生纵向移动，有时甚至带动轨枕一起移动，这种现象称为轨道爬行。通常采用防爬器和防爬撑来防止轨道爬行。

（六）道　岔

道岔是一种使机车车辆能从一股道转入另一股道的线路连接设备，在车站上大量铺设。道岔有多种类型，我国铁路常用的有单开道岔、双开道岔、三开道岔和交分道岔等。道岔常见类型如图 3-3 所示。

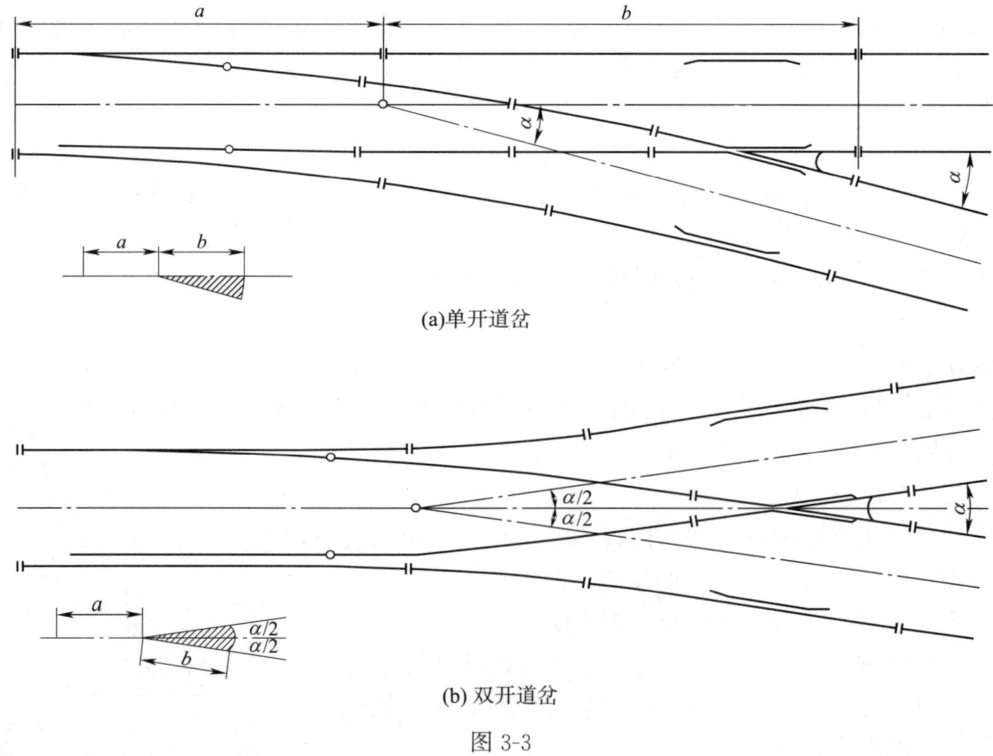

(a)单开道岔

(b) 双开道岔

图 3-3

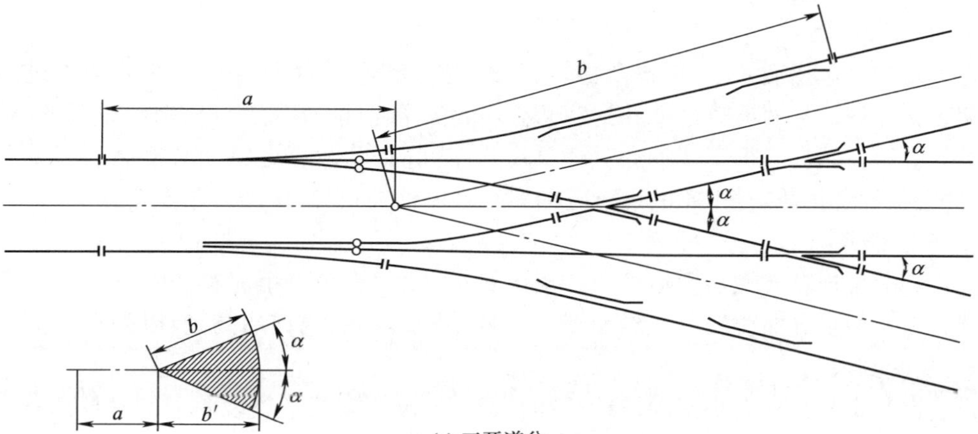

(c) 三开道岔

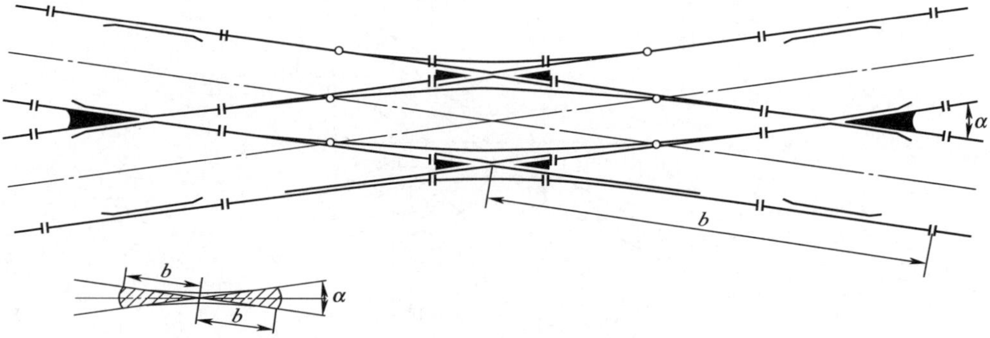

(d) 交分道岔

图 3-3　道岔常见类型

单开道岔构成如图 3-4 所示。

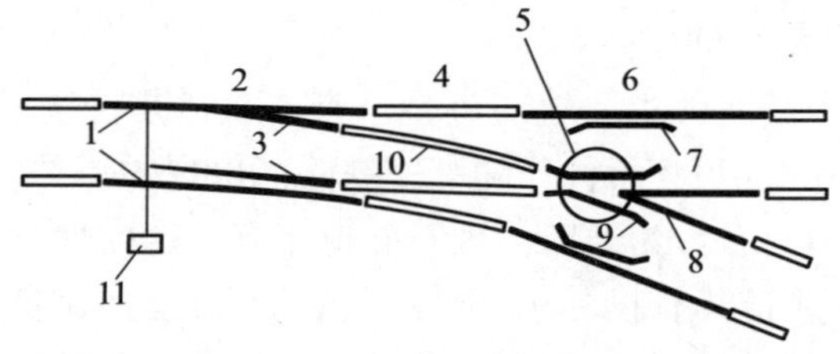

图 3-4　单开道岔构成

1—基本轨；2—转辙器；3—尖轨；4—连接部分；5—有害空间；6—辙叉及护轨；
7—护轨；8—辙叉心；9—翼轨；10—导曲线轨；11—转辙机械

1. 转 辙 器

转辙器是引导机车车辆沿直线方向或侧线方向行驶的线路设备。转辙器由两根尖轨、两根基本轨和转辙机械组成。尖轨是转辙器的主要部件，通过连接杆与转辙机械相连，通过操纵转辙机械可以改变尖轨的位置，确定道岔的开通方向。

2. 辙叉及护轨

辙叉及护轨包括辙叉心、翼轨及护轨。辙叉及护轨的作用是保证车轮安全通过两股轨线的相互交叉处。从两翼轨最窄处到辙叉心实际尖端之间，存在着一段轨线中断的空隙，称为辙叉的有害空间。当机车车辆通过辙叉有害空间时，轮缘有走错辙叉槽而引起脱轨的可能，因此必须设置护轨，对车轮的运行方向实行强制性的引导，保证行车安全。

3. 连接部分

连接部分是连接转辙器和辙叉及护轨的部分，使之成为一组完整的道岔。连接部分包括两根直轨和两根导曲线轨。在导曲线上一般不设缓和曲线和超高，所以列车在侧向过岔时，速度要受到限制。

道岔因其辙叉角的大小不同，有不同的辙叉号(N)，辙叉号数表明了道岔各部分的主要尺寸。对于道岔号习惯用辙叉角(α)的余切值来表示，即：$N=\cot\alpha=FE/AE$。道岔号数计算如图 3-5 所示。

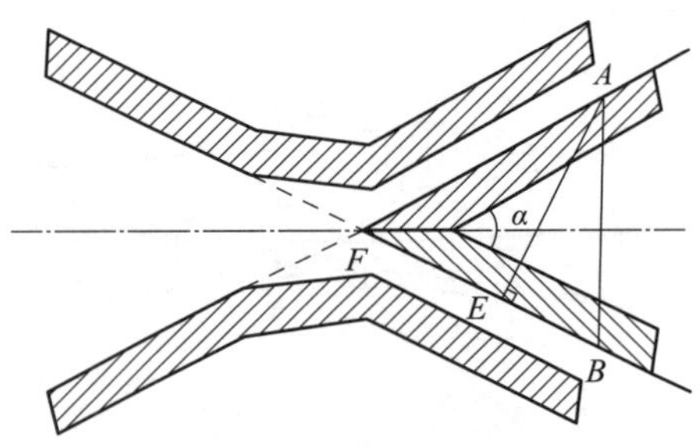

图 3-5　道岔号数计算

辙叉角 α 越小，N 值就越大，导曲线半径也越大，机车车辆侧线通过道岔时就越平稳，允许的侧线过岔速度也就越高。所以采用大号码道岔对于列车运行是有利的，然而道岔号数越大，道岔全长就越长，铺设时占地就越多。因此，采用几号道岔来连接线路，要根据线路的用途来决定。

（七）有砟轨道和无砟轨道

有砟轨道和无砟轨道是两种主要轨道类型。有砟轨道是传统的轨道结构，已有上百年的历史，无砟轨道则是 20 世纪 60 年代伴随高速铁路而出现的一种轨道结构。

传统的有砟轨道采用碎石作为道床。因石砟道床有增加弹性、减少振动、排水及方便维修养护等特点，使得有砟轨道具有投资小、弹性好、铺设方便、造价低、容易维修等优点，技术非常成熟。有砟轨道不但可以用在一般运营条件下，通过适当加强后，也可用在重载和高速运营条件下，长期以来作为世界各国普通铁路轨道的主要结构形式。

无砟轨道是把线路的道床部分用混凝土进行整体的浇注而形成。无砟轨道以其高稳定性、高平顺性和少维修等特点，在铁路运营中逐渐取得了明显优势，尤其是随着高速铁路的修建，无砟轨道更显出其优越性和重要性。无砟轨道线路方向和高低的调整范围很小，一般在 25 mm 左右，所以对它的施工要求较高，施工结束后的后期养护工作较少。但是一旦发生线路路基病害就很难养护，必须把基础重新浇注，而且路基不稳定的地区采用整体道床的后期病害整治工作很难，投入也较大。无砟轨道类型较多，常见的有整体道床轨道、弹性支承轨道、长枕埋入轨道、板式轨道等结构形式。

（八）无缝线路

无缝线路也叫长钢轨线路，是把若干根标准长度的钢轨经焊接成为 1 000～2 000 m 而铺设的铁路线路。通常在焊轨厂将标准轨焊接成 250～500 m 的轨条，再运到现场就地焊接后铺设。

与普通线路相比，无缝线路在其长钢轨段内消灭了轨缝，从而消除了车轮对钢轨接头的冲击，使得列车运行平稳，旅客舒适，延长了线路设备和机车车辆的使用寿命，减少了线路养护维修工作量并能适应高速行车的要求，是轨道现代化的发展方向。

（九）轨道上两股钢轨的相互位置

为了确保行车安全，轨道除了应具有合理的组成外，还应有良好的轨道几何形位。轨道几何形位是指轨道各部分的几何形状、相对位置和基本尺寸。为确保行车安全，轨道的两股钢轨之间应保持一定的距离，在小半径曲线地段，曲线轨距应考虑适当加宽。两股钢轨顶面应保持一定的相对水平和平顺度，为行车平稳创造条件。

轨距是两股钢轨轨头顶面下 16 mm 范围内两钢轨作用边之间的最小距离。我国铁路主要采用 1 435 mm 的标准轨距。昆明局集团公司部分铁路采用 1 000 mm 的窄轨距。在机车车辆运行的动力作用下，轨距可能产生一定的偏差。

直线地段两股钢轨的顶面应保持在同一水平。如有误差，在正线和到发线上，在规定的距离范围内两股钢轨的轨顶面高差不允许超过 4 mm。

机车车辆走行部中只能保持平行而不能做相对运动的车轴中心线间的最大距离，称为固定轴距。由于机车车辆具有固定轴距，在曲线上运行时转向架的纵向中心线与曲线轨道中心线并不一致，因而引起转向架前一轮对外侧车轮轮缘和后一轮对的内侧车轮轮缘压挤钢轨的情况。曲线半径越小，挤压钢轨越严重。所以小半径曲线的轨距应适当加宽。为了使机车车辆顺利地通过曲线，《铁路技术管理规程》规定了曲线轨距加宽值。

机车车辆在曲线上运行时，由于离心力的作用使曲线外轨承受了较大的压力，因而造成两股钢轨磨耗不均匀现象，并使旅客感到不舒适，严重时还可能造成翻车事故。因而通常要将曲线上的外轨抬高，使机车车辆内倾，以平衡离心力的作用。外轨比内轨高出的部分称为超高。

外轨超高和轨距加宽的设置办法，都是从缓和曲线的起点开始，逐渐增加，到圆曲线起点时，超高和加宽都应达到规定的数值。在曲线地段由于设置超高而加厚了外轨下的道床，因而道床坡脚向外延长，为了保持路肩的应有宽度，所以路基也必须在外侧相应的加宽。

四、铁路信号

铁路信号设备是铁路信号、联锁设备、闭塞设备的总称；铁路通信设备是指挥列车运行、组织铁路运输生产和办理铁路运输业务而迅速、准确传输各种信息通信系统的总称。

（一）铁路信号分类

信号一般包括两种意义：一是指铁路上信号、联锁、闭塞设备的总称，一般称为铁路信号或信号设备；二是指行车工作中对列车乘务人员及其他有关行车人员指示运行条件，包括固定信号、移动信号及手信号，信号表示器及信号标志，听觉信号等。

铁路信号可以分为视觉信号和听觉信号两大类。用信号机、机车信号、信号灯、信号旗、信号牌、火炬等表示的信号为视觉信号；用号角、口笛、响墩发出的音响和机车、自轮运转特种设备鸣笛等发出的信号为听觉信号。视觉信号可分为固定信号、手信号和移动信号。

铁路信号通常用不同颜色来显示其意义。我国规定有红、黄、绿三种基本颜色。其代表意义为：红色——停车；黄色——注意或减速行驶；绿色——按规定速度行驶。

（二）固定信号

固定信号按用途一般分为信号机和信号表示器两类。

信号机按其类型可分为三种。

1. 色灯信号机：是以灯光颜色和数目的变化显示信号的装置。

2. 臂板信号机：昼间是以臂板的不同位置、形状、颜色及数目等特征显示信号；夜间装有照明灯具，以不同颜色和数目的灯光显示信号的装置。

3. 机车信号(机)：是装在机车司机室内的信号，用以反映地面信号信息显示的装置。

机车信号分为：

(1)三显示自动闭塞区段连续式机车信号；

(2)四显示自动闭塞区段连续式机车信号；

(3)接近连续式机车信号。

信号表示器是表示行车设备位置或状态的信号机具，通过它的表示对列车运行或调车作业发出指示。信号表示器有道岔表示器、脱轨表示器、进路表示器、发车表示器、发车线路表示器、调车表示器和车挡表示器。

（三）移动信号和手信号

当线路上出现临时性障碍或进行施工，要求列车停车或减速时，应按照规定设置移动信号，安放响墩、火炬或用手信号进行防护，以便保证行车安全。

移动信号显示方式有停车信号和手信号。

停车信号：昼间—表面有反光材料的红色方牌；夜间—柱上红色灯光。减速信号：表面有反光材料的黄底黑字圆牌，标明列车限制速度。减速防护地段终端信号：表面有反光材料的绿色圆牌。

手信号：是有关行车人员用手持信号旗或信号灯做出各种规定动作来下达停车、减速、发车、通过、引导信号等各种命令。手信号的种类很多，常见的有指示列车运行手信号、调车手信号、联系用手信号等。

（四）信号表示器

信号表示器是用来表示与行车有关设备的位置和状态或表示信号显示的某种附加含义。信号表示器包括道岔表示器、脱轨表示器、进路表示器、发车线路表示器、调车表示器、车挡表示器。

（五）响墩及火炬

响墩爆炸声及火炬信号的火光，均要求紧急停车。停车后如无防护人员，机车乘务人员应立即检查前方线路，如无异状，列车以在瞭望距离内能随时停车的速度继续运行，但最高不得超过 20 km/h。在自动闭塞区间，运行至前方第一架通过(进站)信号机前，如无异状，即可按该信号机显示的要求执行；在半自动或自动站间闭塞区间，经过 1 km 后，如无异状，可恢复正常速度运行。

五、铁路通信设备

（一）铁路专用通信设备

1. 列车调度电话

铁路列车调度电话是调度所调度员指挥沿线各车站及列车段、机务段等有关列车运行人员关于列车运行业务的通信设备。其总机部分安装在调度所，分机安装在沿线各车站。货运调度、电力调度等电话，其设备与列车调度电话相同。

2. 列车无线调度电话

列车无线调度电话则可供列车调度员、机车调度员、车站值班员等调度指挥人员和列车司机相互通话。列车无线调度电话统一使用的频率是 400 MHz。

3. 铁路站场通信设备

铁路站场通信设备是解决站场工作人员相互联系通信的设备，它包括站场电话系统、站场扩音对讲系统、站场无线电话系统和客运广播系统。

（二）铁路调度通信网

铁路调度通信网的网络结构根据铁路运输调度体制来安排，按干线、局线、区段三级调度分三层网络结构，各层网络自成系统独立组网。

1. 国铁集团干线调度通信系统

国铁集团与铁路局集团公司之间属于干线调度。

干线调度通信网络由设在国铁集团的数字调度交换机为汇接中心，用数字中继通道与设在各铁路局集团公司的数字调度交换机用 2 M 数字中继通道相连接。相邻铁路局集团公司的数字调度交换机之间也用 2 M 数字中继通道相连作为直达路由，从而构成一个复合星型网络的干线调度通信网。纳入调度台的用户，调度员无须拨号，单键直呼所属调度分机，分机遇忙，调度员可强插通话，调度员还可进行全呼、组呼。调度网内用户相互间呼叫，听一次拨号音直拨 5 位码。

2. 局线调度通信系统

对全铁路局集团公司编组站、区段站、主要大站的调度指挥，与相邻铁路局集团公司也有业务往来，同时接受国铁集团的调度指挥，包括客运调度、篷布调度、计划调度、车流调度、机车调度、车辆调度、工务调度、电务调度等，称为局线调度。

局线调度通信网络，由铁路局集团公司汇接中心利用干线调度交换机或另设数字调度交换机与设在各铁路调度区段的数字专用通信系统组成，还可利用区段数字调度通信或专线延伸至区段站、编组站、中间站，构成星型网络结构的局线调度通信网。

3. 区段调度通信系统

区段调度通信系统可以全面实现铁路各项专用通信业务，包括区段调度通信、站场通信、站间通信、区间通信、专用通信等。区段调度是指调度员指挥某一段铁路线上的各车站（段、所、点），按业务性质分为列车调度、货运调度、电力牵引调度（供电调度）、红外线调度等。区段调度通信系统可以实现铁路局集团公司所有方向、所有区段的区段调度通信业务，并可以实现与局调、干线高度的多机联网。

4. 以站段为中心组成的调度系统

如在大型车站(编组站)及站场内车站调度员对各值班员之间的调度通信。

(三) 铁路数字移动通信系统

铁路数字移动通信系统(GSM-R)是专门为铁路通信设计的专用通信系统。

GSM-R 由于接口中引入了语音广播呼叫、语音通话组呼叫和用户优先级等功能,可以实现调度员与司机间的通信、调车作业通信、远程遥控传输、车站和维修段的地区通信、旅客服务通信,也可实现与公网的互联互通。GSM-R 可以满足列车运行速度为 500 km/h 时的无线通信要求,且安全性好,是高速铁路通信最理想的技术解决方案。

GSM-R 网络包括 GSM-R 陆地移动网络和固定用户网络(FAS)。两个网络分别连接着移动终端和固定终端,并且彼此互联互通。移动终端又称移动台,可放在机车或旅客列车上,它相当于手机,通过无线接口接入到 GSM-R 系统,并提供人机接口,如按键、屏幕显示以及送话器、受话器等。固定终端是有线交换网络的终端,包括调度台、车站台等。

铁路沿线采用无线覆盖,机车上采用无线终端,即机车综合无线通信设备,而车站台和调度台都是有线终端。车站台和调度台通过 FAS 连接到 GSM-R 系统上,从而实现有线和无线用户的通信。

六、联　　锁

联锁设备是保证车站范围内行车和调车作业的安全,并提高车站通过能力的车站信号设备。道岔和信号机之间,以及信号机和信号机之间,必须建立一种相互制约的关系,才能保证安全并提高运输效率,这种相互制约的关系为联锁。为完成这种联锁关系而安装的技术设备称为联锁设备。

(一) 联锁基本技术条件

1. 当进路上的有关道岔开通位置不对或敌对信号机未关闭时,该信号机不能开放;信号机开放后,该进路上的有关道岔不能扳动,其敌对信号机不能开放。

2. 正线上的出站信号机未开放时,进站信号机不能开放通过信号;主体信号机未开放时,预告信号机不能开放。

3. 装有转换锁闭器,电动、电空、电液转辙机的道岔,当第一连接杆处的尖轨与基本轨间、心轨与翼轨间有 4 mm 及以上水平间隙时,不能锁闭或开放信号机。

4. 区间内正线上的道岔,未开通正线时,两端站不能开放有关信号机。

(二) 联锁设备分类

联锁设备分为集中联锁(继电联锁和计算机联锁)和非集中联锁(臂板电锁器联锁和色灯电锁器联锁)。编组站、区段站和电源可靠的其他车站,有条件的均应采用集中联锁。在新建线路上条件不具备时,可采用非集中联锁。

(三) 集中联锁

用电气的方法集中控制和监督全站的道岔、进路和信号机,并实现它们之间联锁的关系称为集中联锁。电气集中联锁包括继电式电气集中联锁(简称继电联锁)和计算机电气集中联锁(简称计算机联锁)。

1. 继电联锁

继电联锁是集中联锁中较常用的一种，它是用继电器组成的电路来进行控制并实现联锁的。继电联锁采用色灯信号机，道岔由转辙机转换，进路上所有区段均设有轨道电路，在信号楼或车站值班员室集中控制和监督信号机和道岔。能准确及时地反映现场行车情况，不再需要分散控制时所需要的联系时间，操作人员只需在控制台上按压按钮就能办理或解锁进路，从而缩短了进路建立和解锁时间，提高了车站通过能力。

2. 计算机联锁

计算机联锁使用微型计算机和其他电子元件、继电器（用于执行环节）等器件组成的具有故障—安全性能的实时控制系统，它利用计算机对车站值班员的操作命令和现场设备的表示信息进行逻辑运算，完成对信号机、道岔及进路的联锁和控制。计算机发出控制信息，现场发回表示信息。计算机联锁的彩色监视器代替继电集中联锁控制台的表示盘，还可根据需要多台并机使用。

七、闭塞设备

闭塞设备是用来保证列车在区间运行安全并提高区间通过能力的区间信号设备。

在单线区间，上行和下行两个方向的列车，按不同的时间都在同一条正线上运行。在复线区间，正常情况下，上行列车和下行列车分别占用一条正线；在区间每一条正线上虽然不会有对向列车，但还是可能有同向列车。为了防止同向列车在区间内尾追，或对向列车在单线区间内对撞，区间两端车站值班员在向区间发车前，必须办理的行车联络手续，称为行车闭塞。用来办理行车闭塞的设备为闭塞设备。闭塞设备必须保证一个区间同时只能有一个列车占用这一基本原则。

行车基本闭塞方法主要采用自动闭塞、自动站间闭塞和半自动闭塞。在实行上述闭塞方法时，需要装设相应的闭塞设备。当基本闭塞方法因故不能使用时，应根据调度命令使用电话闭塞作为代用闭塞方法。

（一）自动闭塞

自动闭塞是由运行中的列车自动完成闭塞任务的一种设备。将两个相邻车站之间的区间正线划分成若干闭塞分区（其长度一般为 1 200～1 300 m），每个分区的起点设置一个通过信号机进行防护。由于闭塞分区内装有轨道电路，因而能够正确反映列车的运行情况和钢轨是否完整，并及时传给通过信号机显示出来，向接近它的列车指示运行条件，对安全有了进一步的保证。由于通过色灯信号机的显示是随着列车的运行由列车自动控制的，不需要人工操纵，所以称之为自动闭塞。

采用自动闭塞时，列车占用区间的依据是出站信号机或通过色灯信号机的进行显示（绿灯或黄灯）。通过色灯信号机完全由列车自动控制；而出站、进站信号机一般由车站人工控制，只有在中间站上当有连续的通过列车时，可以由车站值班员按压“自动通过”按钮，改由列车自动控制。

（二）半自动闭塞

半自动闭塞在单线铁路和复线铁路上都可以采用。为保证在同一时间里任意区间只能有一个列车占用，司机必须取得进入这一区间的行车凭证，才有权向该区间发车。采用半自动闭塞时，以出站信号机或通过信号机的正在显示的信号作为列车占用区间的凭证。出站信号机不仅要和发车进路上的有关道岔互相联锁，而且要受闭塞机的控制。

1. 在单线铁路上，相邻两站的出站信号机，即使在发车进路已经准备妥当的条件下也不能任意开放，只有在区间空闲，取得对方车站值班员的同意，并办理必要的闭塞手续之后，发车站的出站信号机才能开放。

2. 当列车从车站出发进入区间，出站信号机就自动恢复定位。双方的闭塞机都处于闭塞状态。这时，两个车站的出站信号机都不可能开放。

3. 只有当列车到达对方站，使闭塞机复原以后，才可能为下一次列车开放出站信号机。

因为这种闭塞制度既需要人工操纵，出站信号机又具有自动恢复定位的特性，所以称之为半自动闭塞。

第二节　车站与枢纽

一、概　　述

车站既是铁路办理客货运输的基地，又是铁路系统的一个基层生产单位。在车站上，除办理旅客和货物运输的各项作业外，还办理和列车运行有关的各项作业。为了完成上述作业，车站上设有客货运输设备及与列车运行有关的各项技术设备，还配备了客运、货运、行车、装卸等方面的工作人员。

（一）车站作用

车站是办理客货运输的基地。旅客购票、候车、乘降和货物的承运、保管、装卸、交付以及相关的作业都是在车站进行的，可以说车站是铁路与旅客、货主联系的纽带。车站是铁路运输的基本生产单位。在车站，除了办理客货运输各项作业，还进行机车的换挂、整备；车辆的检查、修理等作业。此外，车站还进行列车的接发、会让、越行，车列的解体、编组等作业。车站是铁路运输的窗口，服务水平和效率亦在此体现。合理地布置和有效地运用车站和枢纽的各项设备，是保证列车快速、安全、正点、加速车辆周转、降低运输成本的关键。

（二）车站分类

我国铁路上有大小车站几千个，这些车站所担负的任务量、业务性质不同，其办理的作业、服务的对象及重点也有所不同。因此，车站有不同的分类。

1. 按业务性质分为：客运站、货运站、客货运站。

2. 按技术作业分为：中间站、区段站、编组站。

3. 按所担负的任务量及在铁路网上的地位分为：特等站和一、二、三、四、五等站。

（三）车站线路种类与线间距

铁路线路分为正线、站线、段管线、岔线、安全线及避难线。

正线是指连接车站并贯穿或直股伸入车站的线路。站线是指到发线、调车线、牵出线、货物线及站内指定用途的其他线路。段管线是指机务、车辆、工务、电务、供电等段专用并由其管理的线路。岔线是指在区间或站内接轨，通向路内外单位的专用线路。安全线是为防止列车或机车车辆从一进路进入另一列车或机车车辆占用的进路而发生冲突的一种安全隔开设备。避难线是在长大下坡道上能使失控列车安全进入的线路。

线间距是两相邻线路中心线之间的距离。线间距应能保证行车和车站工作人员的安全，主要根据铁路限界、相邻线路办理作业的性质以及相邻线路间是否装设信号机等行车设备，并考虑留有适当的发展余地等因素来确定。线间距的大小应根据《铁路技术管理规程》有关规定确定。

（四）股道和道岔的编号及股道有效长

为了便于车站生产指挥作业上的联系和对设备维修管理，应对站内线路和道岔进行统一编号。同一车站或车场内的线路和道岔不得有相同的编号。

1. 股道编号方法

站内正线规定用罗马数字编号（Ⅰ，Ⅱ，Ⅲ，…），站线用阿拉伯数字编号（1，2，3，…）。单线区段内的车站，从靠近站舍的线路起，向远离站舍方向顺序编号；双线区段内的车站，从正线起顺序编号，上行一侧为双号，下行一侧为单号；尽头式车站，向终点方向由左侧开始顺序编号，如站舍位于线路一侧时，从靠近站舍的线路起，向远离站舍方向顺序编号。一个车站（分场时为一个车场）的股道不准有相同的编号。

2. 道岔编号方法

从列车到达方向起顺序编号，上行为双号，下行为单号；尽头线上，向线路终点方向顺序编号。车站划分车场时，每个车场的道岔单独编号。一个车站的道岔不得有相同的编号。

3. 股道有效长

车站线路的长度分为全长和有效长两种。全长是指车站线路一端的道岔基本轨接头至另一端道岔基本轨接头的长度。如为尽头式线路，则指道岔基本轨接头至车挡的长度。股道有效长是指在线路全长范围内可以停留机车车辆而不妨碍邻线正常行车的部分。

二、中 间 站

中间站是为沿线城乡及工农业生产服务，提高铁路区段通过能力，保证行车安全而设的车站。它主要办理列车的到发、会让和越行，以及客货运业务。

（一）中间站办理的作业

1. 列车的通过、会让和越行。在双线铁路上还办理调整反方向运行列车的转线作业。

2. 旅客乘降和行李包裹的承运、保管与交付。

3. 货物的承运、装卸、保管与交付。

4. 摘挂列车的车辆摘挂和向货场甩挂车辆或专用线取送车辆的调车作业。

中间站如有工业企业线接轨或者是加力牵引起终点以及机车折返时，还需办理工业企业线的取送车、补机的摘挂、待班和机车整备、转向等作业。在客货运量较大的个别中间站，还有始发、终到旅客列车及编组始发货物列车的作业。

（二）中间站的设备

为了完成上述作业，中间站应根据作业性质和工作量大小而设置以下设备。

1. 客运设备：包括旅客站舍（售票房、候车室、行包房）、旅客站台、雨棚和跨越设备（天桥、地道、平过道）等。

2. 货运设备:包括货物仓库、货物堆放场、货物站台和货运室、装卸机械等。

3. 站内线路:包括列车到发线、货物装卸线以及调车用的牵出线和安全线等。

4. 信号及通信设备:包括信号机、信号表示器、站内电话、对讲机械、广播及扩音设施等。

(三)会让站和越行站

中间站中主要用来提高线路通过能力而设置的车站,称为会让站和越行站。

会让站设置在单线铁路上,主要办理列车的到发、会车、让车,仅办理少量的客货运业务。会让站应铺设到发线并设置通信、信号设备及旅客乘降、办公房屋等设备。

在会让站上,既可以实现会车,也可以实现越行。先到的列车在本站停车,等待反方向的列车到达本站、两个列车互相交会,称为会车;先到的列车在本站停车,等待后一个同方向的列车通过本站或到达本站停车后先开,称为越行。

越行站设置在双线铁路上,主要办理同方向列车的越行业务。在正常情况下,双线铁路的每一条正线规定只开行某一方向的列车,必要时办理反方向列车的转线,也办理少量客、货运业务。

三、区段站

区段站的主要任务是为邻接的铁路区段供应及整备机车或更换机车乘务组,并为无改编中转货物列车办理规定的技术作业。此外,还办理一定数量的列车解编作业及客货运业务。在设备条件具备时,还进行机车、车辆的检修业务。区段站位于铁路网上各牵引区段的分界处,一般设在中等城市和铁路网上牵引区段(机车交路)的起点或终点。

(一)区段站作业

1. 客、货运业务

与中间站所办理的客、货运业务基本相同,但作业量较大。在某些区段站上还进行冷藏车的整备及牲畜车的供水作业。

2. 运转作业

(1)与旅客列车有关的运转作业:主要办理通过旅客列车的接发作业,有的车站还办理铁路局集团公司管内或市郊旅客列车的始发、终到作业以及个别车辆的甩挂作业。

(2)与货物列车有关的运转作业:主要办理无改编中转列车的接发和有关作业。对区段和摘挂列车,要进行解体和编组作业。同时还办理向货场、工业企业专用线取送作业车等。有些区段站对部分改编中转列车,还要办理变更运行方向、变更列车重量或换挂车组等作业。某些区段站还担当少量始发直达列车的编解任务。

3. 机车业务

以更换货物列车机车和乘务组为主,有些车站还更换旅客列车机车和乘务组。当采用循环交路时,在机务段所在的区段站上,列车机车不进段,仅在站内到发线上或其附近进行检查、整备作业。当采用长交路时,有的区段站无须更换机车,仅更换机车乘务组或进行部分整备作业。

4. 车辆业务

主要是办理列车的技术检查和车辆的检修(摘车修和不摘车修)业务。在少数设有车辆段的区段站上,还办理车辆的段修业务。

所有到达区段站的货物列车，按它在该站所进行的作业性质，可以分为两类：一类是到达本站不解体，只作技术检查和机车换挂等作业，然后继续运行的列车，称为无改编中转列车；另一类是列车到达本站后，要将车列解体，车组进入调车场集结编组形成列车后由车站出发，这种列车称为改编列车。

（二）区段站的设备

为了保证上述作业的完成，在区段站上应设有以下各项设备。

1. 客运业务设备

客运业务设备主要有旅客站房、旅客站台、雨棚及跨越线路设备等。

2. 货运业务设备

货运业务设备主要指货场及其有关设备，如装卸线、存车线、货物站台、仓库、雨棚、堆放场及装卸机械等。

3. 运转设备

(1)供旅客列车使用的运转设备：主要有旅客列车到发线，必要时设客车车底停留线。

(2)供货物列车使用的运转设备：主要有货物列车到发线、调车线、牵出线(有时设小能力驼峰)、机车走行线及机待线等。

4. 机务设备

机务设备在机务段(或机务折返段)所在的区段站上，如采用循环交路，在到发场或其附近应设机车整备设备。当采用长交路轮乘制时，可设机车运用段或机务换乘点。

5. 车辆设备

车辆设备主要指列车检修所(简称列检所)、站修所。

除上述各项设备外，还有信号、通信、给水、排水、电力、照明、技术办公房屋以及城镇道路的平(立)交设备等。

四、编 组 站

编组站的作用及任务编组站是铁路网上办理大量货物列车解体、编组作业，编组直达、直通和其他列车，并为此设有比较完善的调车设备的车站。编组站通常设在几条主要干线的汇合处，也可以设在有大量装卸作业地点的大城市、港口或大工矿企业附近。

编组站和区段站统称为技术站。区段站以办理无中转列车为主，改编列车较少，办理少量区段列车和摘挂列车的改编作业；而编组站按照编组计划要求，除办理通过列车外，主要是解体和编组直达、直通、区段、摘挂及小运转等各种货物列车，以办理改编列车为主。

（一）编组站在路网上和枢纽中的主要任务

按照列车编组计划的要求，在编组站编解各种类型的列车，从而为合理的车流组织服务。

1. 解编各种类型的货物列车，如改编货物列车、无调中转列车、本站作业车等。

2. 组织和取送本地区的车流——小运转列车。

3. 设在编组站的机务段，还需供应列车动力，整备检修机车。

4. 设在编组站的车辆段及其下属单位(站修所、列检所)还要对车辆进行日常维修和定期检修等。

（二）编组站主要设备

编组站的设备有调车设备、行车设备、机务设备、车辆设备等，根据需要，编组站有时也设有客运设备、货运设备等。调车设备则是编组站的核心设备。

（三）编组站布置图

编组站的主要工作是进行列车的解编作业，而列车的到达、解体、集结、编组和出发等一系列作业过程是在编组站的到达场、调车场、出发场、到达场等各个车场上完成的。因此，随编组站各项设备相互位置的不同，可构成不同的配置图形。一般而言，编组站图形按设有的调车作业系统数量可分为单向和双向两类，按车场相互排列位置的不同又可分为横列式、混合式和纵列式三种。

（四）调车设备

平面牵出线是车站的基本调车设备。基本上是设于平道上，调车时车辆溜放的动力是调车机车的推力。牵出线设于调车场尾部，适合于车列的编组、转线、车辆的摘挂、取送等调车作业。

驼峰一般设在调车场头部，适合于车列的解体作业。驼峰按技术装备分为简易驼峰、非机械化驼峰、机械化驼峰、半自动化驼峰和自动化驼峰。驼峰调车时车辆溜放的动力以其本身的重力为主，调车机车的推力为辅。

五、客 运 站

专门为旅客办理客运业务的车站称为客运站。客运站是铁路旅客运输的基本生产单位，它的主要任务是组织旅客安全、迅速、准确、方便地上下车；办理行包、邮件的装卸搬运；组织旅客列车安全、正点到发和客车车底取送；为旅客提供舒适的服务条件。

（一）客运站的作业

1. 客运服务作业

客运服务作业包括旅客上下车、候车、问询、小件寄存，以及对旅客文化、饮食、住宿、购物和卫生方面的服务等。

2. 客运业务

客运业务包括客票发售，行包承运、装卸、保管和交付，邮件装卸和搬运等。

3. 技术作业

(1)始发、终到列车：包括列车接发、机车摘挂、列车技术检查、车底取送、个别客车甩挂以及餐车整备等。

(2)通过列车：包括列车接发、机车换挂或整备、列车技术检查、客车上水等。

(3)市郊(通勤)列车：包括列车接发、机车摘挂、列车技术检查及车底取送等。

(4)在某些客运站还办理少量货物列车的到发和通过作业。

（二）客运站的设备

1. 站　　房

站房是客运站的主体，包括为旅客服务的各种房屋、技术办公房屋以及职工生活用房等。

2. 站 场

站场是办理客运技术作业的地方，包括线路、站台、雨棚、跨线设施等。

3. 站前广场

站前广场是客运站与城市的结合部，包括站房平台、旅客活动地带、人行通道、车行道、停车场、公交站点及绿化与景观用地等。

六、货运站

货运站凡专门办理货运作业(包括组织货源、货流、办理货物的承运、保管、交付、货物装卸作业、计算核收运费、填制货运票据等)的车站，以及专门办理货物联运或换装的车站，均称为货运站。

(一)货运站分类

1. 货运站按其工作性质分为装车站、卸车站和装卸站。

装车站：以办理货物的装车为主，需接入大量空车，发出大量重车。

卸车站：以办理货物的卸车为主，需接入大量重车，排出大量空车。

装卸站：装车和卸车工作量大致平衡，可大量组织车辆的双重作业。

2. 货运站按其办理货物的种类分为综合性货运站和专业性货运站。

综合性货运站：办理多种不同品类货物作业的车站。

专业性货运站：办理单一品类大宗货物及危险货物作业的车站。

3. 货运站按其服务对象分为公共货运站、换装站、工业站和港湾站。

(二)货运站作业及设备

1. 货运站作业

综合性货运站(以下简称货运站)是铁路枢纽内为城市居民和企业服务并办理多种货物作业的车站。其主要作业有运转作业和货物作业。

(1)运转作业：主要办理列车的接发、解编、按装卸点选编车组、调送车组、按货位配置车辆等作业。

(2)货物作业：货物的托运和交付、装卸和保管，货运票据的编制，货物的过磅、分类、搬运、堆码以及换装、加固和检查装载、铁路与其他运输部门的联运等作业；有时还兼办不良车的修理、调车机车的整备、车辆的清扫、洗刷、消毒、保温车的加冰等项作业。

2. 货运站设备

为了完成上述作业，货运站应设有下列主要设备。

(1)运转设备：包括到发线、调车线、牵出线等。

(2)货运设备：货场配线(包括货物装卸线、存车线、货场牵出线等)、场库设备(包括仓库、雨棚、站台、堆放场等)、装卸设备(包括各种装卸机械、运输机械等)、取送货物的道路及停车场和给排水设备及消防设备。

(3)其他设备：根据作业需要设置货物站台，机车整备、车辆检修设备，集装箱及托盘的维修保养设备，货车消毒洗刷设备，篷布维修设备，加冰设备，货物检斤设备和量载设备等。

（三）货　　场

货场是办理货运作业的基本场所。为了安全、迅速、便利地办理货物的承运、保管、装卸和交付作业，在货场内必须配备足够的场库、装卸机械、配线和道路等设备，并且要保证各项货运设备在货场内的合理布置。

1. 货场分类

货场按办理的货物种类可分为综合性货场和专业性货场。

(1)综合性货场：指办理多种品类货物作业的货场。

(2)专业性货场：指办理单一品类货物作业的货场，如专办危险货物、煤、木材、砂石等的货场。

2. 货场主要设备

为了完成各项货运作业，货场内应设置以下设备。

(1)线路：包括装卸线、存车线、牵出线等。

(2)场库设备：包括堆货场、货物站台、仓库、货棚等。

(3)装卸机械及其检修设备。

(4)检斤设备和量载设备：包括磅秤、汽车衡(地磅)、轨道衡、电子秤等。

(5)货场用具：包括装卸作业和保管货物所需的各种用具，如跳板、防湿枕木、防湿篷布等。

(6)道路及排水设备。

(7)房舍：包括货运室、装卸工人休息室、装卸机械修理所、门卫室及其他生产生活用房。

对于办理冷藏车加冰作业的货场还应设有加冰所，并配有制冰、储冰、加冰及加盐设备，装卸牲畜较多的货场应设有牲畜装卸及饮水设备。一些货场还应设有货车洗刷及储污设备。

七、铁路枢纽

在铁路干、支线的交汇点或终端地区，由各种铁路线路、专业车站以及其他为运输服务的有关设备组成的总体，称为铁路枢纽。除办理枢纽内各种车站的有关作业外，在货物运转方面还办理无改编中转和有改编中转列车的作业以及枢纽地区小运转列车的作业；在客运作业方面办理通过管内和市郊旅客列车有关的运转作业；在货运业务方面办理各种货物的承运、装卸、发送、保管等作业；此外，还要供应运输动力、进行机车车辆的检修等作业。

（一）铁路枢纽内的设备

1. 铁路线路

铁路线路包括引入正线、联络线、环线、直径线、工业企业线等。

2. 车　　站

车站包括客运站、货运站、编组站、工业站、港湾站等。

3. 疏解设备

疏解设备包括铁路线路与铁路线路的平面和立交疏解、铁路线路与城市公路的跨线桥和平交道口以及线路所等。

4. 其他设备

其他设备包括机务段、车辆段、客车整备所等。

（二）铁路枢纽类型

1. 按其在路网上的地位和作用分类

铁路枢纽可分为路网性铁路枢纽、区域性铁路枢纽和地方性铁路枢纽。

(1)路网性铁路枢纽

凡承担的客货运量和车流组织任务涉及整个铁路网的枢纽，属于路网性铁路枢纽。这种枢纽一般都位于几条铁路干线交叉或衔接的铁路网点上的具有重要政治和经济地位的大、中工业城市，办理大量的跨局通过车流和地方车流，设有较多的专业车站，它的设备规模和能力都很大，如北京、沈阳、郑州、武汉、上海等枢纽。

(2)区域性铁路枢纽

凡承担的客货运量和车流组织主要为一定的区域范围服务的枢纽，属于区域性铁路枢纽。

这种枢纽一般都位于铁路干线和支线交叉或衔接的铁路网点上的大、中型城市。办理管内的通过车流和地方车流，它的设备规模和能力仅次于路网性铁路枢纽，如太原、蚌埠、柳州等枢纽。

(3)地方性铁路枢纽

凡承担的运量和车流组织主要为某一工业区或港湾等地方作业服务的枢纽，属于地方性铁路枢纽。这种枢纽一般都位于铁路网端或大工业企业和水陆联运地区，办理大量的货物装卸和小运转作业。它的设备规模和能力较小，如秦皇岛属港湾铁路枢纽、大同属工业铁路枢纽等。

2. 根据枢纽内设备的相互位置分类

根据枢纽范围内专业车站、联络线、进站线路等设备的相互位置不同，并结合一定的车流条件，可形成各种不同形式的铁路枢纽。一般分为一站枢纽、三角形枢纽、十字形枢纽、顺列式枢纽、并列式枢纽、环形枢纽、尽头式枢纽和混合形铁路枢纽等。

第三节　机车、车辆、供电设备

一、铁路机车

（一）概　　述

机车是铁路运输的牵引动力。由于铁路车辆不具备动力装置，需要将其连挂成列，由机车牵引沿钢轨运行。在车站内，车辆的转线以及货物车辆的取送等各项调车作业，都要由机车完成。因此，铁路为了完成客货列车的牵引和车站的调车工作，必须保证提供足够数量、牵引性能良好的机车；同时，还必须加强对机车的保养与检修工作，正确组织机车的合理运用等。

1. 机车类型

铁路采用的机车类型很多，有不同的分类。

(1)按牵引动力分:有内燃机车和电力机车等。

(2)按运用分:有客运机车、货运机车、调车机车。客运机车要求速度高,货运机车需要牵引力大,而调车机车要具有机动灵活的特点。调车机车主要用于铁路站场内或专用线上车辆的编组、解体、专线等调车作业。而客运机车和货运机车用于牵引客货车辆在铁路线上运行,属于干线机车(也称本务机车)。

2. 机车牵引性能基本概念

机车牵引列车运行的过程,就是机车牵引力克服列车起动时和运行中所受的阻力过程。机车牵引列车运行是由于它具有相当大的牵引力,在列车运行中的任意瞬间,机车牵引力(F)和运行速度(v)的乘积,就是机车的功率(P),即 $P=F\cdot v$,常用千瓦(kW)做单位。任何一种机车,它的最大功率是一定的,称为标称功率。

(二)内燃机车

内燃机车是以内燃机作为原动力的一种机车。内燃机车主要由柴油机、传动装置、走行部、车体、车底架、车钩缓冲装置、制动装置和辅助装置等部分组成。内燃机车按传动方式的不同可分为电力传动内燃机车和液力传动内燃机车。

铁路上采用的内燃机绝大多数是柴油机。在内燃机车上,柴油机和机车动轮之间都装有传动装置,柴油机的功率是通过传动装置传递到动轮上去,而不是由柴油机直接驱动动轮,其原因就在于柴油机的特性不能满足机车牵引特性的要求。

1. 电力传动内燃机车

电力传动内燃机车的能量传输过程是由柴油机驱动主发电机发电,然后向牵引电机供电,并通过牵引齿轮驱动机车轮对旋转。根据电机形式不同,分为以下四种类型。

(1)直—直流电传动:主发电机与牵引电机均为直流电机。

(2)交—直流电传动:采用交流主发电机、直流牵引电机。

(3)交—直—交流电传动:采用交流主发电机,经过晶闸管逆变器,将电流转变成可变频的交流电,电机为交流牵引电机。

(4)交—交流电传动:是一种中间没有直流环节直接变频的交流传动。

2. 液力传动内燃机车

液力传动内燃机车采用的是液力传动装置。一般由柴油机驱动液力传动装置,通过液力变速箱、牵引齿轮驱动机车轮对旋转。在液力传动内燃机车上,原动力仍是柴油机,在柴油机和机车动轮之间,装有一套液力传动装置,利用工作油改变柴油机的外特性,以适合列车运行的要求。液力传动内燃机车与电力传动内燃机车相比,除传动装置不同外,其余部分都是相似的。

3. 内燃机车基本构造

内燃机车种类型号虽然繁多,但其基本组成和工作原理是相似的。一般来说,内燃机车由五部分组成。

(1)动力装置

内燃机车的动力装置均为柴油机。柴油机一般可按下列四种情况分类:

①按每工作循环冲程数分,有四冲程和二冲程两种;

②按进气压力分,有增压和不增压之分;

③按气缸排列形式分,有 V 形和直立形等;

④按标准转速分,有高速(1 500 r/min 左右)和中速(1 000 r/min 左右)。高转速柴油机单位功率重量轻,中转速柴油机经济性和寿命较优。

柴油机还可根据燃烧室形式、缸数、缸径和用途等进行区分。

(2)传动装置

传动装置的作用是把柴油机的动力传到转向架的轮对上,可以改变机车运行方向(前进或后退),并使机车获得所要求的牵引性能。内燃机车电传动是应用较广泛的一种传动方式。DF8B、DF11、HXN3、HXN5 型内燃机车均为电传动。

(3)车　　体

车体是内燃机车的骨架,是安装柴油机及辅助设备的基础,并起保护车上设备和设施的作用。车体分为承载式和非承载式。现代大功率机车多采用承载式车体,将车体侧壁、司机室等与底架焊接在一起,成为一个整体承载结构,以增加刚度并减轻重量。DF8B、DF11、HXN3 等型内燃机车的车体都属于这种结构。DF7、HXN5 等型内燃机车则采用非承载式车体,仅由车架承载。

(4)走 行 部

走行部要承受机车上部结构的重量,产生牵引力和制动力,并能顺利通过曲线。走行部可分为车承式和转向架式两种。

(5)辅助装置

内燃机车辅助装置是保证柴油机、传动装置和走行部正常工作和可靠运行的部分。内燃机车的辅助装置主要包括以下六个部分。

①燃油系统:燃油系统是将储存在机车燃油箱内的燃油经过滤清后供给柴油机,冬季还可以对燃油进行预热。燃油系统由燃油箱、燃油输送泵、燃油粗滤器、燃油精滤器等部件和管路组成。

②机油系统:机油系统是将柴油机油底壳的机油进行冷却和滤清后供柴油机润滑,冬季也可对柴油机进行预热。机油系统由主机油泵、启动机油泵、辅助机油泵、机油滤清器、离心滤清器、热交换器和管路等组成。

③冷却系统:冷却系统是对柴油机、柴油机增压器、增压空气及机油进行冷却。东风系列内燃机车冷却系统由两个离心式水泵、膨胀水箱、散热器管路和冷却风扇等组成。

④预热系统:在柴油机启动前预热冷却水、机油和燃油,使其达到柴油机启机所要求的最低温度。严寒季节机车停留时,预热可保持柴油机的油、水温度,以备随时启动。预热系统由预热锅炉和管路等组成。

⑤制动系统:运行中的机车和整个列车进行调速和停车的控制系统,一般主要指空气制动。电阻制动系统主要用于列车的减速或恒速运行。人力制动机或蓄能制动器则适用于停留机车车辆的防溜。

⑥辅助传动装置:辅助传动装置是为驱动内燃机车的部分辅助装置而设。

(三)电力机车

1. 电力机车动力原理

电力机车的牵引动力是电能,但机车本身没有原动力,而是依靠外部供电系统供应电力，并通过机车上的牵引电机驱动列车前进。电气化铁路设备的主要特点是比内燃机车牵引的铁路增加了一套牵引供电系统。将电能从电力系统传送到电力机车的电力设备总称为电气化铁路的牵引供电系统。

2. 电力机车分类和基本构造

电力机车是利用电能由电机驱动运行的机车或动车。电力机车平均热效率比内燃机车高，它在提高铁路运输能力、合理利用资源、保护生态环境方面，是铁路较理想的牵引动力。

电力机车按照传动方式不同分为直流传动电力机车和交流传动电力机车。直流传动电力机车根据供电电流的不同，又分为直流供电和交流供电两种。交—直型电力机车是靠顶部升起的受电弓，从接触网上取得25 kV 单相工频交流电，经机车内的主变压器降压，再经整流装置将交流电转换为直流电，供给直流牵引电机，经齿轮传动装置转换成机械能后，牵引列车运行的。

电力机车主要由车体、车底架、走行部、车钩缓冲装置及制动装置和一整套电气设备等组成。其中除电气设备外，其余部分都同交—直流电力传动内燃机车相似。

3. 电力机车的电气设备及其电路

电力机车上设有各种复杂的电气设备，而所有电气设备，则分别装设在主电路、辅助电路和控制电路三条电气回路中。

(1)主 电 路

它将产生机车牵引力和制动力的各种电气设备连成一个系统，实现机车的功率传输。主电路包括的电气设备主要有受电弓、主断路器、主变压器(即牵引变压器)、整流调压装置、平波电抗器、牵引电机和制动电阻等。

①受电弓：机车顶部装有两套单臂受电弓，受电弓紧压接触网导线滑行摩擦从电网上取得电流。机车运行时机车只需升起一套电弓，另一受电弓作为备用。接触网上送来的25 kV 工频单相交流电就由此引入机车。

②主断路器：是用来接通或断开电力机车高压电。当主电路发生短路、接地或整流调压电路、牵引电机等设备生故障时，它能自动切断机车电源，实现对机车上设备的保护。

③主变压器：又称牵引变压器，它把从接触网上取得的 25 kV 高压电降低为牵引电机所适用的电压。变压器共有 4 个绕组；一个原边绕组接 25 kV 高压电；3 个副边绕组，其中牵引绕组用来向牵引电机供电，励磁绕组用在电阻制动时给电机提供励磁电流，

辅助绕组用来给机车的辅助电机供电。

④调压装置：用来调节牵引变压器中副边牵引绕组的输出电压，从而使牵引电机的端电压得以改变，以达到机车的调速目的。

⑤平波电抗器：由于牵引电机本身的电感极小，不足以将整流后的电流滤平到所需要的范围。因此，在牵引电机电路中串接一个大电感的平波电抗器，以减小整流电流的脉动。

(2)辅助电路

辅助电路电源来自主变压器的辅助绕组，通过劈相机将单相交流电变成三相交流电后，供给牵引通风机、油泵机组和空气压缩机等辅助电机使用。

(3)控制电路

制电路将主电路和辅助电路中各电气设备的控制电器(包括各种控制开关、接触器、电

空阀等)同电源、照明、信号等的控制装置连成一个电系统。

主电路、辅助电路、控制电路三个电路系统在电气方面一般是相互隔离的,但三者通过电磁、电空或机械传动等方式相互联系,配合动作,用低压电控制高压电,以保证操作的安全并实现机车的运行。

4. 电力机车的制动

当机车需要制动时,除使用空气制动装置外,还可以辅以电阻制动。司机扳动转换开关,使它从牵引位转到制动位,把牵引电机从串励电机改成他励发电机,把电枢绕组同制动电阻连接起来。这样,车轴带动电机的电枢旋转,发出的电流就会被制动电阻变成热能逸散,从而消耗了机车惰行时的机械能。

如果将电能重新反馈回电网中去加以利用,就称之为再生制动(或反馈制动)。电力机车进行再生制动时,牵引电机作为发电机工作,将列车在运行中所具有的机械能转换成电能送回接触网。尤其是在长大下坡道上,电力机车可以进行恒速再生制动。从能量利用上看,电阻制动虽然不如再生制动,但电阻制动的主电路工作可靠、稳定,技术比较简单,故目前在电力机车上得到广泛使用。而采用再生制动的电力机车必须采用全控整流线路,控制电路复杂,对主电路的保护系统要求也较高。

二、铁路车辆

(一)概　　述

铁路车辆是运送旅客和货物的工具。铁路车辆按用途可分为客车、货车及特种用途车。

1. 客　　车

(1)运输旅客的车辆,主要用于旅客乘坐、休息,提供旅客生活及卫生设施的车辆,如硬座车、软座车、硬卧车、软卧车、高级软卧车、合造车、卫生医疗车及其他特种车等。

(2)为旅客提供服务的车辆,主要用于为旅客提供餐饮服务、行李托运服务、客车电力供应的车辆,如餐车、行李车、邮政车、发电车等。

(3)编组在旅客列车中其他用途的车辆,主要用于线路检测、卫生医疗、文教宣传等特殊用途车辆,如综合检测车、卫生车、医疗车、文教车、维修车、试验车、特种车等。

2. 货　　车

(1)通用货车

通用货车是装运普通货物的车辆,其货物类型多不固定,也无特殊要求,所占比例较大,一般有平车、敞车、棚车、罐车和保温车等。

①敞车:车体无车顶,由地板、侧墙、端墙组成。主要用来运送煤炭、矿石、钢材等不怕湿的货物,必要时,在所装运的货物上面加盖防水篷布,也可代替棚车装运怕湿的货物。因此,敞车具有很大的通用性,是货车中数量最多的一种。敞车按卸货方式的不同可分为两类:一类是适合于人工或卸车作业机作业的通用敞车;另一类是适合于大型工矿企业、专用码头,用翻车机卸货的专用敞车。

②棚车:车体由地板、侧墙、端墙、车顶、门和窗组成。用以装运各种需防止湿损、日晒或散失的货物,如粮食、布匹及日用品等。

③平车:大部分平车只有地板,两侧设有柱插。用以装运钢材、机器、设备、集装箱、汽车

等体积或重量较大的货物。有的平车还设有可向下翻倒的活动矮侧墙和端墙，用来装运矿石、砂土等块粒状货物。

④罐车：车体外形为一个卧放的圆筒，具有较大的强度和刚度。罐体上设有安全阀，当外界温度发生变化时，罐体内的压力超过一定数值，安全阀能自行打开，将罐内气体放出；罐内压力低于一定数值时，通过安全阀向罐内补气，以保证运行安全。罐车专用于装载液体、液化气体或粉状货物。按货物品种可分为轻油类罐车、粘油类罐车、酸碱类罐车、液化气体类罐车和粉状货物罐车等。按卸货方式可分为上卸式罐车和下卸式罐车。

⑤冷藏车：车体外形与棚车相似，但车体外表涂成银灰色，以利于阳光的反射，减少太阳辐射热的侵入。车体墙板内装有隔热材料，车内设有制冷、加温、测温和通风装置；主要用以装运易腐货物，如鱼、肉、水果等；也可装运对温度有特殊要求的货物。根据冷藏设备的不同，有加冰冷藏车和机械冷藏车等。

(2)专用货车

专用货车一般指只运送一种或很少几种货物的车辆。其用途比较单一，同一种车辆要求装载的货物重量或外形尺寸比较统一，有时在铁路上的运营方式也比较特别，如固定编组、专列运行等。专用货车一般有矿石车、平车-集装箱共用车、毒品车、粮食车、长大货车、特种车等。

(3)特种用途车

按特种用途设计制造的货车，其结构和用途都有所不同，如检衡车、救援车、除雪车等。

（二）铁路车辆的基本构造

1. 车　　体

车体是旅客乘坐或装载货物的部分，车体一般和车底架构成一个整体，车体结构形式与车辆的用途有关，一般由车底架、侧墙、端墙、地板、车顶等部分组成。

车底架是车体的基础，承受车体和所装货物的重量，并通过上下心盘将重量传给走行部。在列车运行时，车底架还承受机车牵引力和列车运行中所引起的各种冲击力，所以必须具有足够的强度和刚度。

货车车底架由中梁、侧梁、枕梁、横梁及端梁等组成，货车车底架如图3-6所示。

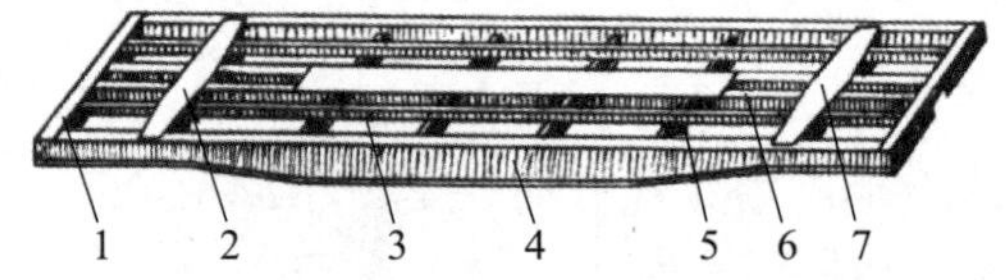

图3-6　货车车底架

1—端梁；2、7—枕梁；3—纵梁；4—侧梁；5—横梁；6—中梁

客车车体采用薄壁筒形结构，由底架、侧墙、车顶、内外端墙、门窗等组成。客车车底架构造和货车车底架相似。客车两端必须设置通过台，所以它的两端各有一个通过台架。为了满足旅客在旅行生活上的需要，车体内部设有坐卧设备、车电设备、通风设施和空调取暖设备等。

2. 转 向 架

转向架由两组轮对、轴箱油润装置、侧架、摇枕、弹簧减振装置等组成一个整体结构，并通过摇枕上的下心盘、中心销和车体底架枕梁上的上心盘对接后与车体连接为一体。走行部可以引导车辆沿轨道运行，并把车辆的重量和货物载重传给钢轨，它应保证车辆以最小的阻力在轨道上运行，并顺利地通过曲线。走行部能否保持良好的状态，对于车辆的安全、平稳、高速运行有很大影响。

(1)轮　　对

两个车轮紧密地压装在一根车轴上组成轮对。轮对承受车辆的全部重量，并在负重的情况下以较高的速度引导车辆在钢轨上行驶。车轮与钢轨头部直接接触的表面，称为踏面。踏面做成一定的斜度，可使车辆的重心落在线路中心线上，以减少或避免车辆的蛇行运动，使轮对较顺利地通过曲线，减少车轮在钢轨上的滑行。车轮内侧外缘凸起的部分叫轮缘。车轮两端伸进轴箱的部分为轴颈，用以安装轴承。轮座是压装、固定车轮的部分，也是车轴受力最大、直径最大的部分。车轴的中部为轴身。

(2)轴箱油润装置

轴箱油润装置的主要作用是保护轴颈，使轴承与轴颈间得到润滑，减少摩擦，防止在高速运行条件下发生热轴，保证车辆安全运行。

(3)侧架、摇枕及弹簧减振装置

货车转向架的构架是由左右两个独立的侧架与摇枕组成，侧架和摇枕是货车转向架的主要部件，不仅承受、传递各种作用力，而且把转向架各零部件组成一个整体。侧架如图 3-7 所示，摇枕如图 3-8 所示。

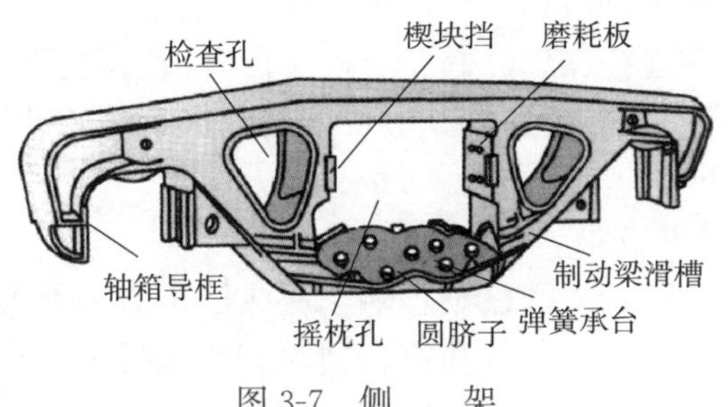

图 3-7　侧　　架

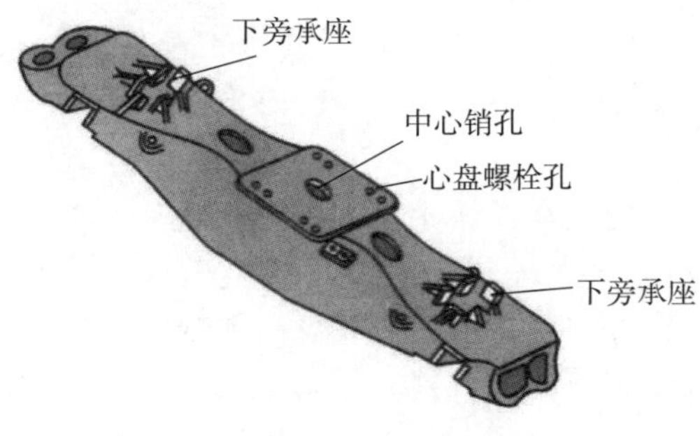

图 3-8　摇　　枕

客车转向架是一种无导框式(又称构架式)转向架，构架侧梁下面的轴箱弹簧，直接放置在轴箱体两侧的弹簧托板上。客车转向架如图 3-9 所示。

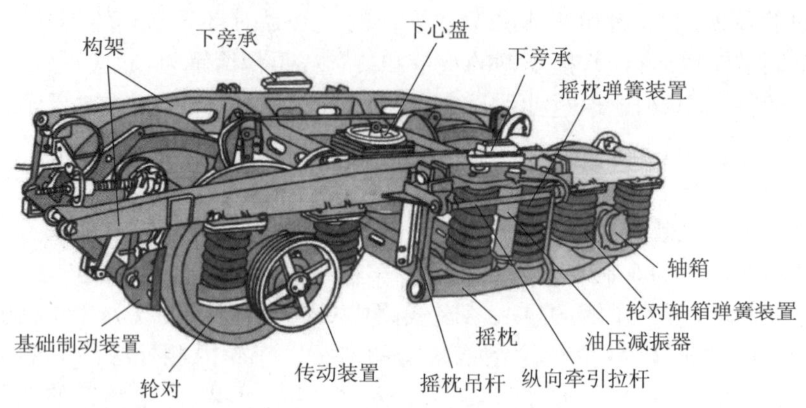

图 3-9　客车转向架

3. 车钩缓冲装置

车钩缓冲装置的作用是使机车和车辆或车辆之间连挂在一起，并且传递牵引力和制动力，缓和列车运行或调车作业时所产生的冲击力。车钩缓冲装置包括车钩、缓冲器两部分，安装在车底架中梁的两端。

车钩由钩头、钩身和钩尾三部分组成。钩头里装有钩舌、钩舌销、钩提销、钩舌推铁和钩锁铁等零部件。为了实现挂钩或摘钩，使车辆连接或分离，车钩具有锁闭、开锁、全开三种位置。摘钩时，只要其中一个车钩处在开锁位置，就可以把两辆车分开。当两个车需要连挂时，只要其中一个车钩处在全开位置，与另一辆车钩碰撞后就可连挂。

为了缓和并减小车辆在连挂、起动、制动时产生的冲击力，提高列车运行的平稳性，延长车辆使用寿命，在车钩的后面装有缓冲器。缓冲器可以起到缓和冲击的作用，还可以吸收一部分冲击时产生的动能。

4. 制动装置

制动装置是用外力迫使运行中的机车车辆减速或停车的一种设备。车辆上的制动装置一般包括三部分：制动机、基础制动装置和停车制动装置。我国机车车辆上安装的制动装置主要有空气制动机和停车制动装置。

(1)空气制动机

空气制动机又叫自动制动机，是利用压缩空气产生并控制制动力的设备。车辆空气制动机所需压缩空气是由机车总风缸供给的。列车中每个车辆的制动、缓解作用，都是由机车司机操纵制动阀来实现。

空气制动机的部件，一部分装在机车上，另一部分装在车辆上。装在机车上的有空气压缩机、总风缸、制动阀等。由空气压缩机产生的压缩空气储存在总风缸内，是制动所用的动力来源。调整阀用于把总风缸压力空气的高压调整到制动管所需的压力，以便供制动机使用。制动阀在司机室里，有控制手柄，可以控制制动管内空气的压力，操纵列车制动或缓解。装在车辆上的主要包括制动风管、三通阀(或分配阀)、副风缸、制动缸、折角塞门、截断塞门等，列车空气制动系统的组成如图 3-10 所示。

其中的截断塞门安装在制动支管上，用以开通或截断制动支管的空气通路，平时总在开放位置，当车辆上所装的货物按规定应停止制动机的作用，或当制动机发生故障时，才将它

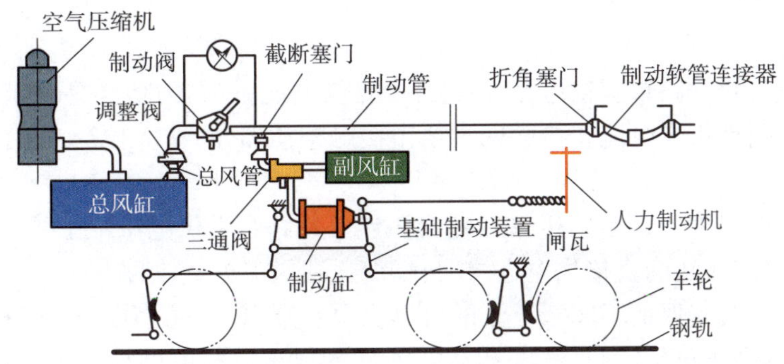

图 3-10 列车空气制动系统组成

关闭，以便停止该辆车的制动机作用。通常把关闭了截断塞门、停止制动机作用的车辆称作“关门车”。

(2)基础制动装置

基础制动装置设在转向架上，是利用杠杆原理，将空气制动机或人力制动机产生的力量扩大适当倍数，再均衡地向各个闸瓦传力的装置。客车多为双瓦式，货车多为单瓦式。车辆在运行中，闸瓦会因制动时与车辆踏面摩擦而变薄，致使制动力减弱而降低制动效率，为此必须经常调整制动缸活塞的行程。目前，在新造车上安装了闸瓦间隙自动调整器，使车辆在运行过程中可以自动调整制动缸活塞行程的大小，进而保证应有的制动力。

三、供电设备

1. 牵引供电系统

牵引供电系统主要包括发电厂、变电所和接触网等。发电厂发出的电能，需先在升压变压站进行升压，变成 110 kV 或 220 kV 高压电能后，再通过高压输电线送到铁路沿线的牵引变电所。在牵引变电所里把电流变换成所要求的电流或电压后，再转送到邻近区间和站场线路的接触网上供电力机车使用。

电气化铁道按接触网供给机车的电流不同，分为直流制和交流制两种。电流制不同，所用的电力机车也不一样。铁路牵引供电系统，主要由牵引变电所和接触网两部分构成。

(1)牵引变电所

牵引变电所是电气化铁路牵引供电系统的心脏。它的主要任务是将电力系统高压输电线输送来的 110 kV(或 220 kV)的三相交流电，降为不低于 25 kV 的工频单相交流电，然后送到邻近区间和所在站场线路的接触网上，作为电力机车的牵引电源，保证可靠而又不间断地供给机车使用。

牵引变电所内的主要设备有主变压器、电压互感器、电流互感器、高压断路器、各种高压隔离开关、避雷器以及信号显示等设备。为使牵引变电所内各种电气设备正常运行，确保安全可靠供电，牵引变电所内还装有各种控制、测量、监视仪表和继电保护装置等。

牵引变电所是沿着电气化铁道区段分布的，每一个牵引变电所有一定的供电范围。而牵引变电所向牵引网的供电方式，主要是根据牵引变电所的分布情况、供电长度、线路情况以及供电的可靠性而定。通常牵引变电所向牵引网供电有单边供电、上下行并联供电和双边供电方式。

(2)接 触 网

接触网是电气化铁路牵引供电系统中的主要供电设备,它的功能是向走行在铁路线上的电力机车不间断地供应电能。接触网主要由接触悬挂部分、支持装置、支柱与基础三部分组成。

我国电气化铁路采用工频单相 25 kV 交流制。铁路牵引供电系统主要的供电方式分为直接供电方式、带回流线的直接供电方式、自耦变压器供电方式三种。

①牵引供电设备应保证不间断行车的可靠供电。牵引供电能力应与线路的运输能力相适应,满足规定的列车重量、列车密度和运行速度的要求。接触网标称电压值为 25 kV,最高工作电压为 27.5 kV,短时(5 min)最高工作电压为 29 kV,最低工作电压为 19 kV。

牵引变电所须具备双电源、双回路受电。牵引变压器采用固定备用方式并具备自动投切功能。当一个牵引变电所停电时,相邻的牵引变电所能越区供电。运行期间平均功率因数不低于 0.9。

②为保证人身安全,除专业人员执行有关规定外,其他人员(包括所携带的物件)与牵引供电设备带电部分的距离,不得小于 2 000 mm。

在设有接触网的线路上,严禁攀登车顶及在车辆装载的货物之上作业;如确需作业时,须在指定的线路上,将接触网停电接地并采取安全防护措施后,方准进行。

双线电气化铁路实行 V 形天窗作业时,为确保人身安全,应在设备、机具、照明、作业组织等方面采取相应措施。

第四节　行车组织原则及基本要求

铁路行车组织是铁路运输工作组织的重要组成部分,须贯彻安全生产的方针,坚持高度集中、统一领导的原则。铁路各生产部门要发扬协作精神,主动配合,紧密联系,协同动作,组织均衡生产,不断提高效率,挖掘运输潜力,完成和超额完成铁路运输任务。铁路行车组织的主要内容包括:车流组织和列车编组计划,列车运行图和铁路通过能力,车站行车工作组织,铁路运输生产计划和调度指挥等。

一、列车运行图及线路通过能力

(一)列车运行图

1. 列车运行图的性质与作用

列车运行图的实质是列车运行的图解,它以横轴表示时间,并用垂直线等分横轴代表一昼夜的小时和分钟;以纵轴表示距离,并按列车在各区间运行时分的比例画水平线,代表各车站中心线的位置。图上的斜线称为列车运行线,其与车站中心线的交点就是该列车在区段内有关车站的到发或通过时刻。为了区别每一列车的不同性质和用途,在运行图中用不同颜色和符号的运行线来表示不同种类的列车,同时对每条运行线冠以相应的车次。此外,在列车运行图上还应标明区段名称、各站站名、区间公里、延长公里、闭塞方式、机车类型、列车重量和换长等必要的资料。

2. 列车运行图的分类

(1)按区间正线数目的不同分为单线运行图和双线运行图。

(2)按各种列车运行速度的不同分为平行运行图和非平行运行图。

(3)按上下行方向列车数目是否相同分为成对运行图和不成对运行图。

(4)按同方向列车是否追踪运行分为追踪运行图和非追踪运行图。

3. 列车运行图的编制

列车运行图的编制工作是一个复杂的过程。我国铁路一般每两年在全路定期编制一次运行图,在执行中允许根据需要进行局部调整。同时,为适应季节性旅客运输需要,如春节运输和暑期旅客运输旺季等,还须编制增加临时客车和旅游列车的运行图。

列车运行图应根据客货运量、区段通过能力等因素确定列车对数,并符合下列要求:

(1)列车运行、车站间隔、技术作业等时间标准;

(2)迅速、便利地运输旅客和货物;

(3)充分利用通过能力,经济合理地运用机车车辆和安排施工、维修天窗;

(4)做好列车运行线与车流的结合;

(5)各站、各区段间的协调和均衡;

(6)合理安排乘务人员作息时间。

为了保证客货列车按运行图运行和经济合理地运用机车,应在编制列车运行图的同时绘制机车周转图。机车周转图是根据该区段所采用的机车运转制和乘务制度,以及列车运行方案编制的机车运用工作计划。

(二)线路通过能力

铁路线路通过能力是指某一铁路线、方向或区段,根据现有的固定技术设备(如区间、车站、机务设备及电气化铁路线的供电设备等),在一定类型的机车车辆和行车组织方法(如运行图类型及车站技术作业过程等)条件下,在单位时间(通常为一昼夜)内所能通过的规定重量的最大列车对数或列数。货运通过能力除用列数表示外,也可用车数或货物吨数表示。

按各种固定设备分别计算出来的通过能力,其中最小的一种能力就限制了整个线路、方向或区段的通过能力,该能力即为该线路、方向或区段的最终通过能力。

区间通过能力,主要取决于该区段的技术设备和所采用的行车组织方法,例如区间正线数量、区间长度、线路纵断面、机车车辆类型及信号、联锁、闭塞方式,以及列车运行图的类型等。列车运行图类型对区间通过能力影响很大,在同样的技术装备条件下,采取不同的运行图类型,通过能力就有较大不同。

(三)车站行车组织工作

车站技术管理和作业组织应在《车站行车工作细则》中具体规定,其主要内容包括:车站技术设备的使用和管理,接发列车和调车工作的组织,列车和车辆的技术作业程序,车站作业计划与调度,以及车站通过能力和改编能力的计算等。

1. 接发列车作业

接发列车作业是铁路运输生产活动的一项重要内容,直接关系到安全正点和运输效率。

保证不间断地接发列车、严格按列车运行图行车是对车站接发列车工作组织的基本要求。车站的接发列车工作由车站值班员统一指挥。

（1）接车作业

接到发车站闭塞请求（双线为发车预告）时，车站值班员在确认区间空闲后，与邻站办理闭塞手续及确定接车线路（空闲或预计空闲线路），并将接车计划通知有关人员和指示检查接车线路。列车由邻站出发后，车站值班员应复诵发车站开车通知和填写行车日志，并及时通知信号员或扳道员（长）停止影响进路的调车作业，而后发布准备接车进路的命令。经确认接车线路空闲、进路道岔位置正确、影响进路的调车工作已经停止后，方可开放进站信号。当接到信号员或扳道员（长）关于列车接近的报告后，车站值班员应通知有关人员迎接列车。听取列车整列到达的报告后，随即关闭进站信号，解锁进路，办理闭塞复原手续，开通区间，最后将列车到达时刻通知发车站、填记行车日志和向列车调度员报点。

（2）发车作业

发车站值班员在确认区间空闲后，向接车站请求闭塞（双线为发出发车预告），办完闭塞手续并填记行车日志后，进行准备发车进路工作。首先通知信号员或扳道员（长）停止影响进路的调车作业，接着发布准备发车进路命令，经确认进路准备妥当、影响进路的调车作业已经停止后，方可开放出站信号，指示助理值班员发车。助理值班员确认发车条件具备后，方可显示发车指示信号。列车起动后，车站值班员及时将发车时刻通知接车站并填记行车日志，并于接到信号员或扳道员（长）关于列车整列出站的报告后，及时解锁进路，向列车调度员报点。

（3）放行通过或到开列车的作业

当所接发的列车在本站不停车通过或是停站时间很短的到开列车时，其作业内容及办理手续相当于同时办理接车和发车两项工作。布置进路时应同时准备接车和发车进路，但如经由到发线通过或根据车站设备条件正线亦需分段办理通过进路时，应先开放出站信号，后开放进站信号。

在采用调度集中（CTC）设备的区段，在自律条件下，车站接发列车作业与列车运行监督调整作为一个整体，由列车调度员集中办理，此时，各车站的接发列车进路由列车调度员通过程序控制集中办理，行车闭塞、列车进路、信号开闭以及填写行车日志、报点等工作均可根据列车运行计划自动完成，车站值班员仅按列车调度员指示负责迎送列车和指示发车工作。当自律条件转变为非常站控条件时，车站的接发列车工作才由车站值班员统一指挥。

2. 车站调车工作

除了列车在车站到、发、通过及在区间内的运行之外，凡是机车车辆在站线或其他线路上进行的一切有目的的移动，统称为调车。调车工作是车站运转工作的重要组成部分，对编组站来说，调车工作更是其主要生产活动。

（1）调车工作分类

①按其作业目不同分为解体调车、编组调车、摘挂调车、取送调车、其他调车。

②按使用设备不同分为牵出线调车、驼峰调车。

3. 车站工作日常计划

车站工作日常计划包括班计划、阶段计划和调车作业计划三部分。

(1)工作班计划

班计划是车站作业计划中最基本的计划,是车站完成一个班运输生产任务的作业组织计划。铁路每天的生产活动一般分两班进行,由当日 18:00 至次日 6:00 为第一班(夜班),从 6:00 至 18:00 为第二班(白班),每班连续工作 12 h。班计划每班由主管副站长或运转(调度室)主任负责编制一次,其内容一般包括以下五项。

①列车到达计划。

②列车出发计划。

③装卸车计划。

④推算本班应完成的班工作指标。

⑤其他临时指定的重点任务等。

班计划编完后由站长或主管副站长负责审批,并立即下达,要求各班组研究制定保证安全、准确完成任务的具体措施。

(2)阶段计划

阶段计划是为保证班计划的实现而对每 3～4 h 车站工作的具体安排,由车站调度员利用车站技术作业图表进行编制。阶段计划主要解决以下三个问题。

①各阶段车站车流的推算,确定各阶段可以纳入各类作业的有效车流。

②调车机车运用,编制调车作业计划。

③车站到发线的运用,编制接发各类列车的到发线运用计划。

(3)调车作业计划与指挥

调车作业计划是规定车列解体、编组和车辆取送、甩挂等作业如何操作的具体行动计划,一般由调车区长根据阶段计划任务、到达列车编组确报、驼峰或牵出线利用情况、调车线固定使用方法和活用线路规定、现存车情况及各装卸地点作业进度和调车机工作动态等实际情况,按照车站技术作业过程及安全作业有关规定,对每台调车机车分别进行编制,并以调车作业通知单的书面形式及时下达给有关调车作业人员依照执行。为了提高调车作业效率,确保调车作业安全,调车工作要固定作业区域、线路使用、调车机车、人员、班次、交接班时间、交接班地点、工具数量及存放地点等。

车站的调车工作,由车站调度员(未设车站调度员的由调车区长,未设调车区长的由车站值班员)统一领导。分场(区)时,各场(区)的调车工作,由负责该场(区)的车站调度员或该场(区)的调车区长领导。

调车作业由调车长单一指挥。利用本务机车进行调车作业时,可由车站值班员或助理值班员担任指挥工作。遇有特殊情况,可由经鉴定、考试合格取得调车长资格的胜任人员代替。

4. 铁路运输调度指挥

铁路运输业具有线长、点多、部门分工细、生产连续性强、各作业环节紧密联系等特点。运输生产过程是在长距离的连续空间带上进行的,涉及的部门多,影响因素多又变化大、时间性强。为使这一庞大而复杂的系统能够不间断地、均衡地、高效地运转,就必须对铁路的日常生产活动实行分级管理、集中统一指挥的原则。为此,我国铁路的各级运输部门都建立了相应的调度机构,即国铁集团设调度中心,铁路局集团公司设调度所,车站(主要是编组站、区段站、大货运站）设调度室。在各级调度机构中按照业务分工设有若干不同职名的调度员，分别代表各级领导掌管一定范围内的日常运输指挥工作。

（1）铁路运输调度系统机构

铁路运输调度工作实行分级管理、集中统一指挥的原则。国铁集团设调度中心，铁路局集团公司设调度所，技术站设调度室。按照分级管理、统一指挥的原则，分别负责全国铁路、铁路局集团公司和车站的日常运输组织指挥工作。

各级运输调度指挥部门同时受运输管理部门的领导和上级调度指挥部门的指挥。

（2）铁路运输调度基本任务

铁路运输调度的基本任务是合理组织运输生产，保证完成运输生产任务及各项技术指标；正确编制和执行铁路运输生产计划和运输工作日常计划，科学地组织客流、货流和车流，经济合理地使用机车车辆及运输设备，组织均衡运输、挖掘运输潜力，提高运输效率和效益；组织与运输有关的各部门紧密配合、协同动作；努力完成各项运输任务。为此，各级调度人员必须认真执行国家运输政策，树立全局观念，严肃调度纪律，坚持“一卸二排三装”的运输原则，不断提高运输组织指挥水平。

（3）行车调度指挥自动化

为了进一步增加区段通过能力，提高列车运行指挥的质量，改善行车调度指挥人员的劳动条件，必须实现行车指挥自动化。行车调度指挥自动化主要包括如下内容。

①自动编制列车运行调整计划。

②自动控制车站的接发车进路。

③自动记录实绩列车运行图。

行车调度指挥自动化系统可以根据列车实际运行信息和列车运行图的要求，自动地提前编制几小时的列车运行调整计划方案；系统不断检查全部列车在区段内运行情况，当发现列车位置与调整方案不符时，系统将根据列车在前方几个车站会让时的可能方案，优选最合理的放行列车方案，系统将供列车调度员审核；根据列车运行调整计划和对列车的追踪运行情况，系统将实现对车站接发车进路的控制，并实现实绩列车运行图的自动绘制。

目前，我国铁路行车调度指挥自动化主要是通过采用列车调度指挥系统（TDCS）和调度集中系统（CTC）来实现的。

第五节　编组列车一般要求

一、列车编组

铁路车辆按规定重量、长度及编挂条件编成车列，挂上机车和规定的列车标志并指定有列车车次时，称为列车。发往区间的单机、动车组及重型轨道车也按列车办理。

（一）列车按运输性质分类

1. 旅客列车（动车组列车，特快、快速、普通旅客列车）；
2. 特快货物班列；
3. 军用列车；
4. 货物列车（快速货物班列、快运、重载、直达、直通、冷藏、自备车、区段、摘挂、超限及

小运转列车);

5. 路用列车。

(二)列车运行等级顺序

1. 动车组列车;
2. 特快旅客列车;
3. 特快货物班列;
4. 快速旅客列车;
5. 普通旅客列车;
6. 军用列车;
7. 货物列车;
8. 路用列车。

列车编组顺序表是列车中车辆的清单,也是站车之间、铁路局集团公司之间进行车辆及有关单据交接的依据,同时还是车站与铁路局集团公司调度所间传递列车确报以及进行运输统计的主要原始资料。借助列车编组顺序表还可以检查列车的重量和长度、机车车辆的编挂及装载危险、易燃货物车辆的隔离等情况是否符合有关规定。

二、车流组织及货物列车编组计划

(一)车流组织

车流是指在一定时期内,在某一方向、某一区段或某一车站上,车辆的去向或到站(流向)和数量(流量)的总称。装车站装出的重车向卸车地点输送就形成重车流,卸车站把卸后的富余空车向装车地点排送,又形成空车流。重、空车流有目的的移动和相互转化过程,也就是铁路完成货物运输的主要过程。

(二)货物列车编组计划

列车编组计划是全路的车流组织计划。列车中车组的编挂,须根据国铁集团和铁路局集团公司的列车编组计划进行。列车编组计划包括装车地直达列车编组方案和技术站列车编组方案两大组成部分。它根据全路车流结构、各站设备能力和作业条件,统一安排各种货物列车的编解作业任务,具体规定各货运站、编组站和区段站编组列车的种类、到站及车组编挂办法。

列车编组计划的编制,应在加强货流组织的基础上,最大限度地组织成组、直达运输,合理分配各编组站、区段站的中转工作,减少列车改编次数。

列车编组计划是科学地组织车流、综合运用全路站场设备的部署,它把车流组织成为列车流。它规定了铁路应开行的货物列车的种类、数量及发到站。

三、列车中机车的编挂

1. 工作机车应挂于列车头部,正向运行(牵引小运转、路用、救援列车的机车除外);无转向设备的,可逆向运行。

双机或多机牵引时,本务机车的职务由第一位机车担当。

补机原则上应挂于本务机车的前位或次位,在特殊区段或需途中返回时,经铁路局集团公司批准，可挂于列车后部，如后部补机不接软管时，由铁路局集团公司规定保证安全办法。

2. 单机挂车的辆数，线路坡度不超过12‰的区段，以10辆为限；超过12‰的区段，由铁路局集团公司规定。

单机挂车时，应遵守下列规定：

(1)所挂车辆的自动制动机作用必须良好，发车前列检(无列检时由车站发车人员)按规定进行制动试验；

(2)连挂前按规定彻底检查货物装载状态，并将编组顺序表和货运单据交与司机；

(3)在区间被迫停车后的防护工作由机车乘务组负责，开车前应确认附挂辆数和制动主管贯通状态是否良好；

(4)列车调度员应严格掌握，不得影响机车固定交路和乘务员劳动时间；

(5)不准挂装载爆炸品、超限货物的车辆。

单机挂车时，可不挂列尾装置。

3. 列车中的机车和车辆的自动制动机，均应加入全列车的制动系统。

货物列车中因装载的货物规定需停止制动作用的车辆，自动制动机临时发生故障的车辆，准许关闭截断塞门(关门车)，但列检作业场所在站编组始发的列车中，不得有制动故障关门车。编入列车的关门车数不超过现车总辆数的6%(尾数不足一辆按四舍五入计算)时，可不计算每百吨列车重量的换算闸瓦压力，不填发制动效能证明书；超过6%时，按规定计算闸瓦压力，并填发制动效能证明书交与司机。关门车不得挂于机车后部三辆车之内；在列车中连续连挂不得超过两辆；列车最后一辆不得为关门车；列车最后第二、三辆不得连续关门。对于不适于连挂在列车中部但走行部良好的车辆，经列车调度员准许，可挂于列车尾部，以一辆为限，如该车辆的自动制动机不起作用时，须由车辆人员采取安全措施，保证不致脱钩。

旅客列车、特快货物班列不准编挂关门车。在运行途中(包括在站折返)如遇自动制动机临时故障，在停车时间内不能修复时，准许关闭一辆，但列车最后一辆不得为关门车，120 km/h速度等级及编组小于8辆的140 km/h、160 km/h速度等级列车应按规定计算闸瓦压力。

4. 列车紧急制动距离限值见表3-3。

表3-3 列车紧急制动距离限值

列车类型	最高运行速度(km/h)	紧急制动距离限值(m)
旅客列车(动车组列车除外)	120	800
	140	1 100
	160	1 400
特快货物班列	160	1 400
快速货物班列	120	1 100
货物列车(货车轴重<25 t，快速货物班列除外)	90	800
	120	1 400
货物列车(货车轴重≥25 t)	100	1 400

四、列车中车辆的连挂

1. 动车组以外的列车中相互连挂的车钩中心水平线的高度差，不得超过 75 mm。

2. 列车中车辆的连挂，由调车作业人员负责。软管的连结，有列检作业的始发列车由列检人员负责；无列检作业的，由调车作业人员负责。

动车组采用机车调车作业时，随车机械师或动车段(所)胜任人员负责过渡车钩和专用风管的安装与拆卸、电气连接线的连结与摘解并打开车门，调车人员负责车钩连结与摘解、软管摘结。

动车组无动力回送或被救援时，过渡车钩、专用风管的安装与拆卸由随车机械师负责，司机配合。

3. 列车机车与第一辆车的连挂，由机车乘务员负责。单班单司机值乘的由列检人员负责；无列检作业的列车，由车辆乘务员负责；无车辆乘务员的列车，由车站人员负责。

列车机车与第一辆车的车钩摘解、软管摘结，由列检人员负责。无列检作业的列车，车钩、软管摘解由机车乘务员(单班单司机值乘的由车辆乘务员)负责，软管连结由车辆乘务员负责；无车辆乘务员的列车，由机车乘务员(单班单司机值乘的由车站人员)负责。

列车机车与第一辆车电气连接线的连结与摘解由客列检作业人员负责，无客列检作业人员时，由车辆乘务员负责。

货物列车本务机车在车站调车作业时，无论单机或挂有车辆，与本列的车辆摘挂和软管摘结，均由调车作业人员负责。

旅客列车在途中摘挂车辆时，车辆的摘挂和软管摘结，由调车作业人员负责，密封风挡和电气连接线的连结与摘解由车辆乘务员负责，其他由列检作业人员负责，无列检作业人员时，由车辆乘务员负责，必要时打开车门，以便于调车作业。装有密接式车钩的客车车辆摘挂时，过渡车钩的安装与拆卸由列检人员负责，无列检人员时由车辆乘务员负责。

列车机车与动车组过渡车钩的连结与摘解、软管摘结、电气连接线的连结与摘解，由随车机械师负责。

4. 两列动车组重联或解编时，由动车组机械师负责引导，司机确认。动车组重联时，被控动车组应退出占用，主控动车组使用调车模式与被控动车组连接。解编操作时，主控动车组转换为调车模式后，必须一次移动 5 m 以上方可停车。

5. 动车组以外的列车自动制动机应按下列规定进行试验。

(1)全部试验

①货车列检对解体列车到达后施行一次到达全部试验，对编组列车始发前施行一次始发全部试验，对有调车作业中转列车到达后首先施行到达全部试验，发车前只施行始发全部试验中的漏泄试验；

②货车特级列检和安全保证距离在 500 km 左右的一级列检对无调车作业中转列车始发前施行一次始发全部试验；

③无列检作业场车站始发的列车，在途经第一个列检作业场进行无调车中转技术检查作业时施行一次始发全部试验；

④列检作业场对运行途中自动制动机发生故障的到达列车；

⑤旅客列车库内检修作业；

⑥在有客列检作业的车站折返的旅客列车。

站内设有试风装置时，应使用列车试验器试验，连挂机车后只做简略试验。对装有空气弹簧等装置的旅客列车应同时检查辅助用风系统的泄漏。

(2)简略试验

①货车列检对始发列车、中转作业列车连挂机车后；

②客列检作业后和旅客列车始发前；

③更换机车或更换机车乘务组时；

④无列检作业的始发列车发车前；

⑤列车软管有分离情况时；

⑥列车停留超过 20 min 时；

⑦列车摘挂补机，或第一机车的自动制动机损坏交由第二机车操纵时；

⑧机车改变司机室操纵时；

⑨单机附挂车辆时；

⑩列车进行摘、挂作业开车前。

在站简略试验：有列检作业的由列检人员负责，无列检作业的由车辆乘务员负责，无车辆乘务员的由车站人员负责。挂有列尾装置的列车由司机负责(挂有列尾装置的旅客列车，始发前、摘挂作业开车前及在途中换挂机车站、客列检作业站，有列检作业的由列检人员负责，无列检作业的由车辆乘务员负责)。

(3)持续一定时间的全部试验

有列检作业场的车站发出的货物列车运行前方途经长大下坡道区间的，在始发、中转作业时应进行持续一定时间的全部试验，列检应填发制动效能证明书交给司机；在有列检作业场车站至长大下坡道区间间的各站始发或进行摘挂作业的列车，是否进行持续一定时间的全部试验并填发制动效能证明书交给司机，由铁路局集团公司规定。具体试验和凉闸的地点、办法，由铁路局集团公司规定。

旅客列车出库前应进行持续一定时间的全部试验，在接近长大下坡道区间的车站，是否进行持续一定时间的全部试验，由铁路局集团公司规定。

长大下坡道为：线路坡度超过 6‰，长度为 8 km 及以上；线路坡度超过 12‰，长度为 5 km 及以上；线路坡度超过 20‰，长度为 2 km 及以上。

第六节　调车工作一般要求

调车工作除了列车在车站到、发、通过及在区间内的运行之外，凡是机车车辆在站线或其他线路上进行的一切有目的的移动，统称为调车。调车工作是车站运转工作的重要组成部分，对编组站来说，调车工作更是其主要生产活动。

一、调车工作分类

(一)按其作业目不同划分

1. 解体调车——将到达解体的车列或车组按其车辆的去向或其他需要分解到调车场

各固定线路上去的调车。

2. 编组调车——是按列车编组计划、列车运行图，以及有关规章的规定和要求，将车辆选编成车列或车组的调车。

3. 摘挂调车——对部分改编中转列车进行补轴、减轴、车组换挂，以及摘挂列车在中间站进行摘挂车辆的调车。

4. 取送调车——将待装、待卸、待修的车辆由调车场送至装卸作业、检修作业地点，以及从上述地点将作业完了的车辆取回调车场的调车。

5. 其他调车——因工作需要对车列或车组进行转场、转线，对调车场内的停留车辆进行整理，以及机车出入段等调车作业。

（二）按使用设备不同划分

1. 牵出线调车——基本的调车作业方式，通常采用推送调车和溜放调车两种主要作业方法。

2. 驼峰调车——利用车辆本身的重力，辅以机车的一定推力，使摘下的车辆由峰顶自行溜入峰下调车场指定线路的调车作业方法，是编组站解体车列采用的主要方法。

二、调车作业计划与指挥

调车作业计划是规定车列解体、编组和车辆取送、甩挂等作业如何操作的具体行动计划，一般由调车区长根据阶段计划任务、到达列车编组确报、驼峰或牵出线利用情况、调车线固定使用方法和活用线路规定、现存车情况及各装卸地点作业进度和调车机工作动态等实际情况，按照车站技术作业过程及安全作业有关规定，对每台调车机车分别进行编制，并以调车作业通知单的书面形式及时下达给有关调车作业人员依照执行。为了提高调车作业效率，确保调车作业安全，调车工作要固定作业区域、线路使用、调车机车、人员、班次、交接班时间、交接班地点、工具数量及存放地点等。

车站的调车工作，由车站调度员（未设车站调度员的由调车区长，未设调车区长的由车站值班员）统一领导。分场（区）时，各场（区）的调车工作，由负责该场（区）的车站调度员或该场（区）的调车区长领导。

调车作业由调车长单一指挥。利用本务机车进行调车作业时，可由车站值班员或助理值班员担任指挥工作。遇有特殊情况，可由经鉴定、考试合格取得调车长资格的胜任人员代替。

三、调车作业基本要求

1. 调车作业时，调车人员必须正确及时地显示信号；机车乘务人员要认真确认信号，并回示。

推进车辆连挂时，要显示十、五、三车的距离信号，没有显示十、五、三车的距离信号，不准挂车，没有司机回示，应立即显示停车信号。

推送车辆时，要先试拉。车列前部应有人瞭望，及时显示信号。

当调车指挥人确认停留车位置有困难时，应派人显示停留车位置信号。

调车人员不足 2 人，不准进行调车作业。

2. 在调车作业中，单机运行或牵引车辆运行时，前方进路的确认由司机负责；推进车辆运行时，前方进路的确认由调车指挥人负责，如调车指挥人所在位置确认前方进路有困难时，可指派调车组其他人员确认。

没有看到调车指挥人的起动信号，不准动车（但单机返岔子或机车出入段时，可根据扳道员显示的道岔开通信号或调车信号机显示的允许运行的信号动车）。无扳道员和调车信号机时，调车指挥人确认道岔开通正确（如为集中操纵的道岔，还须与操纵人员联系）后，向司机显示起动信号。

非集中区调车作业时，要认真执行要道还道制度。扳道员之间的要道还道办法及集中区与非集中区间的作业办法，在《车站行车工作细则》内规定。连续溜放和驼峰解散车辆时，第一钩应实行要道还道制度（集中联锁设备除外），从第二钩起，按调车作业通知单的要求扳动道岔。

3. 调车作业要准确掌握速度及安全距离，并遵守下列规定：

（1）在空线上牵引运行时，不准超过 40 km/h；推进运行时，不准超过 30 km/h。

（2）调动乘坐旅客或装载爆炸品、气体类危险货物、超限货物的车辆时，不准超过 15 km/h。

（3）接近被连挂的车辆时，不准超过 5 km/h。

（4）推上驼峰解散车辆时的速度和装有加、减速顶的线路上的调车速度，在《车站行车工作细则》内规定。经过道岔侧向运行的速度，由工务部门根据道岔具体条件规定，并纳入《车站行车工作细则》。

（5）在尽头线上调车时，距线路终端应有 10 m 的安全距离；遇特殊情况，必须近于 10 m 时，要严格控制速度。

（6）电力机车、动车组在有接触网终点的线路上调车时，应控制速度，距接触网终点标应有 10 m 的安全距离；遇特殊情况，必须近于 10 m 时，要严格控制速度。

（7）旅客未上下车完毕，除本务机车、补机摘挂作业外，不得进行旅客列车（车底）的连挂作业。

（8）遇天气不良等非正常情况，应适当降低速度。

4. 调车作业摘车时，必须停妥，按规定采取好防溜措施，方可摘开车钩；挂车时，没有连挂妥当，不得撤除防溜措施。

转场或在超过 2.5‰坡度的线路上调车时（驼峰作业除外），10 辆及以下是否需要连结软管及连结软管的数量，11 辆及以上必须连结软管的数量，以及以解散作业为目的的牵出是否需要连结软管，由车站和机务段根据具体情况共同确定，并纳入《车站行车工作细则》。

5. 线路两旁堆放货物，距钢轨头部外侧不得小于 1.5 m。站台上堆放货物，距站台边缘不得小于 1 m。货物应堆放稳固，防止倒塌。

不足上述规定距离时，不得进行调车作业。

四、在正线、到发线上的作业

1. 越出站界调车时，双线区间正方向，必须区间（自动闭塞区间为第一个闭塞分区）空闲；单线自动闭塞区间，闭塞系统必须在发车位置，第一个闭塞分区空闲，经车站值班员口头准许并通知司机后，方可出站调车。

单线半自动闭塞区间和双线反方向出站调车时，须有停止使用基本闭塞法的调度命令，与邻站办理闭塞手续，并发给司机出站调车通知书。

2. 跟踪出站调车，只准许在单线区间及双线正方向线路上办理，并须经列车调度员口头准许，取得邻站值班员承认的电话记录号码，发给司机跟踪调车通知书。在先发列车尾部越过预告、接近信号机(或靠近车站的第一个预告标)或《车站行车工作细则》规定的间隔时间后，方可跟踪出站调车，但最远不得越出站界 500 m。

3. 遇下列情况，禁止跟踪出站调车：

(1)出站方向区间内有瞭望不良的地形或有长大上坡道(站名表由铁路局集团公司公布)；

(2)先发列车需由区间返回，或挂有由区间返回的后部补机；

(3)一切电话中断；

(4)降雾、暴风雨雪时；

(5)动车组调车作业。

跟踪调车作业完毕，车站值班员确认跟踪调车通知书收回后，向邻站发出电话记录号码。列车虽已到达邻站，但跟踪调车通知书尚未收回时，禁止办理区间开通手续。

4. 车站值班员要认真掌握机车出入段的经路。

有固定机车走行线时，出入段机车必须走固定走行线。机车固定走行线上禁止停留机车车辆。

没有固定走行线或临时变更走行线时，应通知司机经路(集中联锁的车站除外)，司机按固定信号或扳道员显示的允许运行的信号行车。

第七节 行车闭塞一般要求

一、一般要求

1. 列车运行是以车站、线路所所划分的区间及自动闭塞区间的通过信号机所划分的闭塞分区作间隔。

区间及闭塞分区的界限，按下列规定划分：

(1)站间区间

①在单线上，车站与车站间以进站信号机柱的中心线为车站与区间的分界线；

②在双线或多线上，车站与车站间分别以各该线的进站信号机柱或站界标的中心线为车站与区间的分界线。

(2)所间区间

两线路所间或线路所与车站间，以该线上的通过信号机柱的中心线为所间区间的分界线。设有进站信号机的线路所，所间区间的分界方法与站间区间相同。

(3)闭塞分区

自动闭塞区间同方向相邻的两架色灯信号机间，以该线上的通过信号机柱的中心线为闭塞分区的分界线。

2. 车站均须装设基本闭塞设备。行车基本闭塞法采用下列三种：

(1)自动闭塞；

(2)自动站间闭塞；

(3)半自动闭塞。

电话闭塞法是当基本闭塞法不能使用时所采用的代用闭塞法。

原则上不使用隔时续行办法，如必须使用时，由铁路局集团公司规定。

3. 当基本闭塞法不能使用时，应根据列车调度员的命令采用电话闭塞法行车。遇列车调度电话不通时，闭塞法的变更或恢复，应由该区间两端站的车站值班员确认区间空闲后，直接以电话记录办理。列车调度电话恢复正常时，两端站车站值班员应及时向列车调度员报告。

4. 遇下列情况，应停止使用基本闭塞法，改用电话闭塞法行车：

(1)基本闭塞设备发生故障导致基本闭塞法不能使用、自动闭塞区间内两架及以上通过信号机故障或灯光熄灭时；

(2)无双向闭塞设备的双线区间反方向发车或改按单线行车时；

(3)发出由区间返回的列车，或发出挂有由区间返回后部补机的列车时；

(4)自动站间闭塞、半自动闭塞区间，由未设出站信号机的线路上发车，或超长列车头部越过出站信号机并压上出站方面轨道电路发车时；

(5)在夜间或遇降雾、暴风雨雪，为消除线路故障或执行特殊任务，开行轻型车辆时。

自动站间闭塞设备故障，半自动闭塞设备良好时，可根据调度命令改按半自动闭塞法行车。

二、基本闭塞法

（一）自动闭塞

1. 使用自动闭塞法行车时，列车进入闭塞分区的行车凭证为出站或通过信号机显示的允许运行的信号。

自动闭塞区段的车站，办理发车前应向接车站预告；单线自动闭塞区段的车站，还须得到列车调度员的同意(列车调度员已下达列车运行调整计划时除外)。已向接车站预告，但列车不能出发时，发车站须通知接车站取消预告。

2. 自动闭塞区段遇下列情况发车的行车凭证见表 3-4。

表 3-4　自动闭塞区段特殊情况行车凭证

列车出发情况	行车凭证	发给行车凭证的依据	附带条件
(1)出站信号机故障时发出列车	绿色许可证	(1)监督器表示第一个闭塞分区空闲，不表示时为接到前次列车到达邻站的通知或前次列车发出后不少于 10 min 的时间； (2)确认道岔位置正确及进路空闲； (3)单线须取得对方站确认区间内无迎面列车的电话记录号码	从监督器上不能确认第一个闭塞分区空闲时，车站应发给司机书面通知，司机以在瞭望距离内能随时停车的速度，最高不超过 20 km/h，运行到第一架通过信号机，按其显示的要求执行
(2)由未设出站信号机的线路上发出列车			
(3)超长列车头部越过出站信号机发出列车			

续上表

列车出发情况	行车凭证	发给行车凭证的依据	附带条件
(4)发车进路信号机发生故障时发出列车	绿色许可证	确认道岔位置正确及进路空闲	列车到达次一信号机按其显示的要求执行
(5)超长列车头部越过发车进路信号机发出列车			
(6)自动闭塞作用良好，监督器故障时发出列车	出站信号机显示的允许运行的信号	—	与邻站车站值班员及本站信号员联系
(7)双线双向闭塞设备的车站，反方向发出列车		(1)区间占用表示灯表示区间空闲 (2)双线反方向行车的调度命令	反方向发车进路表示器显示正确(进路表示器故障时通知司机)

注：在四显示区段，因设备不同，执行上述条款困难的，可按铁路局集团公司规定办理。

3. 自动闭塞区间通过信号机显示停车信号(包括显示不明或灯光熄灭)时，列车必须在该信号机前停车，司机应使用列车无线调度通信设备通知车辆乘务员(随车机械师)。停车等候 2 min，该信号机仍未显示允许运行的信号时，即以遇到阻碍能随时停车的速度继续运行，最高不超过 20 km/h，运行到次一通过信号机(进站信号机)，按其显示的要求运行。在停车等候同时，必须与车站值班员、列车调度员联系，如确认前方闭塞分区内有列车时，不得进入。

装有容许信号的通过信号机，显示停车信号时，准许铁路局集团公司规定停车后起动困难的货物列车，在该信号机前不停车，按上述速度通过。当容许信号灯光熄灭或容许信号和通过信号机灯光都熄灭时，司机在确认信号机装有容许信号时，仍按上述速度通过该信号机。

装有连续式机车信号的列车，遇通过信号机灯光熄灭，而机车信号显示允许运行的信号时，应按机车信号的显示运行。

司机发现通过信号机故障时，应将故障信号机的号码通知前方站(列车调度员)。车站值班员(列车调度员)发现或得到区间通过信号机故障的报告后，在故障修复前，对尚未进入区间的后续列车，改按站间组织行车。

(二)自动站间闭塞

1. 使用自动站间闭塞法行车时，列车凭出站信号机或线路所通过信号机显示的允许运行的信号进入区间。

自动站间闭塞须与集中联锁设备结合使用，自动检查区间空闲，发车站办理发车进路后即自动构成站间闭塞。列车到达接车站或返回发车站并出清区间后，自动解除闭塞。

发车站在办理发车进路前，须确认区间空闲、接车站未办理同一区间的发车进路，并向接车站预告。发车站已向接车站预告，但列车不能出发时，在取消发车进路后，须通知接车站。

2. 自动站间闭塞的行车办法，由铁路局集团公司规定。

(三)半自动闭塞

1. 使用半自动闭塞法行车时，列车凭出站信号机或线路所通过信号机显示的允许运行的信号进入区间。

开放出站信号机或通过信号机前，双线区段必须得到前次列车到达前方站的到达信号；单线区段必须得到接车站的同意闭塞信号。

发车站办理闭塞手续后，列车不能出发时，应将事由通知接车站，取消闭塞。

2. 半自动闭塞区段，遇超长列车头部越过出站信号机而未压上出站方面的轨道电路发车时，行车凭证为出站信号机显示的允许运行的信号，并发给司机调度命令；遇发车进路信号机故障或超长列车头部越过发车进路信号机发车时，列车越过发车进路信号机的行车凭证为半自动闭塞发车进路通知书。

三、其他闭塞法

（一）电话闭塞

使用电话闭塞法行车时，列车占用区间的行车凭证为路票。当挂有由区间返回的后部补机时，另发给补机司机路票副页。

单线或双线反方向发车（正方向首列发车）时，根据“行车日志”查明区间已空闲，并取得接车站承认的电话记录号码，在发车进路准备妥当后，方可填发路票。双线正方向发车（首列除外）时，根据收到的前次发出的列车到达的电话记录号码，在发车进路准备妥当后，即可填发路票。

（二）电话中断时的行车

1. 车站行车室内一切电话中断，单线行车按书面联络法，双线行车按时间间隔法，列车进入区间的行车凭证均为红色许可证。

在双线自动闭塞区间，如闭塞设备作用良好时，列车运行仍按自动闭塞法行车，但车站与列车司机应以列车无线调度通信设备直接联系（说明车次及注意事项等）。如列车无线调度通信设备故障时，列车必须在车站停车联系。

2. 单线区间的车站，经以闭塞电话、列车调度电话或其他电话呼唤 5 min 无人应答时，由列车调度员查明该站及其相邻区间确无列车（包括单机、大型养路机械及重型轨道车）后，可发布调度命令，封锁相邻区间，按封锁区间办法向不应答站发出列车。

该列车应在不应答站的进站信号机外停车，判明不应答原因及准备好进路后，再行进站。司机或车站值班员应将经过情况报告列车调度员。

第八节　列车运行一般要求

一、一般要求

1. 列车是指编成的车列并挂有机车及规定的列车标志。动车组列车为自走行固定编组列车。

单机、大型养路机械及重型轨道车，虽未完全具备列车条件，亦应按列车办理。

旅客列车的尾部标志应使用电灯，动车组以外的旅客列车尾部标志灯的摘挂、保管，由车辆部门负责。对中途转向的动车组以外的旅客列车应有备用标志灯，以备转向时使用。

2. 列车运行中，各有关作业人员应按规定执行车机联控。

3. 动车组以外的列车司机在列车运行中，应做到：

(1)列车在出发前输入监控装置有关数据；按规定对列车自动制动机进行试验，在制动保压状态下列车制动主管的压力 1 min 内漏泄不得超过 20 kPa，确认列尾装置作用良好。

装备机车综合无线通信设备的机车，开车前司机要选定机车综合无线通信设备通信模式和运行线路。在 GSM-R 区段运行时，机车综合无线通信设备、GSM-R 手持终端按规定注册列车车次，并确认正确。

(2)遵守列车运行图规定的运行时刻和各项允许及限制速度。彻底瞭望，确认信号，执行呼唤应答制度，严格按信号显示要求行车，确保列车安全正点。遇有信号显示不明或危及行车和人身安全时，应立即采取减速或停车措施。

(3)机车信号、列车无线调度通信设备、列车运行监控装置(轨道车运行控制设备)和列尾装置必须全程运转，严禁擅自关机。

运行途中，遇列尾装置、机车信号、列车运行监控装置(轨道车运行控制设备)发生故障时，司机应立即使用列车无线调度通信设备报告车站值班员或列车调度员，并根据实际情况掌握速度运行；遇机车信号、列车运行监控装置(轨道车运行控制设备)发生故障时，司机应控制列车运行至前方站停车处理或请求更换机车，在自动闭塞区间，列车运行速度不超过 20 km/h；遇列车无线调度通信设备发生故障时，司机应在前方站停车报告。

(4)起动稳，加速快，精心操纵，停车准确，按规定鸣笛，防止列车冲动和断钩。

(5)随时检查机车总风缸、制动主管的压力。检查内燃机车柴油机的润滑油压力、冷却水的温度及其转数等情况。注意电力机车的各种仪表的显示及接触网状态。

(6)在区间内列车停车进行防护、分部运行、装卸作业或使用紧急制动阀停车后再开车时，司机必须检查试验列车制动主管的贯通状态，确认列车完整，具备开车条件后，方可起动列车。

(7)单机、自轮运转特种设备在自动闭塞区间紧急制动停车或被迫停在调谐区内时，司机须立即通知后续列车司机、向两端站车站值班员(列车调度员)报告停车位置(具备移动条件时司机须先将机车移动不少于 15 m)，并在轨道电路调谐区外使用短路铜线短接轨道电路。

(8)等会列车时，不准关闭空气压缩机，并应按规定显示列车标志。

(9)负责货运票据的交接与保管。

(10)将列车运行中发生的问题及使用紧急制动阀的情况，及时报告列车调度员。

4. 遇天气恶劣，信号机显示距离不足 200 m 时，司机或车站值班员须立即报告列车调度员，列车调度员应及时发布调度命令，改按天气恶劣难以辨认信号的办法行车。

(1)列车按机车信号的显示运行。当接近地面信号机时，司机应确认地面信号，遇地面信号与机车信号显示不一致时，应立即采取减速或停车措施。

(2)当无法辨认出站(进路)信号机显示时，在列车具备发车条件后，司机凭车站值班员列车无线调度通信设备(其语音记录装置须作用良好)的发车通知起动列车，在确认出站(进路)信号机显示正确后，再行加速。

(3)天气转好时，应及时报告列车调度员发布调度命令，恢复正常行车。

5. 汛期暴风雨行车应急处理：

(1)列车通过防洪重点地段时，司机要加强瞭望，并随时采取必要的安全措施。

(2)当洪水漫到路肩时，列车应按规定限速运行；遇有落石、倒树等障碍物危及行车安全时，司机应立即停车，排除障碍并确认安全无误后，方可继续运行。

(3)列车遇到线路塌方、道床冲空等危及行车安全的突发情况时，司机应立即采取应急性安全措施，并立刻通知追踪列车、邻线列车及邻近车站。配备列车防护报警装置的列车应首先使用列车防护报警装置进行防护。

6. 双管供风旅客列车运行途中发生双管供风设备故障或用单管供风机车救援接续牵引，需改为单管供风时，双管改单管作业应在站内进行。旅客列车在区间发生故障需双管改单管供风时，由车辆乘务员通知司机向列车调度员（车站值班员）提出在前方站停车处理的请求，并通知司机以不超过 120 km/h 速度运行至前方站。列车调度员发布双管改单管供风的调度命令，车辆乘务员根据调度命令在站内将客车风管路改为单管供风状态。旅客列车改为单管供风跨局运行时，由国铁集团发布调度命令通知有关铁路局集团公司，按单管供风办理，直至终到站。

7. 机车乘务组以外人员登乘机车时，除铁路机车运用管理规则指定的人员外，须凭登乘机车证登乘。登乘动车组司机室须凭动车组司机室登乘证。

登乘机车、动车组司机室的人员，在不影响乘务人员工作的前提下，经检验准许后方可登乘。

8. 列车运行限制速度规定见表 3-5。

表 3-5　列车运行限制速度

项　　目	速　　度(km/h)
四显示自动闭塞区段通过显示绿黄色灯光的信号机	在前方第三架信号机前能停车的速度
通过显示黄色灯光的信号机及位于定位的预告信号机	在次一架信号机前能停车的速度
通过显示一个黄色闪光灯光和一个黄色灯光的信号机	该信号机防护进路上道岔侧向的允许通过速度
通过减速地点标	标明的速度，未标明时为 25
推进	30
退行	15
接入站内尽头线，自进入该线起	30

二、接车与发车

1. 列车进站后，应停于接车线警冲标内方。在设有出站（进路）信号机的线路，列车头部不得越过出站（进路）信号机。

如列车尾部停在警冲标外方或压轨道绝缘时，车站接车人员应使用列车无线调度通信设备等通知司机或显示向前移动的手信号，使列车向前移动。

当超长列车尾部停在警冲标外方，接入相对方向的列车时，在进站信号机外制动距离内进站方向为超过 6‰的下坡道，而接车线末端无隔开设备，须使列车在站外停车后，再接入站内。如在邻线上未设调车信号机，又无隔开设备，相对方向需要进行调车作业时，必须派人以停车手信号对列车进行防护。

2. 进站、接车进路信号机不能使用时，应开放引导信号。引导信号不能开放或无进站信号机时，应派引导人员接车。

引导接车时，列车以不超过 20 km/h 速度进站，并做好随时停车的准备。由引导人员接车时，应在引导员接车地点标处（未设的，引导人员应在进站信号机、进路信号机或站界标外方），显示引导手信号接车。列车头部越过引导信号，即可关闭信号或收回引导手信号。

在无联锁的线路上接发列车时，车站值班员除严格按接发列车手续办理外，并应将进路上无联锁的有关对向道岔及邻线上防护道岔加锁。进路上无联锁的分动外锁闭道岔无论对向或顺向，均应对密贴尖轨、斥离尖轨和可动心轨加锁。具体加锁办法，由铁路局集团公司规定。

3. 货物列车在站停车时，司机必须使列车保持制动状态（铁路局集团公司指定的凉闸站除外）。发车前，司机施行缓解，确认发车条件具备后，方可起动列车。

4. 动车组以外的列车在车站发车前，有关人员应做到：

（1）发车进路准备妥当，行车凭证已交付，出站（进路）信号机已开放，发车条件完备后，车站值班员（助理值班员）方可显示发车信号。

（2）司机必须确认行车凭证及发车信号显示正确后，方可起动列车。

（3）语音记录装置良好的车站，准许使用列车无线调度通信设备发车。

5. 列车在站内临时停车，待停车原因消除且继续运行时，应按下列规定办理：

（1）司机主动停车时，自行起动列车；

（2）其他列车乘务人员使用紧急制动阀（紧急制动装置）停车时，由车辆乘务员（随车机械师）通知司机开车；

（3）车站接发车人员使列车在站内临时停车时，由车站按规定发车（动车组列车由车站通知司机开车）；

（4）其他原因的临时停车，车站值班员应组织司机、车辆乘务员（随车机械师）等查明停车原因，在列车具备运行条件后，由车站按规定发车（动车组列车由车站通知司机开车）。

上述第（1）、（2）、（4）项列车停车后，司机应立即报告车站值班员，并说明停车原因。

6. 出站信号机发生故障时，除按规定交递行车凭证外，对通过列车应预告司机，并显示通过手信号。装有进路表示器或发车线路表示器的出站信号机，当该表示器不良时，由办理发车人员通知司机后，列车凭出站信号机的显示出发。

三、列车被迫停车后的处理

1. 列车在区间被迫停车不能继续运行时，司机应立即使用列车无线调度通信设备通知两端站（列车调度员）及车辆乘务员（随车机械师），报告停车原因和停车位置，根据需要迅速请求救援。需要防护时，列车前方由司机负责，列车后方由车辆乘务员（随车机械师）负责，无车辆乘务员（随车机械师）为列车乘务员负责。配备列车防护报警装置的列车应首先使用列车防护报警装置进行防护。单班单司机值乘的列车防护作业办法由铁路局集团公司规定。

如遇自动制动机故障，动车组以外的旅客列车司机应通知车辆乘务员立即组织列车乘务人员拧紧全列人力制动机，以保证就地制动；其他列车司机应立即采取安全措施，并向车站值班员（列车调度员）报告，请求救援。

对已请求救援的列车，不得再行移动，并按规定对列车进行防护。

车站值班员（列车调度员）接到司机通知后，应将区间内列车运行情况通知司机，并立即使用列车无线调度通信设备转告区间内有关列车。在停车原因消除前不得再放行追踪、续行列车。

需组织旅客疏散时，车站值班员得到列车调度员准许后，扣停邻线列车并通知司机，司机通知有关作业人员办理。

2. 列车被迫停车可能妨碍邻线时，司机应立即用列车无线调度通信设备通知邻线上运行的列车和两端站（列车调度员），并与车辆乘务员（随车机械师）分别在列车的头部和尾部附近邻线上点燃火炬；在自动闭塞区间，还应对邻线来车方向短路轨道电路。配备列车防护报警装置的列车应首先使用列车防护报警装置进行防护。司机应亲自或指派人员沿邻线一侧对列车进行检查，发现妨碍邻线时，应立即派人按规定防护。如发现邻线有列车开来时，应鸣示紧急停车信号。

单班单司机值乘的列车防护作业办法由铁路局集团公司规定。

车站值班员（列车调度员）接到列车被迫停车可能妨碍邻线的通知后，应立即通知邻线有关列车停车，在原因消除前不得向邻线放行列车。

3. 列车在区间被迫停车后，根据下列规定放置响墩防护：

（1）已请求救援时，从救援列车开来方面（不明时，从列车前后两方面），距离列车不小于300 m处防护；

（2）一切电话中断后发出的列车（持有《铁路技术管理规程（普速铁路部分）》附件3通知书1的列车除外），应于停车后，立即从列车后方按线路最大速度等级规定的列车紧急制动距离位置处防护；

（3）对于邻线上妨碍行车地点，应从两方面按线路最大速度等级规定的列车紧急制动距离位置处防护，如确知列车开来方向时，仅对来车方面防护；

（4）列车分部运行，机车进入区间挂取遗留车辆时，应从车列前方距离不小于300 m处防护。

防护人员设置的响墩待停车原因消除后可不撤除（运行动车组列车的区段除外）。

4. 在不得已情况下，列车必须分部运行时，司机应报告前方站（列车调度员），并做好遗留车辆的防溜和防护工作。司机在记明遗留车辆辆数和停留位置后，方可牵引前部车辆运行至前方站。在运行中仍按信号机的显示进行，但在半自动闭塞区间或按电话闭塞法行车时，该列车必须在进站信号机外停车（司机已报告前方站或列车调度员列车为分部运行时除外），将情况通知车站值班员后再进站。车站值班员应立即报告列车调度员封锁区间，待将遗留车辆拉回车站，确认区间空闲后，方可开通区间。

下列情况列车不准分部运行：

（1）采取措施后可整列运行时；

（2）对遗留车辆未采取防护、防溜措施时；

(3)遗留车辆无人看守时；

(4)司机与车站值班员及列车调度员均联系不上时；

(5)遗留车辆停留在超过6‰坡度的线路上时。

5. 列车发生火灾、爆炸应急处理：

(1)列车发生火灾、爆炸时，须立即停车(停车地点应尽量避开特大桥梁、长大隧道等，选择便于旅客疏散的地点)，车站不再向区间放行列车，并通知邻线及后续相关列车停车。电气化区段，现场需停电时，应立即通知供电部门停电。

(2)列车需要分隔甩车时，应根据风向及货物性质等情况而定。一般为先甩下列车后部的未着火车辆，再甩下着火车辆，然后将机后未着火车辆拉至安全地段。

对甩下的车辆，在车站由车站人员负责采取防溜措施；在区间由司机、车辆乘务员负责采取防溜措施。

6. 列车(动车组列车除外)运行途中发生车辆故障应急处理：

(1)发现客车车辆轮轴故障、车体下沉(倾斜)、车辆剧烈振动等危及行车安全的情况时，须立即采取停车措施。由车辆乘务员检查，对抱闸车辆应关闭截断塞门，排除工作风缸和副风缸中的余风，确认安全无误后，方可继续运行；如车轮踏面损坏超过限度或车辆故障不能继续运行时，应甩车处理。

(2)列车调度员接到热轴报告后，应按热轴预报等级要求果断处理。必要时，立即安排停车检查(司机应采用常用制动，列车停车后由车辆乘务员负责检查，无车辆乘务员的由司机确认能否继续安全运行)或就近站甩车处理。

(3)遇客车安全监控系统报警或其他故障需要列车限速运行时，车辆乘务员应使用列车无线调度通信设备通知司机，司机根据要求限速运行并报告车站值班员(列车调度员)。

7. 在不得已情况下，列车必须退行时，车辆乘务员或随车机械师(无车辆乘务员或随车机械师时为指派的胜任人员)应站在列车尾部注视运行前方，发现危及行车或人身安全时，应立即使用紧急制动阀(紧急制动装置)或使用列车无线调度通信设备通知司机，使列车停车。

列车退行速度，不得超过15 km/h。未得到后方站(线路所)车站值班员准许，不得退行到车站的最外方预告标或预告信号机(双线区间为邻线预告标或特设的预告标)的内方。

车站接到列车退行的报告后，除立即报告列车调度员外，根据线路占用情况，可开放进站信号机或按引导办法将列车接入站内。

下列情况列车不准退行：

(1)按自动闭塞法运行时(列车调度员或后方站车站值班员确认该列车至后方站间无列车，并准许时除外)；

(2)在降雾、暴风雨雪及其他不良条件下，难以辨认信号时；

(3)一切电话中断后发出的列车(持有《铁路技术管理规程(普速铁路部分)》附件3通知书1的列车除外)。

挂有后部补机的列车，除上述情况外，是否准许退行，由铁路局集团公司规定。

8. 采用机车救援动车组时，应进行制动试验。具备升弓取电条件时，允许动车组升弓取电。

四、救援列车的开行

车站值班员接到司机或工务、电务、供电等人员的救援请求后，应立即报告列车调度员。需封锁区间派出救援列车时，列车调度员应向有关车站发布命令封锁区间，并派出救援列车。

向封锁区间发出救援列车时，不办理行车闭塞手续，以列车调度员的命令，作为进入封锁区间的许可。

当列车调度电话不通时，应由接到救援请求的车站值班员根据救援请求办理，救援列车以车站值班员的命令，作为进入封锁区间的许可。

司机接到救援命令后，必须认真确认。命令不清、停车位置不明确时，不准动车。

救援列车进入封锁区间后，在接近被救援列车或车列 2 km 时，要严格控制速度，同时，使用列车无线调度通信设备与请求救援的机车司机进行联系，或以在瞭望距离内能够随时停车的速度运行，最高不得超过 20 km/h，在防护人员处或压上响墩后停车，联系确认，并按要求进行作业。

五、施工及路用列车的开行

1. 遇有施工又必须接发列车的特殊情况时，可按以下施工特定行车办法办理：

(1)车站采用固定进路的办法接发列车。施工开始前，车站须将正线进路开通，并对进路上所有道岔按规定加锁(集中联锁良好的道岔可在控制台上进行单独锁闭)。有关道岔密贴的确认及具体的加锁办法，由铁路局集团公司规定。

(2)引导接车并正线通过时，准许列车司机凭特定引导手信号的显示，以不超过 60 km/h 速度进站。

(3)准许车站不向司机递交书面行车凭证和调度命令。但车站仍按规定办理行车手续，并使用列车无线调度通信设备(其语音记录装置须作用良好)将行车凭证号码(路票为电话记录号码、绿色许可证为编号)和调度命令号码通知司机，得到司机复诵正确后，方可显示通过手信号。列车凭通过手信号通过车站。

其他具体安全行车办法，由铁路局集团公司规定。

2. 向施工封锁区间开行路用列车时，列车进入封锁区间的行车凭证为调度命令。该命令中应包括列车车次、停车地点、到达车站的时刻等有关事项，需限速运行时在命令中一并注明。

向施工封锁区间开行路用列车，原则上每端只准进入一列，如超过时，其安全措施及运行办法由铁路局集团公司规定。

第九节　信号显示基本要求

一、信　　号

信号是指示列车运行及调车作业的命令，有关行车人员必须严格执行。

信号显示方式及使用方法，应按《铁路技术管理规程》规定执行。《铁路技术管理规程》

以外的信号显示方式，须经国铁集团批准，方可采用。

各种信号机和表示器的灯光排列、颜色和外形尺寸，必须符合国家标准、铁道行业标准及国铁集团规定的标准。

地区性联系用的手信号，由铁路局集团公司批准。

二、铁路信号

铁路信号分为视觉信号和听觉信号。

视觉信号的基本颜色：

红色——停车；

黄色——注意或减低速度；

绿色——按规定速度运行。

听觉信号：号角、口笛、响墩发出的音响和机车、自轮运转特种设备的鸣笛声。

三、停车信号

进站、出站、进路和通过信号机的灯光熄灭、显示不明或显示不正确时，均视为停车信号。

进站预告信号机或接近信号机的灯光熄灭、显示不明或显示不正确时，均视为进站信号机为关闭状态；非自动闭塞区段通过信号机的预告信号机的灯光熄灭、显示不明或显示不正确时，视为通过信号机为关闭状态。

四、固定信号、移动信号、手信号、听觉信号、信号表示器

见《铁路技术管理规程(普速铁路部分)》“信号显示”部分。

五、路票、绿色许可证、红色许可证、调度命令、出站/跟踪调车通知书、半自动闭塞发车进路通知书

见《铁路技术管理规程(普速铁路部分)》附件。

复习思考题

1. 铁路线路标志包括哪些内容?
2. 铁路信号如何分类? 分别怎么表示?
3. 列车遇到响墩爆炸声及火炬信号的火光，司机应如何行车?
4. 车站如何分类?
5. 铁路线路如何分类?
6. 铁路机车是如何分类的?
7. 车钩缓冲装置有何作用? 包括哪些?
8. 在电气化区段作业的人员，应执行哪些安全规定?
9. 铁路行车组织的原则是什么? 其主要内容包括哪些?

10. 列车中机车的编挂有何规定？
11. 单机挂车的辆数有何规定？
12. 旅客列车、特快货物班列关门车的编挂有何规定？
13. 什么情况下对列车进行简略试验？
14. 列车在汛期暴风雨中行车时，司机应如何处理？
15. 列车被迫停车可能妨碍邻线时，司机应如何处理？

第四章 交、直流传动电力机车基本构造、作用及原理

以电能作为动力的机车称为电力机车。按牵引电机的性质又可分为直流传动电力机车和交流传动电力机车两大类。直流传动电力机车在我国以韶山系列机车为主。交流传动电力机车在我国以和谐系列机车为主。

第一节 直流传动电力机车基本构造、作用及基本原理

一、直流传动电力机车基本知识

SS4G 型电力机车从 159 号车起，在 SS4 型电力机车基础上，通过消化、吸收先进技术，结合机车大修对 SS4 型电力机车作了设计改进，使重载八轴电力机车的性能更完善、质量更高、可靠性更好，它具有以下特点：

1. 采用不等分三段半控桥晶闸管相控调压、三次谐波滤波器以改善机车功率因数；牵引特性为恒流准恒速特性控制。电阻制动为加馈电阻制动。
2. 采用低位斜牵引杆，具有较高的黏着性能。
3. 具有空转保护装置和轴重转移补偿装置，提高了机车黏着牵引力的发挥。
4. 采用强迫自导向油循环和全铝板翘式油散热器。
5. 采用 DK-1 型制动机并具有空电联合制动功能。
6. 采用电气线路预布线和制动管路预布置新工艺以提高组装工效。
7. 采用包含牵引控制、电制动控制、轴重补偿控制、空转保护控制、功率因数补偿控制、空电联合制动控制等多功能电子控制装置。
8. 司机室配备空调、壁炉和脚炉。

二、直流传动电力机车总体组成及主要技术参数

直流传动电力机车由机械部分、电气部分和空气管路系统三大部分组成，互相配合，又各自发挥独特作用，共同保证机车性能的正常发挥。

机械部分包括车体、转向架、车体支承装置和牵引缓冲装置。机械部分主要用来安设司机室和各种电气、机械设备，承担机车重量，产生并传递牵引力及制动力，实现机车在线路上的行驶。牵引缓冲装置是机车与车列或车组的连接装置。

电气部分包括受电弓、主断路器、牵引变压器、平波电抗器、整流机组、牵引电机、牵引电器、电气制动装置、辅助电气设备及控制电器、保护电器等。电气部分主要作用是把来自接触网的电能变为牵引列车所需要的机械能，实现能量转换，同时还实现机车的控制。

空气管路系统包括风源系统、控制气路系统、辅助气路系统和制动系统四大部分。空气管路系统的作用是产生压缩空气供机车上的各种风动器械使用，并实现机车及列车的空气制动。

三、直流传动电力机车车体

1. 车体的功能

(1)用来安设各种电气设备和辅助机组，机车上除牵引电机外，几乎所有的电气设备都装在车体内。

(2)保护车内设备不受雨、雪、风、沙侵袭；作为乘务员操纵、维修保养机车的场所。

(3)接受转向架传来的牵引力、制动力，并传给设在车体两端的牵引缓冲装置。

(4)将各种设备的重量经支承装置传递给转向架及轨道。在机车运行中除承受上述纵向力、垂向力外，还承受走行部传来的冲击、振动及各种横向力。

2. 车体的要求

(1)在受力最严重的情况下，车体必须有足够的强度和刚度，保证结构不致破坏和变形量最小，确保运行安全可靠。

(2)适当减轻车体自重，而且重量前后左右对称分布，满足重量分配的要求，重心应尽量低，以适应高速行车的需要。

(3)车体在结构上应保证安装设备的方便，检查保养设备的方便，以及检修时更换设备的方便。

(4)司机室和机械室都要考虑到改善乘务员工作条件，在通风、采光、取暖、瞭望、隔音、隔热等方面尽量完善。

(5)高速机车要有流线型的车体外壳，以减小空气的阻力。

(6)车体的外形尺寸应在国家规定的机车车辆限界尺寸内。

3. 车体的分类

(1)底架承载式车体：底架承担所有载荷，而侧墙、车顶均不参与承载。

(2)底架和侧墙共同承载式车体：侧墙参与承载，与车体焊接成一个牢固的整体。

(3)整体承载式车体。SS4G型电力机车车体布置如图4-1所示。

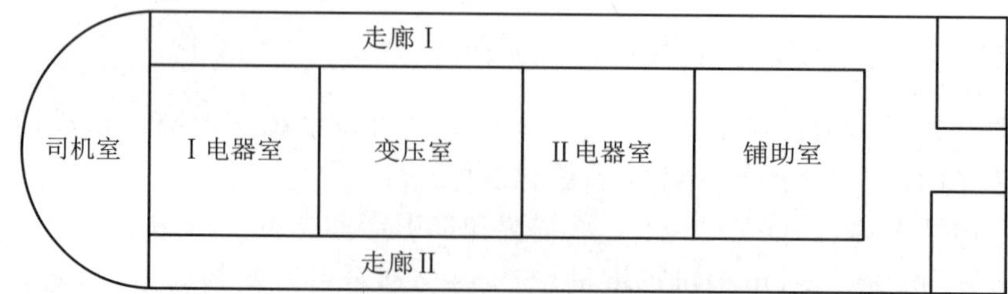

图4-1　SS4G型电力机车车体布置

四、直流传动电力机车转向架

1. 转向架的作用

(1)牵引功能:牵引功能是机车转向架最重要的功能,也是机车转向架与车辆转向架最主要的差异所在。

(2)支承和传递功能:转向架不单在垂直方向承受机车车架及以上部分的重量,并将它们均匀地传递给各轮对的车轮,还要在纵向和横向承受各轮轨间产生的牵引力、制动力和横向力。

(3)直线和曲线导向功能:机车转向架要通过结构设计参数选择和合理匹配,才具有良好的直线和曲线运行的导向功能。

(4)隔振和缓冲功能:对于速度较高的机车,冲击和振动将会加剧,必须采取更多的技术措施来实现转向架的这一功能。

(5)制动功能:当机车速度提高、机车总的重量增大后,完成转向架制动功能的技术难度增大。

2. 转向架的组成

机车转向架一般由下列主要部分组成:

(1)构架:构架是连接转向架各部件的骨架,它要承受和传递垂向力及水平力(纵向力和横向力)。

(2)轮对:机车最终是靠轮对的旋转来实现在钢轨上的运行的。

(3)轴箱:轴箱内设有轴承来保证轮对的旋转。现代机车转向架的轴箱轴承,一般都采用滚动轴承。

(4)弹簧悬挂装置:弹簧悬挂装置用来保证设定的轴重均匀分配,缓和并衰减线路不平顺对机车的冲击和振动。

(5)转向架与车体连接装置:转向架与车体的连接装置主要由转向架的牵引装置、横动装置、二系弹簧悬挂装置(也称为旁承)等组成。

(6)驱动机构:驱动机构将机车动力装置的功率最终传递给轮对,使机车运行并产生牵引力。

(7)基础制动装置:转向架上的基础制动装置是机车整个制动系统的执行机构。

3. 转向架的要求

(1)安全度大;

(2)平稳行好(运行时);

(3)曲线的通过性能要好;

(4)黏着系数大;

(5)结构简单、造价低、检修方便、工作可靠。

五、直流传动电力机车主要电气设备组成及技术参数

1. DSA200 型单臂受电弓

(1)基本结构结构

受电弓由底架、下臂、上臂、弓头、升弓装置及控制机构、缓冲器、滑板及空气管路等组成。

①底　　架

底架采用钢板焊接结构，在框架上焊有升弓装置、下臂、下导杆、减振绝缘瓷瓶、管路等支座。

②下　　臂

下臂管上、下端焊接轴套（连接器），轴套上焊有联线板、缓冲器支架，并在下轴套上有“线导向”，下轴套通过轴承、轴与底架相连。

③上　　臂

在上臂框架内装有胀紧绳，框架下焊有下导杆支架及联线板。弓头与通过框架上管的轴、止动器、控制杆、左右支架连接。上臂下端通过连接器、连接板与下臂相连。上臂下端与上导杆相连，上导杆上端与弓头支架相连。上臂下端与下导杆相连。下导杆与底架相连。DSA200 型单臂受电弓如图 4-2 所示。

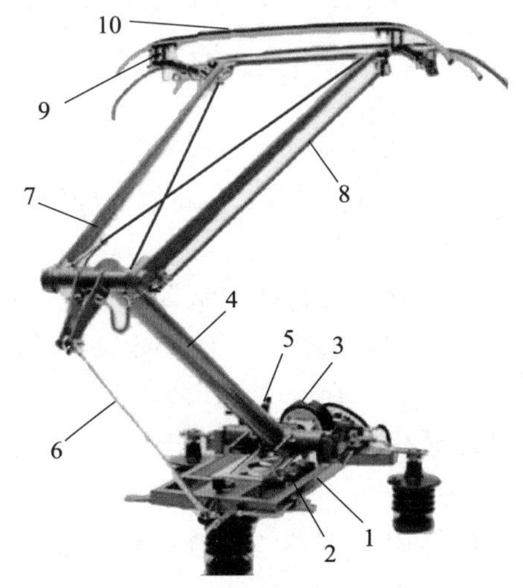

图 4-2　DSA200 型单臂受电弓

1—底架；2—缓冲器；3—升弓装置；4—下臂；
5—弓装配；6—下导杆；7—上臂；
8—上导杆；9—弓头；10—滑板

④弓　　头

弓头由弓头支架装置、滑板组成。弓头支架上端用螺栓与滑板相连，弓头支架通过两个横簧与上臂相连，保证横向弹性。在支架与上臂间装有四个胀簧以保证纵向弹性。通过弹簧使滑板与接触网间得以缓冲。弓头调风翼根据不同速度机车的动态接触压力通过弓头翼片调节。滑板内有风道并充有压缩空气。

⑤升弓装置及控制机构

升弓装置由升弓气囊、升弓钢丝绳、安装机械及轴组成。当气囊充气后，气囊膨胀，在驱动器作用下，拉伸钢丝绳，使线导向绕下臂轴转动、受电弓升起；反之受电弓下降。

控制机构控制受电弓单位升、降运动。由电空阀、两个单向节流阀、精密调压阀组成。两个单向节流阀，通过控制进、出气囊的压缩空气量，分别用来控制受电弓的升、降速度。精密调压阀用来调节接触压力。

⑥缓 冲 器

缓冲器安装在底架和下臂轴套之间,由阻尼器、防尘盖、保护套、接头、锁紧螺母等组成。

(2)DSA200 型受电弓主要参数

环境温度	−40～+40 ℃
设计速度	200 km/h
额定电压	25 kV
额定电流	1 100 A
静态接触压力	(70±5) N(可调)
动态接触压力	通过弓头翼片调节(用户根据需要选装)
压缩空气压力	0.4～1.0 MPa 接触压力
正常工作压力(70 N 时)	空气压力约 0.36～0.38 MPa
升弓最小压力	0.32 MPa
滑板压力变化 10 N 空气压力变化	0.01 MPa
精密调压阀耗气量输入压力<1 MPa 时	≤11.5 L/mm
弓头垂向移动量	60 mm
升弓时间	<5.4 s
降弓时间	<4 s
自动降弓时间	1.2 s(离网 150 mm)

2. 真空断路器

(1)结　　构

真空断路器主要由三个部分组成:

①高压电流分断部分:由可开断交流电弧的真空开关管、静触头、动触头组成。动触头的操作由电空机械装置和合闸过程中的导向装置同时完成。

②隔离绝缘部分:由安装在底板上的支持绝缘子绝缘、内部的绝缘导杆、恢复弹簧、接触压力弹簧组成。绝缘导杆连接电空机械装置和动触头。底板与车顶由密封圈密封。

③电空机械装置(低压部分):由空气管、压力开关、储风缸、调压阀、电磁阀、保持线圈、传动风缸及活塞组成。当空气压力达一定值时,压力开关闭合,压缩空气进入储气缸。储气缸内的调压阀,用来调节储气缸内气压。BVAC.N99 真空断路器剖面如图 4-3 所示。

(2)BVAC.N99 真空断路器主要技术参数

额定电压	30 kV
额定频率	50～60 Hz
额定工频耐受电压	75 kV
额定全波冲击耐受电压	170 kV
额定电流	750 A
热电流	750 A
功率因数	0.8
额定电压	30 kV

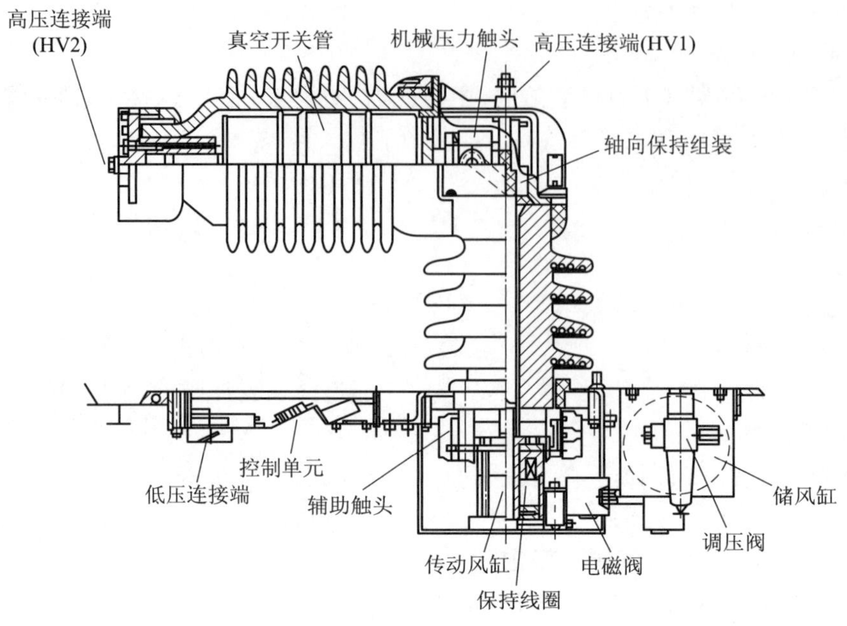

图 4-3　BVAC. N99 真空断路器剖面

额定短路接通能力	40 kA
额定短路开断能力	30 kA
额定瞬时耐受电流	25 kA/s
开断时间	25～60 ms
控制电压	DC 110 V
合闸功率	50～200 W
保持功率	15～50 W
辅助触头	3 常开/2 常闭
控制气压	450～1 000 kPa
工作温度	－40～70 ℃
质量	120 kg

3. 高压隔离开关

高压隔离开关主要由隔离闸刀、支持瓷瓶和转动瓷瓶、底座安装板、传动机构、锁固机构、辅助接点、手柄等组成。

SS4G 型电力机车车顶装有两台 THG2-400/25 型高压隔离开关。高压隔离开关的主要作用是当受电弓发生故障时，将其隔离，避免因受电弓故障带电造成其他事故。

4. 转换开关、司机控制器

(1)转换开关

转换开关位于机车高压电器柜下部，连接于机车直流主电路中牵引电机绕组回路中，由牵引制动鼓(工况开关)和换向鼓(反向器)两部分组成，属于高压无载开闭电器。用来实现机车运行工况和运行方向的改变，其中换向鼓用于改变机车的运行方向(反向鼓)；牵引制动鼓用于实现机车牵引工况与电阻制动工况之间的转换。

每个转鼓只有两个工作位置，即换向鼓的“前”位和“后”位；牵引制动鼓的“牵引”位和“制动”位，也称作两位置转换开关。

目前韶山系列电力机车普遍采用国产设计制造的 TKH 系列产品，如：SS1、SS3、SS3B 型电力机车使用的 TKH3-500/1500 型转换开关，SS4、SS4G、SS4B 型电力机车使用的 TKH4-840/1000 型转换开关，SS8、SS9 型电力机车使用的 TKH4A-970/1000 型转换开关，SS9G 型电力机车使用的 TKH10-840/1020 型转换开关，SS7 系列电力机车使用的 TKH9-1000/1000 型转换开关。

TKH 系列产品型号中 T 表示铁路用；K 代表开关；H 代表转鼓式；分子数字为额定电流值（单位为 A）；分母数字为额定电压值（单位为 kV）。

每台转换开关由左右基本对称的方向和工况两个开关组合而成。每个开关由骨架、传动装置、联锁触头、转鼓（动触头组）和触指杆（静触头组）五部分组成。其中前三部分两个开关完全相同，而由后两部分组成的触头系统有所区别。

转换开关接在机车主电路中，自身不带灭弧装置，只能在机车无电状态下转换。换向操作时，调速手柄回“0”位，机车停稳后，再操作换向手柄“前”“后”转换；牵引制动转换时，同样调速手柄先回“0”位，再操作换向手柄“牵引”“制动”转换，然后用调速手柄调节速度。

（2）司机控制器

司机控制器是用来操纵机车运行状态的主令电器。它通过直接控制电路中的低压电器来间接控制主电路的电气设备，进行机车的运行方向与运行工况的改变，并实现机车牵引与电制动的调速控制，使司机的操纵方便又安全。

每台机车分别在Ⅰ、Ⅱ端司机室内各布置一组司机控制器，每组司机控制器由装于司机室操作台上的主司机控制器和装于司机室靠近司机座位侧窗下方的辅助司机控制器组成。

主司机控制器主要进行机车的运行方向与运行工况的改变，并实现机车牵引与电制动的调速控制。随着机车调压系统及控制方式的不同，对司控器的结构有着不同的要求。

5. 接触器和继电器

（1）接 触 器

①6C 系列电磁接触器

6C110 型和 6C180 型电磁接触器用于机车辅助电路中控制辅助电机设备。

a. 触头系统：双断点直动式触头、独特的引弧设计，耐弧塑料灭弧罩，内设割弧金属栅片。

b. 电磁系统：单 E 型铁芯、直动式衔铁，直流并联双线圈控制、交直流两用。在整流装置的输入和输出端加装有敏压电阻，起抑制过电压保护整流元件的作用。

c. 传动机构：采用转动机构进行机械传动的独特设计，即衔铁与触头运动方向垂直，从而降低了接触器的高度，减小了体积。

d. 低压联锁：在电磁机构上，分断起动线圈的常闭联锁采用较大的超程设计，当衔铁将要闭合到位时，衔铁推动可调螺杆、螺杆带动一杠杆结构的触头。因螺杆行程小，故触头开距相对较大。

e. 底板:铝质底板。触头系统与电磁系统重叠(上下)布置,并一同安装在底架上。

②TCK 系列电空接触器

TCK1-400/1500 型电空接触器用于主电路的磁场削弱分路,称为磁削接触器;TCK7-600/1500 型、TCK7F-1000/1500 型和 TCK7G-1000/660 型电空接触器用于主电路的制动励磁回路,称为励磁接触器;TCK7F-1000/1500 型电空接触器用于牵引电机回路,称为线路接触器。

电空接触器由传动机构、触头系统、灭弧装置、低压联锁及支架和夹板组成。

a. 传动机构:单缸式电空传动机构。

b. 触头系统:L 形触头,紫铜材料。

c. 灭弧装置:串励磁吹装置,横缝螺旋式灭弧罩。

d. 低压联锁:桥式双断点触头,合式结构。

e. 支架和夹板:传动机构和触头系统通过绝缘连杆实现电的隔离,整个接触器由支架固定,并通过夹板构成一个整体。

维护时注意保持触头清洁平整、灭弧罩内干净、气缸不得漏气。

③EVS 系列真空接触器

EVS 系列真空接触器具有耐压强度高,介质恢复速度快,接通和分断能力大,电气和机械寿命长的特点。EVS630/1-110DC 型真空接触器用于 SS4G 型电力机车主电路中控制功率因数补偿(PFC)装置的通断;EVS700/1-110DC 型真空接触器用于 SS9G 型电力机车列车供电电路中,实现机车向列车供电的控制。

(2)继 电 器

①JZ15 系列中间继电器

JZ15 系列中间继电器用来传递其他继电器的信号,控制各种控制电器的电磁线圈,起信号放大或增加信号的作用。还用于功率因数补偿装置(PFC),用来控制并联电阻,使电容尽快放电,亦称放电接触器。

②JT3 系列时间继电器

JT3 系列时间继电器是控制电路的时间控制元件,起延时切换电路的作用。有三个时间等级:1 s(0.3～0.9 s),3 s(0.8～3 s),5 s(2.5～5 s)。

(3)JL14 系列交流电流继电器

JL14 系列交流电流继电器用于牵引变压器原边和辅助电路过流保护。

(4)TJJ2 型接地继电器

TJJ2 型接地继电器用于直流主电路接地保护的作用。

(5)机械式继电器

机械式继电器有风道继电器、风压继电器和油流继电器三种。

6. 其他电器

(1)氧化锌避雷器

氧化锌避雷器用于电力机车一次侧电气设备的绝缘保护,使之免受大气过电压及操作过电压的危害。由顶盖、瓷套、底板、氧化锌阀片及弹簧等组成。氧化锌阀片以氧化锌为主要成分,并附有多种能产生非线性特性的金属氧化物添加剂高温烧制而成,具有理想的伏安特性(稳压管反向特性),其非线性系数为0.025左右。

特点:为全天候避雷器,不受环境气候影响;防污性好,使用范围广;防振、防爆性能好;无续流不存在灭弧问题;体积小、重量轻、通流容量大、抗老化性能强、运行寿命长。

(2)互 感 器

①TBY1-25/100型高压电压互感器(6TV):用于监测机车行驶过程中接触网电压。

②TBL1-25型高压电流互感器:与交流电流继电器配合作机车主电路原边短路过流保护。属于保护级穿墙式电流互感器,位于机车车顶,处于主变压器原边绕组的进线端。

③LQG-0.5型低压电流互感器(9TA):与电度表配合,用于测量机车所消耗的电量。

④LMZ系列交流电流互感器(176TA等):用于主变压器次边短路保护等。

(3)传 感 器

传感器包括速度传感器、压力传感器、电流传感器、电压传感器,分别检测机车运行速度、空气管路气压、牵引电机电流和电压。

(4)各类开关

各类开关包括司机台按键开关(SS4G型电力机车琴键式、SS9G型电力机车扳键式)、自动开关(切换电路、实现过载或短路保护)、万能转换开关和刀开关(多用作故障隔离开关)、按钮开关。

(5)蓄电池组

韶山系列电力机车采用的GN-100型镉镍碱性蓄电池组由74个蓄电池串联而成,每个蓄电池的标称电压为1.25 V,容量为100 A·h,蓄电池组的标称电压为92.5 V。

电力机车的蓄电池组与稳压电源并联,是电力机车上直流控制电源的辅助电源,并兼作稳压电源的滤波元件。在升弓前及稳压电源发生故障时,由蓄电池组向机车控制电路供电;稳压电源正常工作时,蓄电池处于浮充电工作状态。

六、直流传动电力机车电气控制原理

1. 控制电路组成

直流传动电力机车电路通常由控制电路、辅助电路、主电路和电子控制电路组成。

(1)控制电路是通过司机控制台上各按键开关和司机控制器手柄位置操纵而形成的电路。

(2)辅助电路是由电源电路、负载电路和保护电路构成,为机车控制和主电路工作起辅助作用。

(3)主电路是指牵引电机及与其相关的电气设备连接而构成的电路,亦称牵引动力电路。

(4)电子控制电路是指通过电子控制装置,实现对机车牵引、制动控制,防空转、轮缘润滑控制,辅机保护等功能。

2. 对控制电路的要求

(1)能改变机车运行状态,包括工况和方向的转换。

(2)能对牵引力、制动力和速度进行调节。

(3)能对各辅助机组的起动、运行和停止进行准确控制。

(4)能保证主电路、辅助电路有效有序的工作。

(5)能保证各电器按一定次序动作。

(6)能显示一些故障现象。

(7)在发生某一故障时能进行切除或采取相应措施维持机车运行。

(8)重联运行时既能单独操纵,又能重联操纵。

(9)具有一定的安全保护装置,确保人身和行车安全。

(10)电气制动和空气制动应具有一定安全防护装置。

(11)操纵简单、安全可靠、经济适用、维修方便。

3. 电力机车控制方法

电力机车的控制有直接控制和间接控制两种。电压低、功率小的电器电路采用直接控制,即用手动方法直接控制。高电压、大功率电器电路采用间接控制,即通过按键开关和司机控制器控制低压电器,再通过低压电器去控制高压电器电路。

第二节　交流传动电力机车基本构造、作用及基本原理

一、交流传动电力机车基本知识

1. 具有异步牵引电机电力机车的工作原理

在工作时,受电弓将网压引入机车变压器一次侧绕组,经变压器二次侧绕组降压后,经整流电路将交流电转换为脉动直流电经滤波器平滑脉动,经逆变器将直流电逆变为电压和频率可调的三相交流电,经平波电抗器,供给三相异步牵引电机,实现牵引运行。

2. 具有同步牵引电机电力机车的工作原理

同步电机电力机车是一种交-交型电力机车,机车工作时,单相交流电由接触网经受电弓送入牵引变压器的高压绕组,经变压器降压后送入变频变流装置,变频变流装置将单相交流电转换为三相交流电,供给三相同步电机,实现牵引运行。

二、HXD2 型电力机车总体组成及主要技术参数

1. 概　　述

机车的设备布置是按照标准化、模块化的设计理念,结合用户要求而完成的。机车由双节机车(A 节、B 节)连挂组成,两节机车(A 节、B 节)的结构基本相同,每节机车具有单端司机室,两节机车(A 节、B 节)的两个司机室通过中间走廊以及两节机车连挂处的橡胶风挡、渡板相贯通。

从结构上分,机车设备布置大致可分为司机室设备布置、机械间设备布置、车顶设备布置、车下设备布置等部分。机车总体设备布置如图 4-4 所示。

2. 司机室设备布置

机车司机室操纵台设有主台和副台,在主、副台的位置各设有 1 把司机座椅。对各种操纵、监控设备合理布置,为司乘人员提供舒适的工作环境。

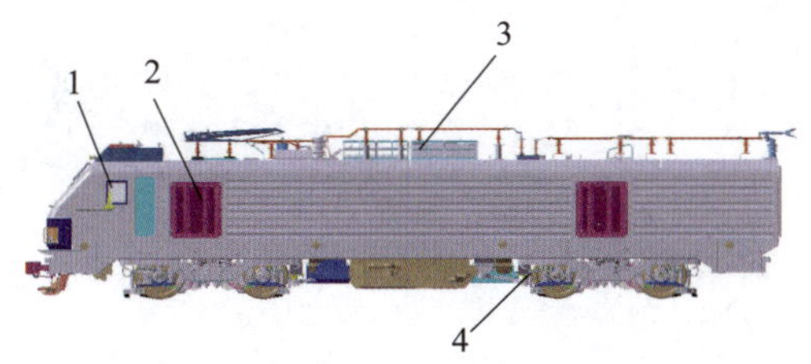

图 4-4 机车总体设备布置

1—司机室设备布置；2—机械间设备布置；3—车顶设备布置；4—车下设备布置

司机室设备主要包括司机室端部设备布置，司机室侧面设备布置，司机室顶部设备布置，司机室内部设备布置，司机室内侧墙设备布置，司机室内前部设备布置，司机室顶棚设备布置，司机室后墙设备布置。

3. 机械间设备布置

机械间采用中间走廊，设备组件均安装在中央走廊的两侧，采用斜对称均衡布置。

两节机车（A 节、B 节机车）机械间设备布置基本相同，不同之处在于：在 A 节机车机械间布置有生活设备柜，B 节机车相同位置布置有卫生间。机械间设备如图 4-5 所示。

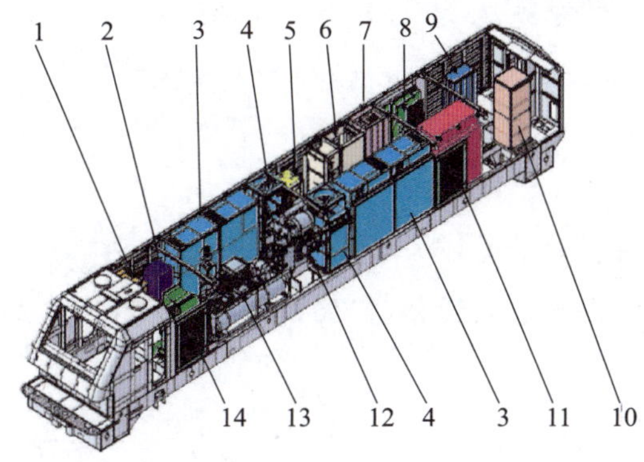

图 4-5 机械间设备

1—微机柜；2—6A 柜；3—主变流柜（2 组）；4—复合冷却塔（2 组）；5—无线电台柜；6—通用柜；7—安全设备柜；8—端部通风（2 组）；9—生活设备柜（A 节）/卫生间（B 节）；10—工具柜（2 组）；11—辅助变流柜；12—制动柜；13—风源系统（压缩机＋干燥器＋风源柜）；14—侧墙过滤器（2 组）

4. 车顶设备布置

两节机车（A 节、B 节）车顶设备布置分为第 1 顶盖设备布置、第 2 顶盖设备布置、第 3 顶盖设备布置。两节机车（A 节、B 节）的第 1 顶盖设备布置、第 2 顶盖设备布置完全相同，A、B 节机车顶盖设备布置的区别在于 B 节机车第 3 顶盖上安装有卫生间通风口。两节机车（A 节、B 节）的车顶高压电路通过安装在第 3 顶盖上的高压连接器连接。A 节机车顶盖设备布置如图 4-6 所示。

5. 车下设备布置

车下布置的设备：转向架（2 组）、主变压器（1 组）、蓄电池柜（3 组）、380 V 插座箱（2 组）、底架照明灯（4 组）等。车下设备布置如图 4-7 所示。

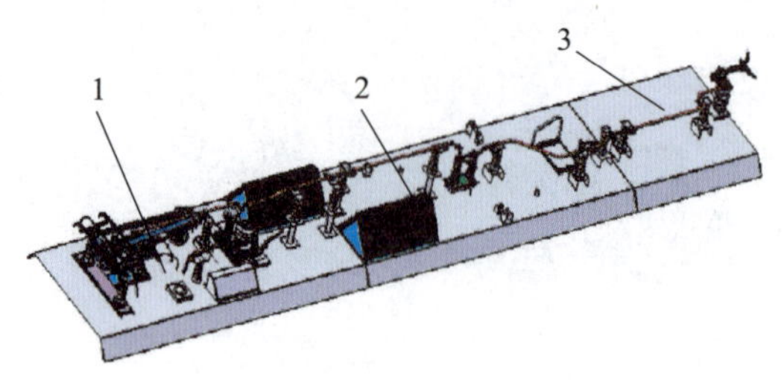

图 4-6　A 节机车顶盖设备

1—第 1 顶盖设备布置；2—第 2 顶盖设备布置；3—第 3 顶盖设备布置

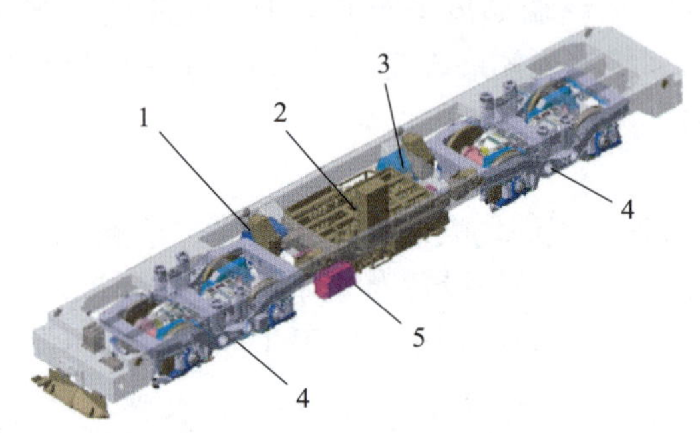

图 4-7　A 节机车下设备布置

1—蓄电池柜三；2—主变压器；3—蓄电池柜二；4—转向架；5—蓄电池柜一

6. 视频监测装置

视频监测装置主要包括：YDVS 机车运用安全及防火监视装置主机、YDVS 机车运用安全及防火监视装置显示器、视频输入设备（摄像机）。主要部件安装位置示意如图 4-8 所示。

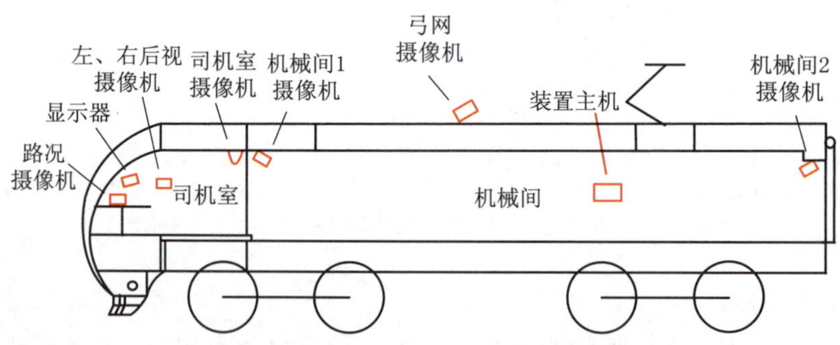

图 4-8　主要部件安装位置示意

7. 通风系统

机车独立通风系统由端部通风系统、冷却塔通风系统、压缩机通风系统、辅助变流柜通风系统和空调通风系统等组成，除压缩机通风系统为车内吸风车内排风外，其余各部分均为独立从车外进风，经过风道，最后排出车外。各通风系统都有相对独立的风道，各风路系统相互不影响，进风量均匀，不需进行风量再分配。

机车的通风系统设备布置按机车纵向中心线斜对称布置在机车中间走廊两侧。空调通风系统设备布置在两端司机室端部。车顶通风系统如图 4-9 所示。

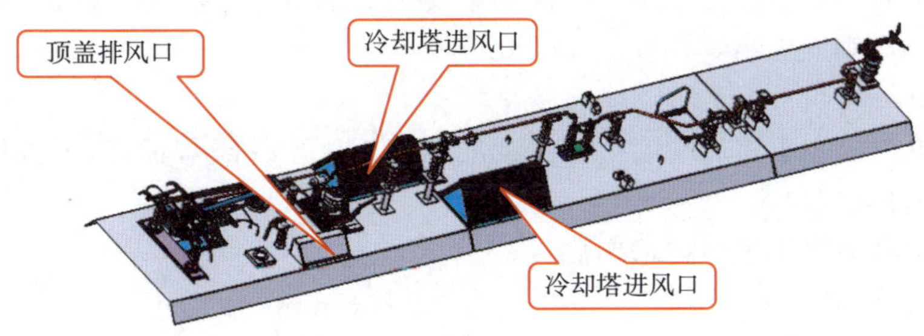

图 4-9 车顶通风系统

8. 通风机组

机车在运行时牵引变流器、牵引变压器、辅助变流器、牵引电机等电器部件发出的热量需要通风机进行冷却,各通风机组的电机采用三相交流变频电机。

每台机车上通风机组有牵引电机通风机组 4 台、冷却塔通风机组 4 台(含在复合冷却塔中)、机械间通风机组 4 台、辅变流通风机组 4 台。

9. 过滤器装置

(1)侧墙过滤器装置

侧墙过滤器装置是通风冷却的进风口,在机车的侧墙上共设 6 组进风侧墙过滤器,为牵引电机通风系统、机械间通风系统及辅变流柜通风系统服务。

(2)顶盖百叶窗装置

顶盖百叶窗装置安装在顶盖冷却塔进风口处,为冷却塔通风除尘和挡雨。

三、HXD2 型电力机车车体

机车车体是机车的主要承载部件之一,机车大部分机械、电气设备都安装在车体上,在机车运行过程中,车体除了要承受垂向载荷外,还要承受水平方向的冲击载荷和侧向力作用,并传递机车牵引力和制动力。所以车体结构首先必须有足够的强度和刚度,以保证机车运行的安全性和平稳性;同时要给车内设备安装提供足够的空间,并保证其正常运转。HXD2 型电力机车车体钢结构位于转向架上方,是机车大部分机械、电气设备的安装基体。

HXD2 型电力机车车体钢结构采用了由底架钢结构、司机室钢结构、侧墙、后端墙以及车顶连接横梁共同参与承载的整体式承载结构。

1. 底架钢结构

HXD2 型电力机车底架钢结构采用了模块化的设计方法,整个底架主要由Ⅰ端端部装配、底架中部结构、Ⅱ端端部装配等三部分组成。它们沿机车纵向分段拼接,组成一个整体承载的框架式结构。

2. 司机室钢结构

HXD2 型电力机车司机室钢结构采用模块化设计,由前墙、左右侧墙及顶部结构四部分组焊而成。前墙上部向后倾斜 40°,由五根封闭的梁柱组成前窗窗口,用来安装前窗玻璃,下部用一块整板压型蒙皮与前墙的 5 根立柱组焊成一体。

3. 侧　　墙

HXD2 型电力机车侧墙是车体钢结构的重要组成部分，主要由波纹板形状的侧墙板和车顶侧梁及压形槽钢立柱组焊构成。

4. 后 端 墙

HXD2 型电力机车车体后端墙主要由蒙皮和钢板压型件组焊而成，上部设置与车顶活动顶盖相吻合的排水槽。

5. HXD2 型电力机车主要技术参数

车体宽度(侧墙外表面)	2 856 mm
车体高度(顶盖上平面至轨面)	3 874 mm
车体底架长度	17 861 mm
车体底架宽度	2 850 mm
车体底架上平面距轨面高度	1 630 mm
两车钩中心线间距离	19 075 mm
枕梁中心距	10 060 mm
车体牵引座间距	3 750 mm

6. 材　　料

HXD2 型电力机车车体钢结构的主要材料是 S355J2G4、S275J2G4。S355J2G4、S275J2G4 是两种质量等级较高的耐低温性能的可焊结构钢，这两种材料在室温下的屈服强度分别达到了 355 MPa 和 275 MPa 以上，在−40 ℃条件下的冲击功不小于 27 J，是车体承载结构的主要材料。

HXD2 型电力机车车体钢结构用于安装机车除走行部外的其他机械、电气设备，并为司乘人员提供良好的工作环境。

四、交流传动电力机车转向架

1. 构　　架

构架是机车转向架的安装基础。转向架上各部件(如驱动单元、一二系悬挂装置、牵引装置、基础制动装置以及转向架附属部分)均与其有安装关系。

构架是机车转向架的安装基础，设计采用“日”字形焊接结构，由两根左右对称的侧梁、一根横梁和两根端梁组成。侧梁与端梁通过焊接相连，中间横梁是通过螺栓固定在侧梁上，侧梁为板材焊接的“鹅颈状”箱形结构，横梁和端梁均为板材焊接箱梁，在各梁体的内部设有若干筋板。

2. 转向架牵引装置

(1)作　　用

转向架牵引装置是连接转向架与车体之间的动力传递装置，其作用是传递机车的牵引力和制动力，以及保证转向架进出曲线时相对于车体的回转运动。牵引装置采用推挽式结构，牵引杆倾斜布置，与轨道成角度 11°。

(2)工作原理

转向架牵引装置是连接转向架与车体之间的动力传递装置，其作用是传递机车的牵引力和制动力，以及保证转向架进出曲线时相对于车体的回转运动。

3. 驱动装置

驱动轴组装是机车走行部最关键的部件之一，它不仅支承机车的全部重量，同时通过驱动轴组装与钢轨的黏着产生牵引力和制动力。驱动轴装在转向架上的位置如图 4-10 所示。

图 4-10 驱动轴装在转向架上的位置

4. 一系悬挂

一系悬挂装配采用独立轴箱弹簧悬挂结构。每个轴箱有两个螺旋弹簧承载，在每组弹簧的上方置有绝缘垫、绝缘环。轴箱两侧各安装一个具有三向刚度要求的轴箱拉杆定位装置(轴箱拉杆装配)。

5. 二系悬挂装配

二系悬挂装置承担车体与转向架间垂向和横向的静负荷和动负荷，缓和车体和转向架之间的冲击，衰减振动和隔离噪声。每个转向架有一组二系悬挂装配。二系悬挂装置采用高圆簧加橡胶垫的结构方式，弹簧上方配有二系悬挂橡胶垫，横向止挡(安装在车体上)，一侧装有二系横向减振器和二系垂向减振器。

五、HXD2 型电力机车主要电器设备组成及主要技术参数

1. DSA200 型受电弓

(1)主要技术参数

设计速度	200 km/h
额定电压/电流	25 kV/1 000 A
标称接触压力	70 N(可调整)
升弓驱动方式	气囊装置
升降弓时间	升弓时间 ≤5.4 s
降弓时间	≤4 s

(2)工作原理

升弓装置安装在底架上，当气囊里的压缩空气压力达到额定值时，气囊推动不锈钢结构，通过钢丝绳作用于下臂的线导板，使下臂转动，而使受电弓升起。受电弓降弓时，升弓电空阀失电并开启排气阀进行排气，升弓气路关闭。受电弓靠自重降弓。

(3)组　成

受电弓由底架、阻尼器、升弓装置、下臂、弓装配、下导杆、上臂、上导杆、弓头、滑板、阀板

组装组成。

2. 22CBDL 型真空断路器

22CBDL 型真空断路器是电力机车的一个重要电气部件，安装在机车顶盖上，它是整车与接触网之间电气连通、分断的总开关，是机车上最重要的保护设备，当机车发生各种严重故障时能迅速、可靠、安全地切断机车总电源，从而保护电力机车。

主要技术参数：

固有分闸时间	$<$40 ms
闭合时间	$<$115 ms
额定控制电压	DC 110 V

3. 避 雷 器

电力机车用复合外套无间隙金属氧化物避雷器(以下简称避雷器)，与 22CB 系列真空主断路器共用一个安装底架，主要用于保护电力机车主变压器免受大气过电压及操作过电压侵害。当电气化铁道系统出现过电压时，避雷器呈现低电阻，吸收过电压能量，使被保护电器设备上的过电压限制在允许范围内，从而保护了电器设备绝缘免遭过电压的损坏。在电力系统正常工作电压下，避雷器呈现高电阻，流过避雷器的电流仅为微安级，确保了避雷器长期正常运行。

4. 接地开关

35KSDL(E)型高压接地开关是交流传动电力机车安全保护设备，保护操作人员免受高压电伤害，它与 22CB 系列真空主断路器配套使用。

5. 车顶绝缘子

电力机车车顶绝缘子是用来支持受电弓及母线并使其绝缘的部件。机车车顶上的受电弓支持绝缘子和母线支持绝缘子全部采用复合绝缘子。

6. 高压隔离开关

高压隔离开关主要作用是当受电弓、主断路器和车顶绝缘子发生故障时，将其隔离，避免造成其他事故。高压隔离开关主要由隔离刀杆、支持绝缘子和转动绝缘子、底座安装板、传动机构、锁固机构、辅助接点、手柄等组成。

7. 高压连接器

车顶装一台 DJLG1 型高压连接器，其主要作用是在两节电力机车进行连挂时，自动连接两节机车车顶的高压侧电路。高压连接器安装在两节机车尾部车顶，依靠机车连挂车钩的力量与车钩同时对接，分离时亦随机车车钩脱开而自动分离。

8. 高压电压互感器

电压互感器为全封闭、户外型、全工况产品。设备最高电压为 31 kV，频率 50 Hz 或 60 Hz，具有在电力机车供电系统中做电气测量和保护的功能。

9. 高压电流互感器

电流互感器为电力机车电网专用的母线式电流互感器，适用于户内交流 50 Hz 或 60 Hz，额定电压为 25 kV 的电力机车电网中作继电保护使用。

10. 高压电缆总成

电缆总成被固定安装在电力机车车顶、机械间，采用 T 形终端与牵引变压器的高压套管连接，车顶端采用预制式电缆终端与车顶上高压设备连接。

六、HXD2 型电力机车电气控制原理

1. 司机操纵台

司机操纵台功能主要是通过各个控制电器件，向机车控制系统发出指令；同时通过上面的仪表、显示屏来反馈和显示机车各部分的运行状态，以实现控制机车的牵引、制动等的功能。操纵台分为上下两部分，上面部分安装显示设备及主要的控制设备；下部箱体分为左、中、右三个柜体，安装制动管路系统、控制 I/O 模块和刮雨器控制模块等设备；主副司机脚踏区域下面均安装脚炉，主司机脚踏区域安装撒砂脚踏开关、无人警惕开关和低音风笛脚踏开关。

2. 微机控制柜

微机控制柜主要包括 TCMS、24 V 电源、12 V 电源和 110 V 负载保护电路。TCMS 主要包括中央控制单元 MPU、远程控制单元、TCN 网关单元。在操作上对于两部分的功能是相对独立的，微机控制柜工作时请先根据机车上其他部件的需求对柜门上的断路器进行开通或者闭合，并将转换开关扳至相应的位置。微机控制柜主要设备为连接器、网关、MPU、RIOM2、温控器、热风机、加热板、行灯插座、开关按钮、110 V 电压表、110 V 断路器、端子排、中间继电器、接触器、24 V 电源、12 V 电源。

3. 通 用 柜

通用柜主要实现库内动车、高压安全联锁、机车预加热系统供电、司机室加热设备供电、给牵引控制单元提供网压信号及其参考相位及检测主变压器原边的短路电流的功能。通用柜主要实现库内动车、高压安全联锁、机车预加热系统供电及司机室加热设备供电的功能。主要安装中间回路放电电阻、预充电电阻、库用动车部件、安全联锁钥匙箱、预加热转换开关、预加热断路器、预加热继电器、预加热接触器、司机室加热断路器、司机室加热变压器、司机室加热接触器等。

4. 辅助变流柜

每台交流传动 9 600 kW 货运电力机车配备两台辅助变流柜，其中每台辅助变流柜中包含有 2 组辅助变流器，为电力机车辅助系统提供电源的装置。交流传动 9 600 kW 货运电力机车辅助变流柜由两套变流器组成，分别为变压变频型（VVVF）变流器和定压定频型（CVCF）变流器。VVVF 型变流器采用交-直-交原理，能够实现 25 Hz、40 Hz 和 50 Hz 频率的电源输出，主要为风机类负载供电，紧急模式下变为 CVCF 型；CVCF 型变流器采用交-直-交原理，能够实现 50 Hz 固定频率的电源输出，主要为泵类负载等不需要变频功能的三相负载供电。

5. 牵引变流柜

每台新八轴电力机车配置四台牵引变流柜，其中每台牵引变流器含有两个牵引变流器，分别给每轴提供牵引动力。牵引变流器输入端与主变压器的次边牵引绕组相连，并通过接触器分/合。通过四象限变流器将单相交流电压转变为稳定的中间直流电压。中间直流回路设有支撑电容器、谐振电容器、接地检测和保护装置等。中间直流回路通过逆变器向异步牵引电机提供三相变频变压交流电。一个逆变器对应一台牵引电机。

每台变流器由 IGBT 模块组成的四象限变流器和逆变器组成，对机车牵引、再生制动实行连续控制，牵引变流器在各种工况下均有完善而可靠的短路、过载、接地、过电压、欠压、过热、空转、滑行以及通风的故障保护。

复习思考题

1. 直流传动电力机车牵引电机有哪些特点？

2. SS4G 型电力机车主电路由哪些部分组成？

3. SS4G 型电力机车是如何实现转向架独立供电方式的？

4. SS4G 型电力机车主电路保护包括哪些方面？

5. 牵引电机故障隔离开关有哪些位置？当发生故障时应置于什么位置？

6. 什么是电力机车加馈电阻制动？有哪些优点？

7. 当劈相机发生故障时，如何用第一通风机代替劈相机启动？

8. 简述 406 线有电，接通牵引工况下风速延时控制继电器 530KT（延时 3 s）控制电路的电流路径。

9. 简述升前弓电路的电流路径。

10. 通风机 1 得电的电流路径是什么？

11. 转向架主要包括哪些部件？

12. 简述轮对组装的功用。

13. 简述来自轮轨黏着产生的牵引或制动力的传递过程。

14. HXD2 型电力机车主电路系统由哪些部分组成？

15. HXD2 型电力机车通风支路包括哪些？

第五章 制动系统基本构造、作用及原理

第一节 DK-1 型电空制动机

电空制动机是指以电信号作为控制指令，压力空气作为动力源的制动机。DK-1 型电空制动机作为机车制动机应用于韶山系列电力机车上，其工作过程满足自动空气制动机的基本作用原理，即“制动管充风—制动机缓解，制动管排风—制动机制动”。DK-1 型电空制动机能简便地与列车安全运行监控装置自动停车功能、动力制动系统等配合，并为列车的自动控制创造了条件。

一、DK-1 型电空制动机特点

1. 双端（或单端）操纵。在双端操纵的六轴机车及四轴机车上设置一套完整的双端操纵制动系统；而在八轴机车上设置两套完整的单端操纵制动系统，每节机车可以单独使用，并且通过重联装置使两节机车或多节机车重联运行。

2. 非自动保压式。DK-1 型电空制动机制动减压量随着操纵手柄停留在制动位时间的增长而增加，直到过量减压量。操作中，若不需要产生过量减压量，则当减压量达到所需减压量时，须将手柄由制动位转换到中立位进行保压。

3. 失电制动。当电气线路或电器因故障而失电时，DK-1 型电空制动机将立即进入常用制动状态而实施制动，以保证列车的运行安全。

4. 减压准确、充风快、停车快、操纵手柄轻巧灵活、司机室内噪声小，结构简单，便于维修。将整体式的滑阀结构改成组合结构，使单件结构简化，通用件增多。采用制动逻辑控制装置，使制动机触点逻辑改为软件逻辑控制，实现了电气原理的简统化。

5. 能与机车其他系统配合。DK-1 型电空制动机能够与列车运行监控装置、动力制动系统、速度分级控制系统等进行配合，具备补风转换、紧急制动自动选择切除动力、列车分离保护和列车折角塞门关闭的判断等辅助性能。

6. 控制车辆电空制动机。随着车辆电空制动机的装车使用，DK-1 型电空制动机可以较方便地对车辆电空制动机实施有效控制。

7. 兼有电空制动机和空气制动机两种功能。正常工作时，作为电空制动机使用；当电气线路发生故障时，由故障转换装置可将其转换成空气制动机使用，以维持故障机车运行。

二、DK-1 型电空制动机组成

DK-1 型电空制动机由司机室内的电空制动控制器和空气制动阀等操纵部件，以及车体内的空气管路柜中的电空制动屏、分配阀、紧急阀、电动放风阀和重联阀、空电联合电器屏等组成。

1. 电空制动控制器(大闸)：用来操纵全列车的制动和缓解。电空制动控制器有 6 个工作位置：过充位、运转位、中立位、制动位、重联位和紧急位。

2. 空气制动阀(小闸)：电空位操作时，用来单独操纵机车的制动与缓解，与列车的制动与缓解无关。空气制动阀有 4 个工作位置：缓解位、运转位、中立位和制动位。通过其上的电—空转换阀的转换后，可以操纵全列车的制动与缓解。另外手柄下压可单独缓解机车的制动缸压力。

3. 电空阀：受制动控制部件的控制，接通或切断有关气路。设有过充、中立、排 1、检查、排 2、制动、缓解、重联和与机车辅助系统管路共用的撒砂等电空阀。

4. 中继阀：受均衡风缸压力变化的影响，继而控制制动管的压力变化，从而完成列车的制动、保压和缓解等作用。

5. 分配阀：根据制动管的压力变化而动作，并接受空气制动阀的控制，向机车制动缸充气或排气，使机车得到制动、保压和缓解的作用。

6. 电动放风阀：主要受电空制动控制器和自停装置的控制，直接将制动管的压力空气快速排入大气，使列车产生紧急制动作用。

7. 紧急阀：在制动管压力快速下降时动作，加速制动管的排风，同时接通列车分离保护电路，使列车紧急制动的作用更可靠。

8. 压力开关：在均衡风缸压力变化时进行电路的转换。设有两个压力开关，分别满足制动管的最小和最大减压量的控制需要。

9. 转换阀：是一种手动操纵阀，通过它进行管路转换。其中一个串接在两个初制风缸中间，以使在不同的制动管定压下达到满意的初制动效果；另一个串接在电空制动屏均衡管与均衡风缸之间，在电空部件故障影响均衡风缸的充排气时，切除电空制动屏均衡管。

10. 重联阀：是一种手动操纵阀，有本机和补机两个作用位置。在多机重联运行时，使所有机车的制动和缓解作用协调一致，并且在机车分离后，保持机车的制动作用。

11. 制动逻辑控制装置：根据装置内部预置软件程序和各输入信号，产生不同的输出电指令，控制电空制动机上各电空阀。另外机车上还设有均衡风缸、过充风缸、工作风缸、初制风缸、调压阀、分水滤气器、滤尘止回阀、滤尘器以及各种塞门、软管、双针压力表、压力传感器、电测压力表及转换开关等部件。

三、DK-1 型电空制动机的控制关系

1. 本务机车

(1)电 空 位

电空制动控制器→制动逻辑控制装置→电空阀→均衡风缸中继阀→制动管→机车分配阀→机车制动缸→车辆制动机。

空气制动阀→作用管→机车分配阀→机车制动缸。

(2)空 气 位

空气制动阀→均衡风缸→中继阀→制动管→机车分配阀→机车制动缸→车辆制动机。

(3)单缓机车

空气制动阀(下压手柄)→作用管争机车分配阀→单缓机车制动缸。

2. 重联机车

本务机车制动缸→本务机车重联阀→平均管(需平均软管连通)→重联机车重联阀→重联机车作用管→重联机车分配阀→重联机车制动缸。

四、DK-1 型电空制动机的综合作用

DK-1 型电空制动机的综合作用是在电空制动控制器与空气制动阀手柄位置的变化情况下,制动机所属主要部件的相互关系和作用规律。一般分为自动制动作用、单独制动作用和空气位制动作用。

1. 电空位操纵

将电空转换扳钮扳至电空位就会出现:

气路:作用管与 b 管连通。

电路:微动开关 3SA1 闭合电路 899—801,并断开电路 899—800,即闭合电源电路。

(1)空气制动阀手柄在运转位,电空制动控制器手柄在各位的作用。

该作用称为自动制动作用,即通过电空制动控制器来操纵全列车的制动、缓解与保压。

①运 转 位

缓解电空阀 258YV、排风 2 电空阀 256YV、排风 1 电空阀 254YV 得电。总风缸的压力空气充入制动管,直到制动管压力与均衡风缸压力相等时关闭供风阀口,后部车辆全部缓解。制动管向工作风缸充风,制动缸压力空气排入大气,机车制动缸缓解。制动管压力向紧急阀紧急室充风,以备紧急制动时使用。

重联阀处于本机位,制动缸管与平均管相通。平均管内压力空气通过重联阀到达制动缸管,并随制动缸压力空气一起经分配阀排入大气。

该操纵可实现全列车的缓解,用于制动管正常充风及列车正常运行状态。

②过 充 位

缓解电空阀 258YV、排风 2 电空阀 256YV、过充电空阀 252YV 得电。制动管得到高于定压 30～40 kPa 的压力,后部车辆全部缓解。工作风缸压力也将过充 30～40 kPa,作用管压力没有经排 1 电空阀排入大气而保压,机车制动缸不能缓解。紧急阀紧急室也过充 30～40 kPa,平均管与制动缸一样保压。将电空制动控制器手柄置运转位,过充风缸内压缩空气缓慢排入大气,制动管的过充压力缓慢消除,机车缓解。工作风缸、紧急阀紧急室内过充压力也将随充风通路逆流到制动管缓慢消失。该位置是列车运行中,车辆快速缓解,而机车仍制动保压的工作位置用于列车初充风或再充风,它与运转位的作用基本相同,只是制动管压强高出定压 30～40 kPa,电空位下操纵时,电空制动控制器手柄在运转位和过充位均可实现充风缓解。前者使制动管正常充风并得到定压(500 kPa 或 600 kPa),以实现全列车制动系统的正常缓解;而后者则使制动管快速充风,并得到过充压力(高于定压 30～40 kPa),以实

现车辆制动系统的快速缓解，并且保持机车制动。

③制 动 位

中立电空阀 253YV 得电，缓解电空阀 258YV 和制动电空阀 257YV 同时失电，均衡风缸向初制风缸降压及向大气排风，即均衡风缸减压。由于初制风缸的设置，使得均衡风缸有一个确保全列车制动机可靠动作的最小减压量 40～50 kPa。为适应不同制动管定压下均有较满意的最小减压量，在管路中设置了客货转换阀 154，将初制风缸分隔为两部分，即不同的制动管定压下，初制风缸容积相应变更。压力开关 208 的作用，可使在制动位均衡风缸达到最大减压量后将自动停止减压，制动电空阀 257YV 自动得电，以避免不必要的过量减压。同时，排风 2 电空阀 256YV 失电，连通过充风缸经 256YV 排风的气路。制动管压力空气经排风阀口通大气，后部车辆全部制动。总风进入制动缸，制动缸压力上升，机车产生制动作用。当制动管压力降低到与均衡风缸压力平衡时，停止制动管排风。工作风缸向作用管充风，当工作风缸压力降低至与制动管压力平衡时，作用管停止充风。当机车制动缸压力升高至与作用管压力平衡时，停止机车制动缸的充风。由于重联阀处于本机位，使得制动缸管与平均管相通。制动缸升压时，平均管也将升压。该位置是操纵列车常用制动时的工作位置，该操纵可实现全列车的常用制动，并能自动控制制动管过量减压量（190～230 kPa）。电空制动控制器（大闸）手柄在该位停留时间的长短，控制着制动管的常用制动减压量。电空制动控制器（大闸）制动位中立位配合使用可使制动管实现阶段常用减压。因此，该位置用于列车调速或停车。

④中 立 位

中立位是操纵列车常用制动前的准备和制动后保压的工作位置。根据作用可以分为制动前中立位和制动后中立位。电空制动控制器手柄置于中立位，有两种情况：一种为制动前置于中立位，即由运转位移至中立位；另一种是制动后置于中立位，即由制动位移至中立位。

在制动前的中立位，即均衡风缸未减压，压力开关 209 未动作，中立电空阀 253YV、制动电空阀 257YV、缓解电空阀 258YV、排 2 电空阀 256YV 得电。切断制动管的风源，均衡风缸得到充风并达到定压，保持均衡风缸压力为定压，完成制动前的准备工作。由于均衡风缸压力没有下降，制动管保压。在保压过程中，制动管压力由于泄漏而下降，制动管的泄漏不能补充。制动管、工作风缸、紧急室、作用管、机车制动缸压力均不变，即全列车制动系统呈保压状态。制动后的中立位，均衡风缸减压 40 kPa 以上使压力开关 209 动作，缓解电空阀 258YV 失电、制动电空阀 257YV 得电，切断均衡风缸的充、排风气路，均衡风缸不能继续减压而保压，制动管压力将停止下降而保压，实现制动系统制动后的保压。在保压过程中，制动管的泄漏不能补充。如果过充风缸内存在压缩空气，将继续经排 2 电空阀迅速排入大气。

如果处于补风位，中立电空阀 253YV 不能得电，不会切断制动管的风源，制动管的泄漏可以得到补充。

制动前中立位，由于制动管没有减压，工作风缸经充风通路与制动管连通。制动后中立位，由于制动管停止减压，工作风缸向容积室充风后压力下降到接近制动管压力时，切断工作风缸与容积室的通路，工作风缸停止向容积室充风，容积室压力停止上升。制动缸压力增大到与容积室压力接近时，切断总风与制动缸的通路，制动缸压力停止上升。重联阀仍处本机位，使得制动缸管与平均管相通。制动缸升压停止，平均管压力也将停止上升。

⑤紧 急 位

紧急位是列车运行中紧急停车所使用的位置。

电动放风阀 94YV 得电（包括其他重联机车），中立电空阀 253YV、重联电空阀 259YV、制动电空阀 257YV 得电，缓解电空阀 258YV 失电、排风 2 电空阀 256YV 失电。电动放风阀 94YV 得电，连通制动管向大气放风的气路，制动管压力空气快速排至 0，列车产生紧急制动作用。撒砂电空阀得电，连通总风向撒砂器充风的气路，根据机车实际运行方向撒砂，以防止制动滑行。若机车有级位，即机车处于牵引工况，则使主断路器跳闸，切除机车牵引动力。随着制动管压力的迅速降低，紧急阀连通制动管向大气放风的气路，即加速制动管放风；待 15 s 后，紧急室压力与制动管压力趋于一致时，关闭放风阀口。随着制动管压力迅速下降，工作风缸和总风向作用管充风，作用管压力迅速升高，并且由低压安全阀将其压力限定在 450 kPa。总风向机车制动缸充风，机车制动缸压力迅速升高；当机车制动缸压力升高至与作用管压力平衡时，停止机车制动缸的充风。可见，机车制动机实现紧急制动作用的同时，随着制动管压力迅速下降，车辆制动机也进行紧急制动。

该操纵可实现全列车的紧急制动（又称非常制动），并伴随自动撒砂及切除牵引工况机车的机车动力源，以确保列车的运行安全。因此，用于列车运行过程中当产生危及行车安全或人身安全的紧急情况。值得注意的是紧急制动后，须 15 s 后再充风缓解。

⑥重 联 位

重联位是重联补机以及换端操纵时手柄取出的位置。

制动电空阀 257YV、中立电空阀 253YV、重联电空阀 259YV 得电，缓解电空阀 258YV 失电。连通均衡风缸与制动管之间的气路，连通过充风缸向大气排风的气路，中继阀失去对制动管压力变化的控制作用。均衡风缸既不充风，也不排风，即其压力不变。由于制动管压力不变，机车、车辆制动机保持原状态。

重联阀处于补机位时，使得平均管与作用管相通，即本务机车制动缸通过本务机车重联阀与均衡管沟通，再通过重联补机的重联阀与重联补机的作用管连通。

该操纵使电空制动控制器失去对全列车制动系统的控制作用。因此，用于重联机车、补机、无动力回送机车及本务机车非操纵端；此时，全列车制动系统由本务机车操纵端进行控制。

（2）电空制动控制器手柄在运转位，空气制动阀手柄在各位的作用。

该工况一般称为单独制动作用，即通过空气制动阀来单独操纵机车的制动、缓解与保压。

当电空制动控制器手柄在运转位时，导线 803 和导线 809 得电，使机车、车辆制动机保持缓解。

①制 动 位

总风向作用管充风，切断作用管向大气排风的气路，作用管压力升高。总风向机车制动缸充风，机车制动缸压力升高。当机车制动缸压力升高至与作用管压力平衡时，停止机车制动缸的充风。该操纵可实现机车的单独制动。

②中 立 位

作用管既不通大气，也不与调压阀管连通，作用管压力不变，机车制动缸压力不变。该操纵可实现机车的单独保压。因此，用于机车单独制动前的准备及制动后的保压。

③缓 解 位

作用管向大气排风，作用管压力降低。机车制动缸向大气排风，机车制动缸压力降低。当机车制动缸压力降低至与作用管压力平衡时，停止机车制动缸的排风。该操纵可实现机车的单独缓解，并且其缓解速度较空气制动阀在“运转”位的缓解速度快。

④运 转 位

连通作用管向大气排风的气路，作用管压力下降。机车制动缸向大气排风，机车制动缸压力降低。当机车制动缸压力降低至与作用管压力平衡时，停止机车制动缸的排风。该操纵可实现机车的单独缓解。

事实上，空气制动阀运转位实现机车的单独缓解是在电空制动控制器运转位的前提下进行的。若电空制动控制器手柄不在运转位，则导线 809 失电，致使排风 1 电空阀 254YV 失电，因此，即使空气制动阀手柄在运转位，也不能实现机车的单独缓解。这一点，与空气制动阀在缓解位有区别。

⑤下压手柄

下压空气制动阀手柄时，连通作用管向大气排风的气路，作用管压力降低连通机车制动缸向大气排风的气路，机车制动缸压力降低。当机车制动缸降低至与作用管压力平衡时，停止机车制动缸的排风。

综上所述，该操纵可实现机车的单独缓解。下压手柄操纵，通常是在空气制动阀中立位时进行。

(3)电空制动控制器手柄在制动位或制动后的中立位，空气制动阀手柄在缓解位或下压手柄的作用。

该工况一般称为电空制动控制器制动，空气制动阀单独缓解作用，即在全列车制动系统制动时，由空气制动阀单独缓解机车制动。若电空制动控制器手柄在制动位或制动后的中立位，则使制动管获得一定的减压量，即全列车制动系统进行常用制动．当空气制动阀手柄移至缓解位（或下压手柄）时，连通作用管向大气排风的气路，作用管压力降低，连通机车制动缸向大气排风的气路，机车制动缸压力降低；待机车制动缸压力与作用管压力平衡时，关闭排气阀口，停止机车制动缸的排风。可见，该操纵可实现保持车辆制动的同时，单独缓解机车制动。

2. 空气位操纵

为确保行车安全可靠，DK-1 型电空制动机特设置空气位操纵。空气位操纵只是作为 DK-1 型电空制动机电气线路部分故障后的一种应急补救操纵措施，以避免在区间造成“途停”而影响线路的正常通过。因此，空气位操纵时，不具备电空位操纵时那样齐全的性能，只保证控制列车制动和缓解的基本功能。空气位操纵就是将电空制动机转换成空气制动机，并且由空气制动阀来操纵全列车制动系统的制动、缓解与保压。

(1)空气位操纵时的基本转换

①将电空转换扳钮扳至空气位，就会出现：

气路:连通均衡风缸与 a 管的气路。

电路:微动开关 3SA1 断开电路 899—801,即切断电源电路,并且闭合电路 899—800,制动电空阀 257YV 单独得电。

②调整调压阀 53,使其整定值达到定压。

③将转换阀 153 置于空气位。

由于微动开关 3SA1 已切断电源电路,所以,微动开关 3SA2 闭合电路 809—818 与否均不能使排风 1 电空阀 254YV 得电。可见,在分析其工作过程中,不必考虑微动开关 3SA2。

(2)空气位操纵时的综合作用

①缓 解 位

开通总风经调压阀向均衡风缸充风的气路(总风调压阀 53→作用柱塞阀→a 管→电空转换阀→均衡风缸),即均衡风缸压力升高。总风向制动管充风,即制动管压力升高;当制动管压力升高至与均衡风缸压力平衡时,停止制动管充风。制动管向工作风缸充风,连通作用管通往 156 塞门的气路;但由于 156 塞门不开通作用管排大气的气路,即作用管压力不变。切断总风向作用管充风的气路,作用管压力不变,即机车制动缸压力不变。制动管压力向紧急阀紧急室充风,以备紧急制动时使用。机车制动机实现保压作用,同时随着制动管压力升高,车辆制动机进行缓解。该操纵可实现车辆缓解、机车保压。

②制 动 位

均衡风缸向大气排风(均衡风缸→电空转换阀→a 管→作用柱塞阀→大气),均衡风缸压力降低。制动管向大气排风,制动管压力降低;当制动管压力降低到与均衡风缸压力平衡时,停止制动管排风。工作风缸向作用管充风,作用管压力升高,连通总风向机车制动缸充风的气路,机车制动缸压力升高;当机车制动缸压力升高至与作用管压力平衡时,停止机车制动缸的充风。机车制动机实现制动作用。同时,随着制动管压力降低,车辆制动机也进行制动。该操纵可实现全列车的常用制动,用于列车减速或停车。尽管空气制动阀手柄如果一直保持在制动位,可使均衡风缸和制动管减压到 0,但在实际操纵中,不允许将空气制动阀手柄长时间停放在制动位,以免引起制动管过量减压而延误缓解时机。

③中立位或运转位

均衡风缸压力不变,相应的制动管、工作风缸、紧急室、作用管、制动缸压力均不变,机车、车辆制动机均不动作而保持原状态,即全列车制动系统呈保压状态。

④下压手柄

当下压空气制动阀手柄时,连通作用管向大气排风的气路,作用管压力降低。连通机车制动缸向大气排风的气路,机车制动缸压力降低。当机车制动缸压力降低至与作用管压力平衡时,停止机车制动缸的排风。该操纵可实现机车的单独缓解。下压手柄操纵,通常是在空气制动阀中立位进行。

五、DK-1 型电空制动机的检查和试验

DK-1 型电空制动机的检查和试验,主要用来检查 DK-1 型电空制动机的各项作用是否正常。通过电空制动控制器、空气制动阀手柄在各工作位置间的顺序转换,同时观察压力表指针的变化情况,来分析、判断 DK-1 型电空制动机及其各部件是否处于良好状态。

1. 试验前的检查

(1)确认各管路和电路连接正确。

(2)确认各塞门及有关电路开关处于正常工况。

(3)确认空气压缩机工作正常。

(4)确认非操纵节机车电空制动控制器处于重联位,空气制动阀处于运转位。各压力处于标准值。

(5)确认两节机车空气制动阀上的电空转换扳钮在正常位。

2. 电空位试验

(1)缓解状态下各压力值检查

电空制动控制器、空气制动阀手柄均置运转位,检查各压力表针指示应符合下列要求:

①总风缸:750～900 kPa。

②均衡风缸:定压。

③制动管定压(允许与均衡风缸压力差不大于 10 kPa)。

④制动缸:0。

(2)紧急制动性能检查

电空制动控制器在运转位停放不少于 90 s 后,移至紧急制动位。

①制动管压力由定压降至 0 的时间不大于 3 s。

②制动缸压力升至 400 kPa 的时间不大于 5 s。

③制动缸最高压力为(450±10) kPa;安全阀应动作。

④机车自动撒砂。

⑤机车有级位时,主断路器自动跳闸;否则,主断路器不跳闸。

(3)紧急制动后的单独缓解性能检查

①将空气制动阀手柄移至缓解位并下压手柄,制动缸压力应下降,并能缓解至 0。

②待制动缸压力降至 0 后,再将空气制动阀手柄移至运转位,制动缸压力不回升。

(4)列车充风性能检查

将电空制动控制器手柄置于运转位,制动管充风速度应符合规定。

(5)初制动减压和均衡风缸、制动管泄漏检查

①将电空制动控制器手柄移至中立位,制动管压力下降每分钟应不大于 10 kPa。检查完毕后将电空制动控制器手柄移回运转位。

②将电空制动控制器手柄移至制动位,待制动管减压 40～60 kPa 后置于中立位,并保持 1 min,均衡风缸泄漏量每分钟不大于 5 kPa;制动管泄漏量每分钟不大于 10 kPa。检查完毕后将电空制动控制器手柄移回运转位。

(6)阶段制动性能及最大有效减压量、过量减压量的检查

①电空制动控制器手柄置于运转位 20 s 以上后,再将其手柄在制动位与中立位间移动,施行阶段制动,直至达到全制动最大有效减压量。检查阶段制动是否稳定,制动管减压量与制动缸压力比例应符合规定。

②最后将电空制动控制器手柄移至制动位,制动管获得过量减压量待压力稳定后,制动缸压力变化每分钟不应大于 10 kPa。

(7)过充性能检查

①将电空制动控制器手柄移至过充位,制动管压力应超过定压 30～40 kPa,并且制动缸压力不缓解。

②当电空制动控制器手柄移回运转位后,制动缸压力应缓解到 0,制动管过充压力在 120～180 s 内自动消除。

(8)常用全制动以及制动缸泄漏量检查

①将电空制动控制器手柄移至制动位,均衡风缸减压速度和制动缸压力升压速度应符合规定。

②关断分配阀供给塞门,检查制动缸泄漏量每分钟不大于 10 kPa。检查完毕后开通供给塞门。

(9)缓解性能检查

将电空制动控制器手柄移回运转位,均衡风缸、制动管应恢复定压。制动缸压力下降速度应符合规定。

(10)单独制动与单独缓解性能检查

①将空气制动阀手柄在中立位与制动位间来回移动,阶段制动作用应稳定。

②将空气制动阀手柄在中立位与运转位间来回移动,阶段缓解作用应稳定。

③将空气制动阀手柄由运转位移至制动位,制动缸压力由 0 升至 280 kPa 的时间不大于 4 s。

④当空气制动阀手柄移回运转位时,制动缸压力由 300 kPa 下降至 40 kPa 的时间不大于 5 s。

(11)重联位性能检查

将电空制动控制器手柄由运转位移至制动位,待制动管减压后再将手柄移至重联位,制动管应保压。

3. 空气位试验

扳动空气制动阀上的电空转换扳钮置于空气位,并将其下方的调压阀 53 的输出值调整为定压。

(1)缓解状态下各压力值检查

将空气制动阀手柄置于缓解位并下压手柄,各压力值应符合下列要求:

①总风缸:750～900 kPa。

②均衡风缸:定压 600 kPa。

③制动管:定压 600 kPa(允许与均衡风缸压力差不大于 10 kPa)。

④制动缸:0。

(2)常用全制动及单独缓解性能检查

①将空气制动阀手柄置于制动位,再回中立位,均衡风缸减压速度和制动缸压力升压速度应符合规定。

②下压空气制动阀手柄,制动缸压力应能缓解。停止下压空气制动阀手柄,制动缸压力停止下降。

(3)缓解性能检查

将空气制动阀手柄移回运转位，并下压手柄，均衡风缸与制动管压力应能升至定压，制动缸压力应能缓解至 0。

(4)阶段制动性能检查

将空气制动阀手柄在制动位与中立位间移动，阶段制动作用应稳定。辅助性能检查空气位试验完成后，将制动机恢复到电空位，即可进行辅助性能检查。在每项辅助性能检查之前，均应使制动机恢复到缓解状态，并将电空制动控制器、空气制动阀手柄置于运转位。

①按钮作用检查

按压充气按钮，均衡风缸与制动管压力同时上升至超过定压 100 kPa；松开该按钮，并迅速按下消除按钮，均衡风缸与制动管压力停止上升，并略有下降。

②电—空联锁性能检查

将司机控制器换向手柄置于制动位，启动各风机，并将调速手柄离开“0”位。制动管应减压(45±5) kPa，且制动缸升压。延时 20～28 s 后，制动管应自动恢复定压，且制动缸压力自动缓解。

③断钩保护性能检查

开放制动管手动放风塞门，产生紧急制动作用：

a. 制动管压力应快速降至 0，并不得自动缓解。

b. 制动缸压力升至(450±10) kPa。

c. 机车自动撒砂。

d. 自动选择切除机车牵引动力。

④失电制动性能检查

切除电空制动机电源，制动管压力应按常用制动减压速度减压，并且制动缸压力上升。无动力回送性能检查将电空制动机调整到无动力回送状态，并将电空制动控制器手柄置于重联位，空气制动阀手柄置于运转位。

a. 当制动管压力为定压时，总风缸压力应在 140～180 kPa 之间。

b. 当制动管压力下降后，制动缸最高压力应限制在 180～200 kPa 之间。

第二节　CCBⅡ型制动机

一、CCBⅡ型制动机概述

CCBⅡ制动控制系统是第二代机车微机控制系统，是基于网络的电空制动系统。

CCBⅡ型制动机采用模块化设计，可以实现在线更换，每一个模块又包括嵌入式自诊断系统。CCBⅡ型制动机具备了大量的冗余功能，在系统故障时可自动识别、重置和备用关键部件。对于 EP60/CCBⅡ/WDP(有线动力分散)和 CCBⅡ/RDP(无线动力分散，如 locotrol)这两种配置的集成机车制动系统，CCBⅡ型制动机的操纵压力、流量和制动系统设置完全一致。机车驾驶室显示模块即制动显示屏(LCDM)能显示空气制动信息，也可用于系统设置和监控；也能设置和显示电控空气制动系统(ECP)、有线动力分散制动系统(WDP)或无线动力分散系统(RDP)的参数。

本务、重联机车选择和制动主管补风、不补风均可通过制动显示屏(LCDM)进行设置,CCBⅡ型制动机也可进行诊断、自检、校正、故障和事件的显示。

二、CCBⅡ型制动机组成

1. 制动显示屏(LCDM)

制动显示屏(LCDM)在机车司机控制台上设计为板式安装。它主要由1个带8个功能键的液晶屏组成,功能键用于菜单选择。CCBⅡ型制动机的制动显示屏(LCDM)用于选择空气制动模式、制动主管切入/切除、均衡风缸(ER)调压阀设定值、制动主管(BP)补风/不补风、空气制动诊断记录、系统状态和报警显示。屏幕实时显示均衡风缸(ER)、制动主管(BP)、总风缸、制动缸压力和制动主管流量。对于有线动力分散(WDP)和无线动力分散(RDP)系统,LCDM可用来系统连接、系统测试、系统状态和报警显示,列车和遥控方式选择、单独牵引和制动控制、其他各种机车功能。对于电控空气制动系统(ECP),LCDM提供电控空气制动系统(ECP)的设置功能、显示操作和事件相关状态、系统报警和诊断。

2. 电子制动阀(EBV)

电子制动阀(EBV)包括自动制动手柄和单独制动手柄。电子制动阀(EBV)通过LonWorks网络和电空控制单元(EPCU)的5个智能部件进行实时通信。电子制动阀(EBV)还包括1个凸轮作用的空气阀,无论是否本务机车或有电,当自动手柄移至紧急位时均产生空气紧急。

电子制动阀(EBV)采用台面安装,自动手柄在左边,单独手柄在右边。自动手柄挡位包括过充位、运转位、初制动位、常用全制动位、抑制位、重联位和紧急位,从初制动位至常用全制动位之间是制动区。单独制动手柄挡位包括缓解位、运转位和全制动位。过充位对制动主管的过充压力高出均衡风缸(ER)设定压力35 kPa,此时机车制动缸压力保持不变。单独制动阀在缓解位时用来缓解由于自动制动阀处于常用制动区列车制动引起的机车制动缸压力。单独制动阀处于制动区侧压单独手柄将激活单缓功能,该功能可缓解由自动制动阀控制所产生的机车制动力,但单独制动阀所产生的机车制动力保持。自动制动的过充位、单独制动的缓解位以及紧急制动位以红色标记提示这些特殊功能。

3. 可扩充集成处理器(X-IPM)

可扩充集成处理器(X-IPM)包括电子系统、处理器、中间驱动电路和I/O板卡,它是制动显示屏(LCDM)、中间接口模块(RIM)、电子制动阀(EBV)、电空控制单元(EPCU)和列车通信控制器之间的信息交汇点。可扩充集成处理器(X-IPM)基于现有的机车同步操控(locotrol)的集成处理模块。集成处理器(IPM)是机车同步操控动力分散系统和CCBⅡ制动系统的中央处理器。机车同步操控动力分散系统的软件和维修记录也存于该模块中。

在每个可扩充集成处理器(X-IPM)的前面板上有9个指示红灯,用来显示系统的操作反馈信息。在每个可扩充集成处理器(X-IPM)的前面板上有1个便携式测试装置(PTU)的接口,它用于获取调试用记录信息或下载新程序。

可扩充集成处理器(X-IPM)是制动系统的主计算机。它管理与制动显示屏(LCDM)所有接口操作,通过LonWorks网络传递制动指令给电空控制单元(EPCU)。对于动力分散式系统,X-IPM也通过扩充列车接口管理列车组机车间的通信(X-TIM)和列车中间接口模块(TRIM)。

可扩充集成处理器(X-IPM)输入和输出的电压或转换电平不受用户限制。

4. 电源转接箱(PJB)

电源转接箱包括 1 个 DC/DC 转换模块，该模块用于将额定 DC 110 V 转换为可扩充集成处理器(X-IPM)供电电源 DC 66 V。

5. 中间接口模块(RIM)

中间接口模块(RIM)按标准封装，用于处理连接特定机车所需的输入输出。中间接口模块(RIM)包括 7 个由可扩充集成处理器(X-IPM)低电平驱动的中间输出。

6. 电空控制单元(EPCU)

电空控制单元(EPCU)主要包括：

空气阀控制机车空气管路。这些阀按功能编组，模块化形成在线可更换部件(LRU)。这其中 5 个在线可更换部件(LRU)是智能的，通过网络通信。

均衡风缸控制模块(ERCP)提供制动主管控制压力，包括过充功能。

16 号控制模块(16CP)提供制动缸控制压力，均衡风缸(ER)备用控制。

制动主管控制部分(BPCP)包括制动主管中继放大和控制制动主管(BP)切入/切除，制动主管(BP)补风/不补风，也产生紧急作用。

20 号控制模块为重联机车提供制动缸平均管压力。

13 号控制模块为内部的单缓空气指令。

制动缸控制部分(BCCP)包括制动缸中继放大。

电源连接箱(PSJB)为电空控制单元(EPCU)供电。

三通阀(DBTV)提供失电后空气备用。

无动力回送(DER)，在机车无动力时由制动主管给该机车充风。

电空控制单元(EPCU)还包括总风、制动缸平均管(BCEP)和控制在线可更换单元(LRU)的各个过滤器。对制动主管中继阀的总风由过滤网过滤。

7. 其他部件

(1)KM-2 排风阀

KM-2 排风阀安装在制动主管上，与连接电子制动阀(EBV)的三通不在一起。在施加紧急制动时其排风量可以保证制动主管(BP)的减压速度。

(2)E-3 制动作用阀

由于电空控制单元(EPCU)安装远离驾驶室，E-3 制动作用阀安装在电子制动阀(EBV)后面的 21 号管上。一旦自动手柄处于紧急位，电子制动阀(EBV)的 21 号管先排风，然后打开 E-3 制动作用阀的制动主管(BP)排风口，促使制动主管(BP)按紧急速度减压。

(3)紧急电磁阀

除了 BPCP 内由集成处理器(IPM)控制的紧急电磁阀，另外设置 1 个紧急电磁阀安装在 21 号管上，该电磁阀连线到自动防护或列车速度监控(ATP)，由 ATP 紧急指令控制制动主管紧急减压。

三、CCBⅡ制动控制系统设置

CCBⅡ制动控制系统可通过制动显示屏(LCDM)在本机(列车管接入或切除)或在补机状态(列车管切除)设置，CCBⅡ制动控制系统有六种基本操作方式。

1. 本机(列车管投入)

单独制动控制可通过电子制动阀(EBV)单独制动手柄实施,均衡风缸(ER)控制可通过电子制动阀(EBV)自动制动手柄获得。列车管压力被投入并随从均衡风缸压力变化。当自动制动手柄移动到“运转”位,均衡风缸(ER)和制动主管(BP)将加压到空气制动设置中确定的均衡风缸(ER)设定压力,同时可进行列车管补风/不补风功能选择。在补风状态,如果列车管有泄漏,总风将会自动给列车管充风到均衡风缸的压力;在不补风状态,自动制动手柄在制动区,如果列车管有泄漏,总风将不会自动给列车管补风。具体操作如下:

如果有重联机车,在对本机机车进行设置前,确保其他机车在补机状态。

(1)本机机车制动显示屏默认的是当前的空气状态。

(2)将自动制动阀手柄置运转位(确保紧急作用不会产生),单独制动阀手柄置全制动位。

(3)司控器可置任何位置。

(4)从制动显示屏选择 F3 键“电空制动”,机车当前的设置信息显示在制动屏消息栏中。如果再选择其他对应的按键,机车对应的改变设置信息也会显示在制动屏消息栏中(字体为淡灰色)。

(5)F4 键“操纵端/非操纵端”和 F5 键“投入/切除”可将制动系统设置到本机状态(本机投入信息将会出现在消息栏中)。

(6)根据需要设置补风或不补风状态。

(7)选择 F1 键“执行”,显示屏恢复到默认状态。

(8)选择 F3 键“电空制动”并检查均衡风缸的压力(500 kPa 或 600 kPa)。

(9)选择 F3 键“其他”进入下一菜单,选择 F5 键“增加 10 kPa/减少 10 kPa”来调整均衡风缸的设定压力。

(10)选择 F8 键“退出”,显示屏恢复到默认状态。观察列车管压力上升到均衡风缸的设定压力。

(11)单独制动和自动制动作用现在均可实施。

2. 客运(阶段缓解)

单独制动控制可通过电子制动阀(EBV)单独制动手柄实施,均衡风缸(ER)控制可通过电子制动阀(EBV)自动制动手柄获得。列车管压力被投入并随从均衡风缸压力。当自动制动手柄移向运转位,均衡风缸(ER)和制动主管(BP)将逐步加压并逐步减小制动缸(BC)压力到 0。完全移动自动制动手柄到运转位,将加压均衡风缸(ER)和制动主管(BP)到空气制动设置中确定的均衡风缸(ER)设定压力。具体操作如下:

(1)制动显示屏默认显示的是当前的空气设置状态。

(2)将自动制动阀手柄置运转位(确保紧急作用不会产生),单独制动阀手柄置全制动位。

(3)将换向手柄置中立位。

(4)从制动显示屏选择 F3 键“电空制动”,机车当前的设置信息将在制动屏消息栏中显示。

(5)F4 键“操纵端/非操纵端”可将制动系统设置到本机状态(本机信息将会出现在消息栏中)。

(6)F5 键“投入/切除”可将制动系统设置到投入状态(本机投入信息将会出现在消息栏中)。

(7)F6 键“客车/货车”可将制动系统设置到客车状态(客车信息将会出现在消息栏中)。

(8)选择 F1 键“执行”,显示屏恢复到默认状态。

(9)选择 F3 键“电空制动”并检查均衡风缸的压力,压力值应该是规定要求的设定压力,如果不是:

①选择 F3 键“其他”进入下一菜单。

②选择一个预定的压力值或通过选择 F5 键“增加 10 kPa/减少 10 kPa”来调整均衡风缸的设定压力。

③当所需的压力值出现在消息栏中,按 F8 键“退出”,显示屏恢复上一菜单。

(10)选择 F1 键“执行”,显示屏恢复到默认状态。观察列车管压力上升到均衡风缸的设定压力。

(11)单独制动和自动制动作用现在均可实施。

注:并不是所有 CCBⅡ制动控制系统均有此模式,在此模式下不补风功能失效。

3. 单机(列车管切除)

单独制动控制可通过电子制动阀(EBV)单独制动手柄得到,均衡风缸(ER)控制可通过电子制动阀(EBV)自动制动手柄获得。列车管压力被切除,不被均衡风缸压力控制。机车制动作用和缓解作用仍可根据列车管压力减少和增加而变化。具体操作如下:

(1)制动显示屏默认显示的是当前的空气设置状态。

(2)将自动制动阀手柄置运转位(确保紧急作用不会产生),单独制动阀手柄置全制动位。

(3)将换向手柄置中立位。

(4)从制动显示屏选择 F3 键“电空制动”,机车当前的设置信息将在制动屏消息栏中显示。

(5)F4 键“操纵端/非操纵端”可将制动系统设置到本机状态(本机信息将会出现在消息栏中)。

(6)F5 键“投入/切除”可将制动系统设置到切除状态(本价切除信息将会出现在消息栏中)。

(7)选择 F1 键“执行”,显示屏恢复到默认状态。

(8)单独制动作用可以单独制动阀手柄实施,自动制动作用被切除。但通过自动制动手柄紧急作用仍可实施。

4. 补机(列车管切除)

均衡风缸排大气,列车管压力被切除,不受均衡风缸压力控制。电空控制单元(EPCU)将对电子制动阀(EBV)手柄移动不响应,仅当自动制动手柄被移动到紧急位产生紧急作用。机车的制动、缓解作用通过平均管来控制。具体操作如下:

(1)确保司控器在“0”位。

(2)移动单独制动手柄到全制动位,自动制动手柄到重联位。

(3)从制动显示屏选择 F3 键“电空制动”,机车当前的设置信息将在消息栏中显示。

(4)F4 键“操纵端/非操纵端”可将制动系统设置到补机状态(补机信息将会出现在消息栏中)。

(5)列车管切除信息将自动显示在消息栏中。

(6)选择 F1 键"执行",显示屏恢复到默认状态。单独制动作用和自动制动作用均被切除,移动单独制动手柄到运转位。

(7)确保列车管、总风管、平均管各端部软管均连接。

(8)开通列车管、总风管、平均管各端部塞门。

注:此模式下自动制动手柄的紧急作用仍然有效,如果 30 s 对屏幕无操作,制动显示屏(LCDM)将进行屏保。

5. 无动力状态(连接在车辆后)

空气制动系统没有动力,机车被拖在车辆后(远离本机),制动作用将和车辆相同。具体操作如下:

(1)确保司控器在"0"位。

(2)移动单独制动手柄到运转位,自动制动手柄到重联位。

(3)实施停放制动,制动系统断电,确保列车管与车辆连接并将平均管塞门开放。

(4)排放总风缸空气。

(5)排放辅助风缸空气,如停放制动风缸。

(6)在电空控制单元(EPCU)的均衡风缸控制模块(ERCP)上将无动力回送塞门转到"投入"位。

(7)缓慢开通列车管塞门,防止紧急作用产生。总风缸被列车管充风到约 250 kPa。

(8)机械缓解停放制动。

注:此模式下自动制动手柄的紧急作用仍然有效。

6. 无动力状态(连接在本机后)

空气制动系统没有动力,机车被连接在本务机车后,制动作用将和机车相同。通过平均管可实现单独制动,通过列车管压力变化可实现机车自动制动。无动力机车无单缓功能。具体操作如下:

(1)确保司控器在"0"位。

(2)移动单独制动手柄到运转位,自动制动手柄到重联位。

(3)制动系统断电。

(4)确保列车管、总风管、平均管各端部软管均连接。

(5)开通列车管、总风管、平均管各端部塞门。

注:此模式下自动制动手柄的紧急作用仍然有效。

四、CCBⅡ制动控制系统主要部件的备份及故障检测方式

1. 系统安全保护及主要部件的备份

(1)空气备用[16 号控制模块(16CP)失效]

空气备用模式是指系统采用纯机械三通阀(DBTV)来代替电子控制产生制动缸管控制压力。

(2)均衡风缸(ER)备用[均衡风缸控制模块(ERCP)失效]

如果均衡风缸控制模块(ERCP)失效,它的功能由 16 号控制模块(16CP)和 13 号控制

模块(13CP)实现。由软件控制自行进行切换。

(3)单独制动备用[20号控制模块(20CP)失效]

20号控制模块(20CP)失效时，16号控制模块(16CP)将响应单独制动手柄的指令，控制本机车制动缸的压力。对于重联车，将不存在平均管压力。

(4)紧急制动的触发方式

①自动制动手柄置紧急位。

②开放车长阀触发紧急制动。

③按下操纵台紧急按钮触发紧急制动。

④集成处理器(IPM)触发紧急制动。

⑤ATP触发紧急制动。

⑥列车断钩分离触发紧急制动。

(5)总风缸压力低保护

当总风缸压力低于350 kPa时，集成处理器(IPM)接收到压力开关信号，使机车实施制动，不允许机车加载牵引。

2. 故障检测方式

(1)开机时，集成处理器(IPM)进行自检。自检通过后对电子制动阀(EBV)、电空控制单元(EPCU)的各模块进行实时诊断，确认故障后，自动进入备用模式，并将3位故障代码的故障信息显示在制动显示屏(LCDM)上。

(2)通过制动显示屏(LCDM)上的按键可以手动对电子制动阀(EBV)、电空控制单元(EPCU)的各模块进行循环或单独自检，若发现故障，将4位故障代码的故障信息显示在制动显示屏(LCDM)上。

(3)集成处理器(IPM)及电空控制单元(EPCU)均有串口与外接计算机(PC)通信，传送各种信息供更新程序、检测或检修之用。

五、CCBⅡ型制动机的检查试验前准备

1. 确认各管路和电路的连接正确。

2. 确认各塞门及有关电开关处于正常工况。

3. 确认空压机工作正常。

4. 确认非操作端的制动显示屏(LCDM)设置为补机位，操作端的制动显示屏(LCDM)设置为本机位，且电子制动阀(EBV)的各手柄均按要求放置。具体方法及要求如下：

(1)操作端电子制动阀(EBV)的各手柄均在运转位；制动显示屏(LCDM)的显示如下：

总风缸(MR)压力：750～900 kPa；均衡风缸(ER)压力：(600±7) kPa；列车管(BP)压力：均衡风缸压力±10 kPa；制动缸(BC)压力：0。

(2)紧急制动作用检查：自动制动手柄在运转位停放不少于90 s后移至紧急制动位，列车管压力自定压降到0的时间为不大于3 s；制动缸压力升至400 kPa的时间不大于5 s；制动缸最高压力为(450±15) kPa；且自动撒砂、出现动力切除指示、有级位时断开主断路器。

(3)紧急制动后的单独缓解作用检查：完成(2)后，将单独制动手柄移至缓解位，制动缸压力应能缓解到0；将单独制动手柄移回运转位，制动缸压力回到(450±15) kPa。

(4)初制动减压和均衡风缸、列车管泄漏检查：自动制动手柄在紧急制动位停放 60 s 后移放运转位，列车管压力由 0 升至 580 kPa 的时间不大于 11 s。停留 120 s 后自动制动手柄移至初制动位，列车管减压 40 kPa 稳压后，用制动显示屏(LCDM)设置为单机位，观察各表压力状态；将自动制动手柄移至全制动位，停留 60 s，观察各表压力状态；将自动制动手柄移至运转位，停留 60 s，观察各表压力状态；均衡风缸泄漏不大于 5 kPa；列车管泄漏不大于 10 kPa。

(5)阶段制动作用及最大有效减压量检查：完成(4)后制动显示屏(LCDM)设置为本机位，自动制动手柄移至运转位，停留 120 s 后自动制动手柄移至制动区、全制动位，施行阶段制动直到全制动。检查阶段制动作用是否稳定(保压 1 min 制动缸压力变化不大于 20 kPa)，列车管减压量与制动缸压力比例应符合要求。

全制动保压后，再移抑制位、重联位，观察各表压力。重联位时，均衡风缸压力以常用制动减压速度降低到 0(没有紧急放风发生)。

(6)常用全制动作用及制动缸泄漏检查：完成(6)后自动制动手柄移至运转位，停留 120 s 再移至全制动位，均衡风缸减压 170 kPa 的时间在 6～8 s 内，制动缸压力升到 400～435 kPa 的时间在 7～9.5 s 内(关 114 塞门检查制动缸，每分钟泄漏不大于 10 Pa)。

(7)缓解性能检查：自动制动手柄移放运转位，制动缸压力由 400～435 kPa 降至 40 kPa 的时间在 75 s 内，均衡风缸、列车管恢复定压。

(8)单独制动及缓解作用检查：单独制动手柄在制动区移动，检查阶段制动、缓解作用是否稳定。全制动时制动缸最高压力为(300±15) kPa，制动缸压力自 0 升至 280 kPa 的时间为不大于 4 s，制动缸压力由 300 kPa 降至 40 kPa 的时间为不大于 5 s。

复习思考题

1. 电空制动机是以什么为指令、以什么作为动力源的制动机？
2. DK-1 型电空制动机的特点有哪些？
3. DK-1 型电空制动机的组成主要部件有哪些？
4. 空气制动阀手柄在运转位，电空制动控制器手柄在运转位的综合作用是什么？
5. 空气制动阀手柄在运转位，电空制动控制器手柄在过充位的综合作用是什么？
6. 空气制动阀手柄在运转位，电空制动控制器手柄在制动前的中立位和制动后的中立位其作用有什么相同和不同点？
7. 电空制动控制器手柄在运转位，空气制动阀手柄制动位的作用是什么？
8. 电空制动控制器手柄在运转位，空气制动阀手柄在中立位的作用是什么？
9. 电空制动控制器手柄在运转位，空气制动阀手柄缓解位的作用是什么？
10. DK-1 型制动机怎样转空气位操纵？
11. CCBⅡ型制动机抑制位的作用是什么？
12. CCBⅡ型制动机重联位的作用是什么？
13. CCBⅡ型制动机紧急位的作用是什么？
14. 自动制动手柄有哪些位置？

第六章 行车安全装备有关知识

第一节 列车运行监控装置基本原理及操作

列车运行监控装置是中国铁路列车运行控制系统体系的组成部分，是用于防止列车冒进信号，运行超速事故和辅助司机提高操纵能力的重要行车设备。

1. LKJ2000 型列车运行监控装置设备组成

LKJ2000 型列车运行监控装置主要由主机、人机界面单元（显示器）以及与之配套的速度和压力传感器、信息输入、信息输出和连接设备等组成。LKJ2000 型列车运行监控装置主机及显示屏如图 6-1 所示。

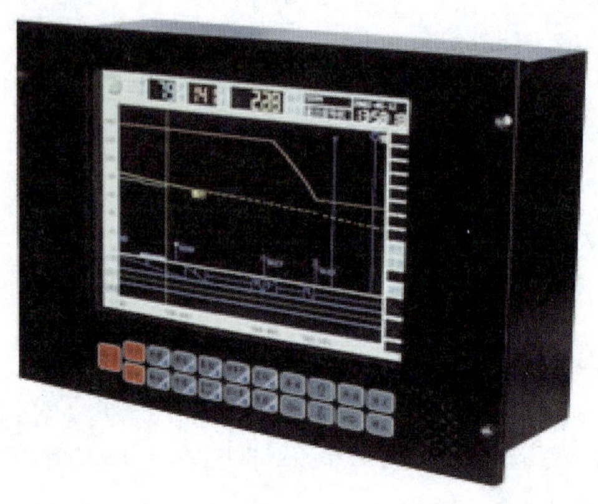

电源	数字入出	数字输入	预留	模拟入出	通信	地面信息	监控记录	监控记录	地面信息	通信	模拟入出	预留	数字输入	数字入出	电源
A	A	A	A	A	A	A	A	B	B	B	B	B	B	B	B

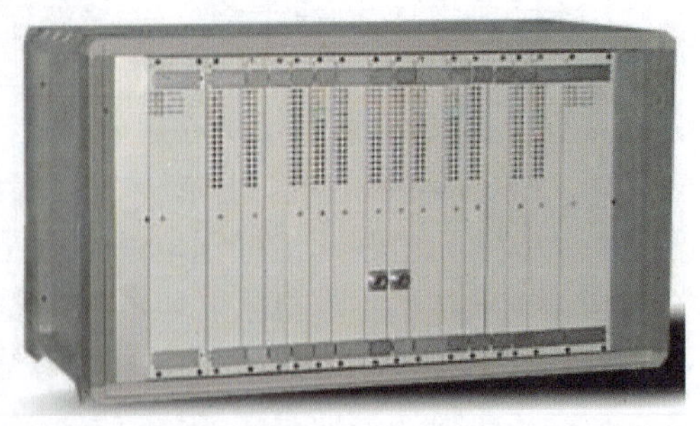

图 6-1 LKJ2000 型列车运行监控装置主机及显示屏

LKJ2000 型列车运行监控装置的相关设备包括装设于机车、动车组上的机车安全信息综合监测装置(TAX 装置)、机车语音记录装置、机车信号设备、列车运行状态信息系统车载设备(LAIS 车载设备)、铁路车号自动识别系统(ATIS)机车车号自动识别设备。LKJ2000 型列车运行监控装置系统组成结构如图 6-2 所示。

2. LKJ2000 型列车运行监控装置主要功能

(1)监控功能

①防止列车越过关闭的地面信号机。

②防止列车超过线路(或道岔)允许速度及机车、车辆允许的构造速度。

③防止机车以高于规定的限制速度进行调车作业。

④在列车停车情况下,防止列车溜逸。

⑤可按列车运行揭示要求控制列车不超过临时限速。

(2)记录功能

①开/关机时相关参数记录。

②乘务员输入参数(或 IC 卡输入)记录。

③运行参数记录。

④事故状态记录。

⑤插件故障记录。

(3)显示功能(以数字或图形方式显示)

①显示列车运行的实际速度及限制速度(或目标速度)。

②显示距前方信号机距离及前方信号机种类。

③显示运行线路状况。

④显示机车优化操纵曲线。

⑤其他运行参数的显示。

(4)地面分析功能

将车载记录的列车运行数据经过翻译、整理,以直观的全程记录、运行曲线、各种报表等形式再现列车运行全过程,为机务的现代化管理及事故分析提供强有力的工具。

3. LKJ2000 型列车运行监控装置显示界面及按键

(1)LKJ2000 型列车运行监控装置屏幕显示器界面 1 如图 6-3 所示。

①屏幕最上方的数据窗口依次为:

机车信号状态显示窗口:显示机车当前的信号状态,有绿 3 灯、绿 2 灯、绿灯、绿/黄灯、绿/黄 2 灯、黄灯、黄 3 灯、红灯、半黄红半灯、半黄半红闪灯、双黄灯、双黄闪、黄 2 灯、黄 2 闪、白灯等色灯显示。

速度等级显示窗口:从上至下有 LC、SD3、SD2、SD1 四种速度等级标志,亮的部分表示当前所处的速度等级状态。其中 LC 亮表示绿灯信号状态下的最高速度等级。SD1、SD2、SD3 分别表示速度等级 1、速度等级 2、速度等级 3。

列车速度窗口:显示列车当前的实际运行速度(绿色数字)。

列车限速窗口:显示列车当前运行位置的模式限制速度(红色数字)。

距离窗口:显示列车当前运行位置距前方信号机的距离(黄色数字)。

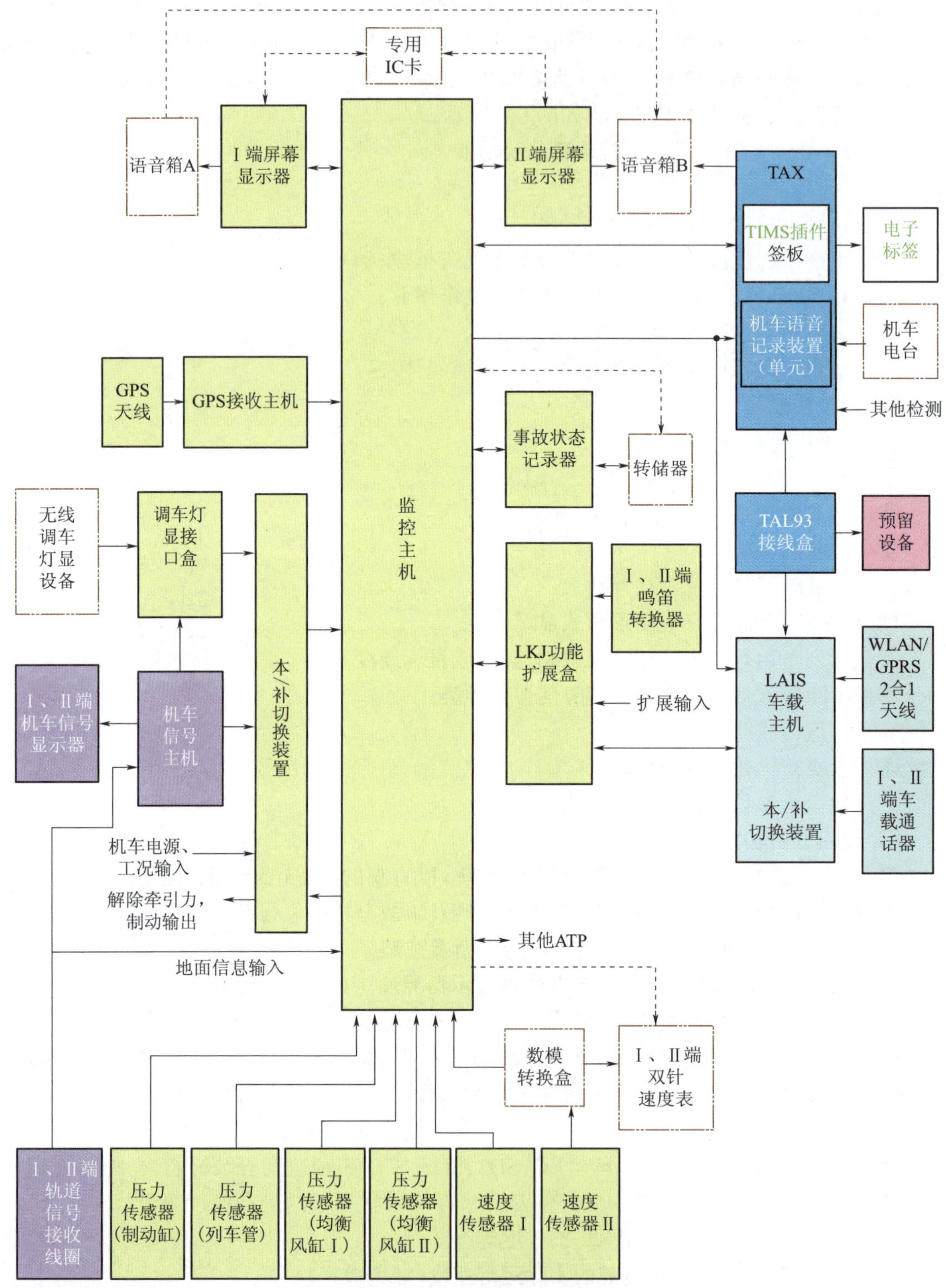

图 6-2　LKJ2000 型列车运行监控装置系统组成结构

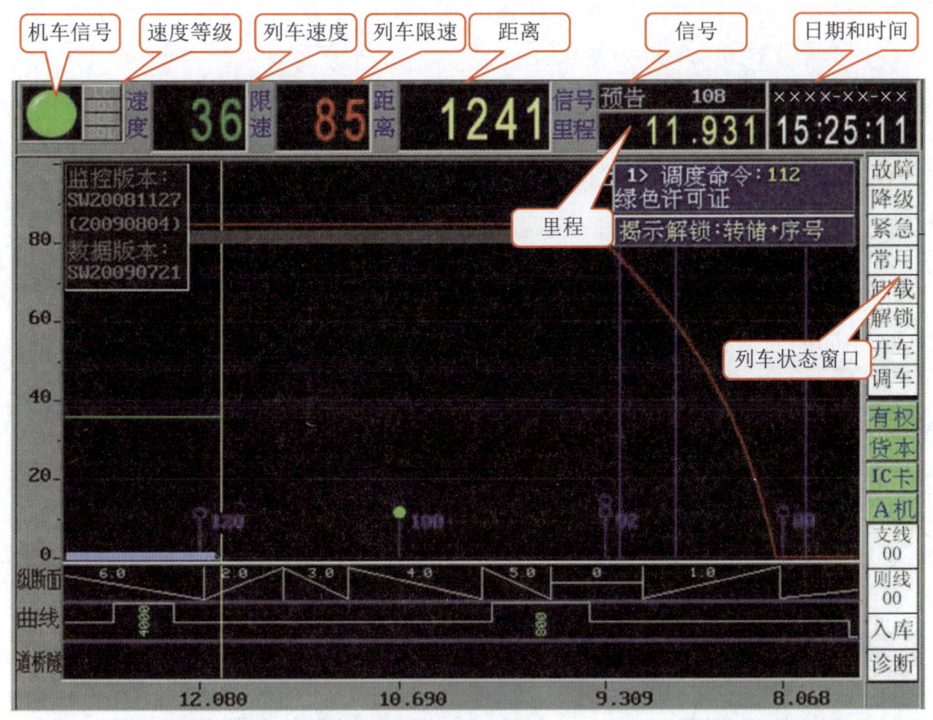

图 6-3　LKJ2000 型列车运行监控装置屏幕显示器界面 1

信号窗口:显示前方信号机的编号和类型。运行中收到过绝缘节信号且监控产生校正时显示背景为绿色,收到过绝缘节信号没有满足校正条件监控不产生校正时显示背景为红色。

里程窗口:显示机车当前运行位置所对应的公里标。

日期和时间窗口:显示当前的系统日期及时间。

②屏幕右边的列车状态窗口指示系统状态,自上到下依次为:

故障:当 CAN 总线故障时,指示灯点亮。显示“CANA”时表示 CAN 总线 A 路有故障,显示“CANB”时表示 CAN 总线 B 路有故障。显示“故障”时表示 CANA 和 CANB 均故障。当显示“故障”时显示器不能与监控主机进行正常通信。

降级:装置处于降级工作状态时,指示灯点亮。

紧急:装置施行紧急制动时,指示灯点亮。

常用:装置施行常用制动时,指示灯点亮。

卸载:装置施行卸载动作时,指示灯点亮。

解锁:解锁成功后,指示灯点亮,4 s 后指示灯自动熄灭。

开车:参数有效设定完毕指示灯点亮,按压【开车】键进入监控状态后指示灯熄灭。

调车:装置处于“调车”状态时指示灯点亮,退出“调车”状态时指示灯熄灭。

控制权:指示本端显示器是否有操作权,显示“有权”表示有操作权,显示“无权”表示无操作权。

巡检:按压【巡检】键有效后,指示灯点亮,4 s 后指示灯自动熄灭。

IC 卡:插入 IC 卡时指示灯点亮,无 IC 卡时指示灯熄灭。

A/B 机：指示当前工作主机是 A 机还是 B 机，显示 A 表示 A 机是工作机，B 机为备机；显示 B 表示 B 机是工作机，A 机为备机。

支线：列车运行中，当允许支线输入操作时，指示灯点亮，支线输入有效后，显示所输入的支线号。

侧线：列车运行中，当允许侧线输入操作时，指示灯点亮，侧线输入有效后，显示所输入的侧线号。

入段：进入入库状态显示“入段”，进入出库状态显示“出段”，退出出入库状态时指示灯熄灭。

诊断：机车同时具有监控显示屏和状态显示屏时，在监控显示屏诊断指示灯点亮，允许查询状态显示屏的部分信息以及进行监控显示屏和状态显示屏之间的转换。

③速度、限速窗口

屏幕中间的窗口为主窗口，显示范围为 5 km。靠左侧 1/5 处的竖直线将窗口分为两部分，左侧显示列车越过 1 km 范围内的运行信息，右侧显示列车运行前方 4 km 范围内的监控模式允许速度、信号机信息、道岔、电分相及线路纵断面状态等信息。LKJ2000 型列车运行监控装置屏幕显示器界面 2 如图 6-4 所示。

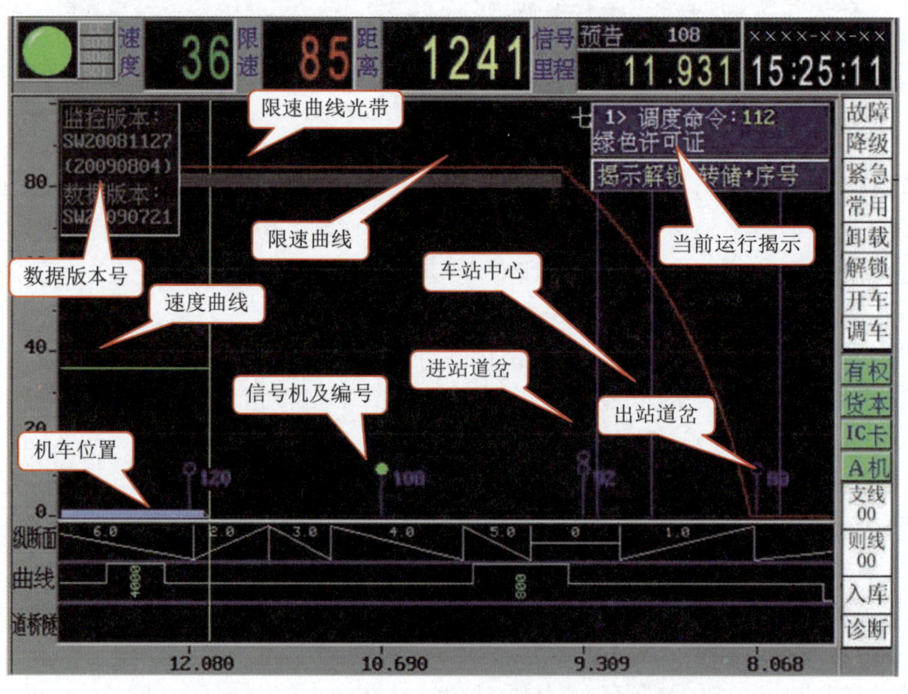

图 6-4 LKJ2000 型列车运行监控装置屏幕显示器界面 2

限制速度曲线：以（红色）曲线方式显示当前区段的限制速度和前方 4 000 m 以内的限制速度情况。

实际速度曲线：以（绿色）曲线方式显示列车当前运行速度和刚走行的速度曲线情况。

光带：通常监控状态下，恒速区段线路允许速度与常用制动速度值之间用光带显示。颜色变化规律如下：

a. 当速度＜线路允许速度时，光带为灰色；

b. 当线路允许速度≤速度＜常用制动动作值时，光带为黄色并闪烁；

c. 速度≥常用制动动作值时，光带为红色并闪烁。

放大标尺窗口：当运行速度达到光带最小限速时制动弹出，并以刻度和数字的方式显示限速与当前速度的差值。

当运行速度≥线路允许速度后，在曲线显示窗口的左边界处显示一个放大标尺窗口，标尺纵向坐标以常用制动速度值为中点，上边界为线路允许速度＋5 km/h（临时限速和侧线＋3 km/h），下边界为线路允许速度。同时，用数字提示当前运行速度与操纵考核限速值的差值。

信号机位置、编号、信号机的状态：以坐标的方式显示前方 4 000 m 以内的信号机位置，信号机编号，前方一架信号机的信号状态。

车站中心及站名：以坐标（垂直线）的方式显示前方 4 000 m 以内所有站的站中心位置，并用汉字标注对应车站的名称。

机车位置：在整个曲线显示的约五分之一处有一条垂直分隔线（黄色线），表示此处为当前列车位置，下部显示一个列车图标，图标的长度与输入的列车计长成正比。

道岔：以坐标（垂直线加进岔、出岔标记）形式显示进、出站的道岔位置。

线路纵断面、线路曲线、道桥隧：在整个屏幕的下方三个窗口显示运行前方线路纵断面、线路曲线、桥梁、隧道的情况，指导乘务员操纵。

监控数据中在本分区或者下分区有支线时，在曲线窗口左下角以文字方式提示显示各支线号及走行方向。

公里标：屏幕的最下方显示信号机位置的公里标。

（2）按键说明

①屏幕显示屏操作按键示意如图 6-5 所示

图 6-5　屏幕显示屏操作按键示意

操作按键为带背光薄膜按键，在光线变暗时，按键上的字可自动透光。按键共 21 个，0～9 共 10 个键为复合键，其他为单功能键。

②键上带有数字的键，在监控状态做功能键用，在参数修改状态做数字键用，用于功能键时的定义为：

【警惕】键：降级 ZTL 报警时起暂停报警作用；防溜报警及防溜动作后的报警解除，终止当前语音报警。

【解锁】键：进站（进路）信号机普通引导或特殊站靠标开口操作；与其他键组合进行某些特定的解锁操作。

【向前】键：运行过程中，先按压【车位】键 3 s 内再按压【向前】键，调整滞后误差。

【调车】键：在速度为零时，按压【调车】键，进入或退出“调车”工作状态。

【车位】键：该键为组合键，调整距离误差时先按压【车位】键，3 s 内再按压【向前】或【向后】键进行车位调整。

【进路号】键：运行中，当支线号或侧线号选择允许灯点亮而支线或侧线输入窗口消失时，按压【进路号】键可再进入支线号或侧线号输入操作状态。

【定标】键：线路坐标打点记录、进站确认解除报警，解除警惕报警的备用键。

【缓解】键：按压该键，进行常用制动后的缓解操作。

【向后】键：运行过程中，先按压【车位】键 3 s 内再按压【向后】键，调整超前误差。

【开车】键：按压【开车】键，执行对标开车操作。特定引导时和【解锁】键作为组合键使用进行解锁操作。

【自动校正】键：运行过程中，当距离误差较小的时候，可在地面实际信号机位置按压【自动校正】键，监控自动判断滞后或超前误差，进行距离调整。

【出入库】键：按压该键，进入或退出出入段状态。

【巡检】键：在运行中，按压该键，执行机械间巡视记录操作。

【查询】键：按压该键，进入信息查询操作状态。

【转储】键：按压该键，进入文件转储操作状态。运行中此键【1】～【5】数字键组合使用，可解除前发调度命令。

【设定】键：进入或退出参数设定操作。

【确认】键：按压该键，参数设定或修改有效，保存退出；与其他键组合使用进行某些特定操作。

【←】【↑】【→】【↓】键：在参数设定或查询状态，按压这些键，可以改变光标的位置。在输入数字时，【←】键为退格键；需要弹出“非正常行车窗口”时按压【↑】键 2 s 以上可弹出非正常行车窗口；在非参数编辑状态按压【←】键或【→】键可以调整语音大小，按压【↑】键或【↓】键可以调整显示器亮度。

③组 合 键

在 5 s 内顺序按压两个键叫组合键。例如，LKJ 特定引导的按键操作为按压【开车】键后 5 s 内按压【解锁】键，可用【开车】+【解锁】键表示。

3. 基本操作

(1)开　　机

打开主机电源开关(在主机后背板上)，主机进行自检、显示器启动(显示器没有电源开关，它的开关状态受主机控制)。自检完毕后显示器进入降级显示状态，降级显示状态如图 6-6 所示。

①信号灯状态窗口：显示机车当前的信号。

②运行速度窗口：显示机车当前的运行速度值。

③限制速度窗口：显示机车当前的限速值。

④日期和时间窗口：显示当前的系统日期及时间。

⑤系统状态：降级或调车亮，A 机或 B 机亮。

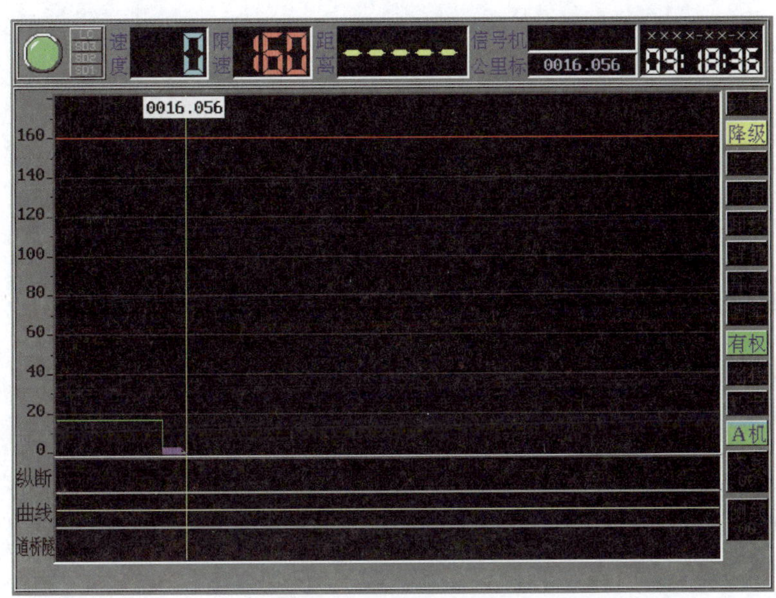

图 6-6 降级显示状态

(2)选择/确认操作权

装置开机后,显示器进入主界面显示状态,在此状态下两端显示器操作均有效。哪一端先进入监控状态,则哪一端有操作权。其标志为显示器操作权显示窗口显示为有权。

在操作端可进行正常按键操作,而在非操作端只能进行查询功能的操作。

(3)换端操作

监控状态下,需要到另一端操纵时,要执行换端操作,切换显示器的操作权。

操作方法为:停车后,在有权端按压【调车】键使装置进入调车状态,然后在需要有操纵权的显示器上按压【调车】键退出调车状态。

(4)屏幕亮度调整

在正常监控状态下,可以用【↑】【↓】方向键调整屏幕亮度。按压【↑】键增加亮度,按压【↓】键减小亮度,共有 5 级亮度调整。

(5)模式选择

机车乘务员在设定操作时,必须先进行模式选择,否则无法进行正常设定操作。

按压【设定】键,出现模式选择窗口,显示"0. 通用模式""1. 万吨模式""2. 无防冒模式""3. 取消"四种选择项。模式选择窗口如图 6-7 所示。

(6)参数设定

机车担当列车牵引前,必须正确设置司机号、副司机号、区段号(交路号)、客货车次,以及总重、辆数、换长等列车编组数据。

设定操作分为手动按键输入或 IC 卡输入两种:

①手动按键输入的方法

按压【设定】键,进入参数设定状态,参数设定状态界面如图 6-8 所示。

通过【→】【←】【↑】【↓】键,移动光标到相应位置,然后通过按数字键【0】~【9】,改变对

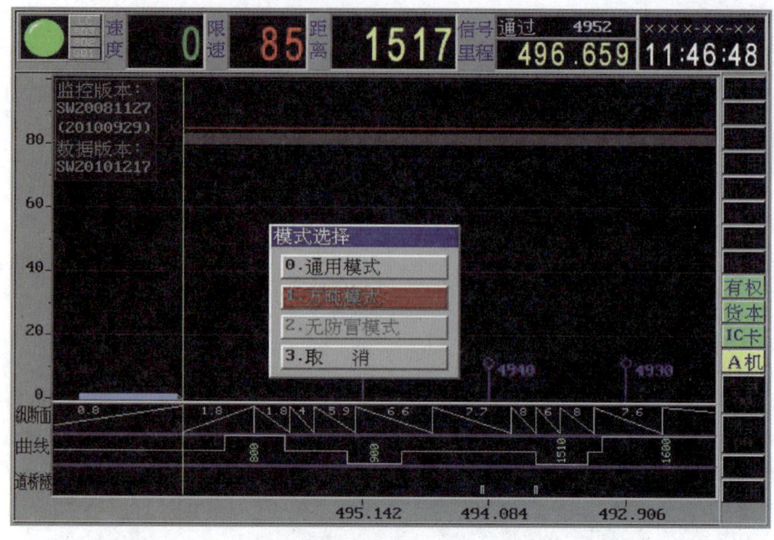

图 6-7　模式选择窗口

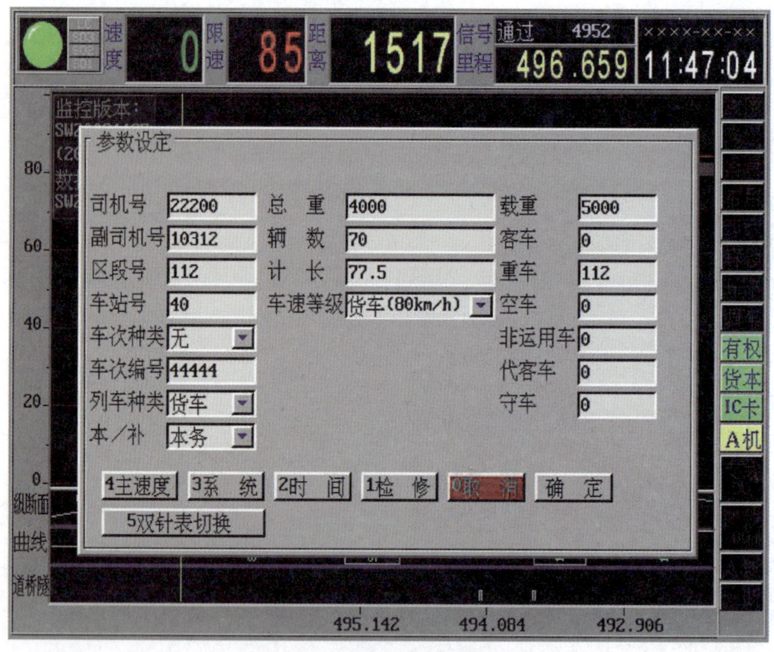

图 6-8　参数设定状态界面

具体项的设置。如果输入错误，可用【←】键取消光标前一个字符。修改完任一项设置，要按压一次【确认】键使光标移到下一项，也可用四个方向键自由移动光标。

说明：

a. 设定(修改)司机号、区段号、客货车次数据时，若机车信号为进行信号必须速度小于60 km/h 才能设定；若机车信号为停车信号必须停车设定。

b. 在输入计长时，只需连续输入数字即可，装置自动将最后一位数定为小数位。如输入 435 装置默认为 43.5。

c. 在输入"车次类别"等有下拉式菜单的项目时,【↓】键为展开菜单,然后按压【↑】或【↓】键选择所要的项目,按压【确认】键选定。

d. 根据客、货车种类,选择车速等级。

e. 所有参数修改完毕,使光标移到确定按钮,按压【确认】键或直接按压【设定】键退出参数设置状态。

f. 有效输入完成后,开车指示灯亮,并在屏幕的左上角显示始发站的名称。

②IC 卡输入的方法

装置开机后,将写有司机号、副司机号、区段号、车站号、车次以及运行揭示等信息的 IC 卡正确插入屏幕显示器 IC 卡座内,显示屏右边状态窗口的 IC 卡指示灯点亮。

在速度为 0 的情况下按压【设定】键,装置就会将卡内的乘务信息和揭示信息读出,并弹出参数设定对话框,其中的参数为 IC 卡中预先写入的参数。确认无误后,再次按压【设定】键退出参数设定窗口。此时显示器弹出发送揭示成功对话框。按压【确认】键退出。

如果卡内乘务信息与实际不符,可按照手动输入方法修改不正确项,修改后按压【设定】键退出参数设定状态。

输入完成后的显示及查询方法与手动按键输入相同。

注意:使用 IC 卡输入后,装置将刷新存储的揭示信息。机车乘务员必须核对装置载入揭示与交付揭示一致。

(7)查　　询

按压【查询】键,显示器弹出查询选择对话框,查询选择窗口如图 6-9 所示。

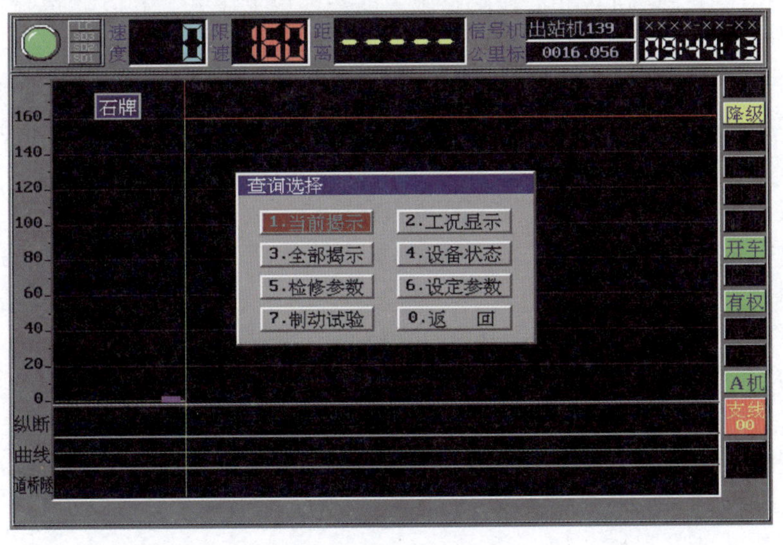

图 6-9　查询选择窗口

将光标移到相应查询项目上按压【确认】键,或直接按压查询项序号对应的数字键,显示相关信息数据。查询相关信息数据后,按【确认】键可关闭查询窗口。各查询项具体操作及显示如下:

①查询当前揭示

操作目的：显示机车前方 4 km 内的揭示。

操作方法：在查询选择窗口，利用光标移动键将光标移到当前揭示按钮，然后按压【确认】键，或直接按压数字键【1】。屏幕弹出揭示信息查询窗口，当没有揭示信息时，显示禁止查询。

②查询全部揭示

操作目的：查询显示本车次（本交路）的全部揭示。

操作方法：按压【查询】键进入查询显示状态，将光标移到揭示信息按钮，然后按压【确认】键，或直接按压数字键【3】，屏幕弹出揭示信息查询窗口。窗口显示全部揭示信息，当没有揭示信息时，提示禁止查询。

屏幕上的揭示显示，底色为白色的是正常的揭示，底色为绿色的是已经越过的揭示，底色为红色的是已经解锁的揭示。

③工况查询

操作目的：查询柴油机转速，列车管、均衡风缸、制动缸压力，工况等数据。

操作方法：在查询选择窗口，利用光标移动键将光标移到工况显示按钮，然后按压【确认】键，或直接按压数字键【2】。此时在屏幕右上角弹出工况信息窗口。这个显示窗口将一直存在，直到再次按压【确认】键才消失。

④设备状态

操作目的：查看设备的工作状况。

操作方法：在查询选择窗口，利用光标移动键将光标移到设备状态按钮，然后按压【确认】键，或直接按压数字键【4】，屏幕弹出系统当前各模块工作状态和故障状态指示。查询结束后，按压【确认】键返回。

⑤检修参数

操作目的：查看机车号、柴油机脉冲、双针表量程等是否正确。

操作方法：在查询选择窗口，利用光标移动键将光标移到检修参数按钮，然后按压【确认】键，或直接按压数字键【5】，屏幕弹出系统当前检修参数。内容包括装置号、机车型号、柴油机脉冲、轮径、制动机、最大总重、最大量数、最大计长、双针表量程等。查询结束后，按压【确认】键返回。

⑥设定参数

操作目的：查看设定参数。

操作方法：在查询选择窗口，利用光标移动键将光标移到设定参数按钮，然后按压【确认】键，或直接按压数字键【6】，屏幕弹出系统当前设定参数。内容包括司机号、副司机号、区段号、车站号、车次、总重、计长、辆数以及编组信息等。

⑦制动试验

操作目的：机车出库前或入库后，地面检测人员执行此操作检查制动设备状况。此操作包括对 A 机和 B 机常用制动和紧急制动试验。

操作方法：调车状态下，速度为 0 时，按压一次【查询】键，进入查询选择对话框。按压数字键【7】，弹出检查对话框，同时屏幕右上角自动弹出工况显示窗口，以便监视压力变化。此时，直接按压相应的数字键进行制动试验，试验结束后，按压【0】键退出。

⑧键盘检测

操作目的：检查显示面板上各按键作用是否良好。

操作方法：在查询选择窗口，利用光标移动键将光标移到键盘检测按钮，然后按压【确认】键，或直接按压数字键【8】，屏幕下方弹出各按键的图形。按压相应的按键，显示屏幕对应按键的颜色由浅变深，表示该按键作用正常。若按键颜色不变，则说明该按键作用不良。查询结束后，再次按压【确认】键，将光标移至确定按钮后，再次按压【确认】键。

(8)出 入 库

机车出、入库时，在调车状态下，按压一次【出入库】键，装置以按键时间作为机车出、入库的时间(仅仅用于记录)。

4. 途中监控及操作

(1)开　　车

当机车经过规定的对标开车基准点时，按【开车】键完成开车操作，装置调出前方信号机数据，进入监控状态。此时显示屏上方数据窗口将会显示出实际速度、限制速度、前方信号机种类、距离等相应的数据。

注意：当处于降级报警状态时应首先按【警惕】键暂停降级报警然后再按【开车】键完成开车操作。

按【开车】键时必须是降级状态，调车状态下无效。

(2)出站绿灯/绿黄灯确认

①监控状态

列车运行至出站或发车进路信号机前，机车信号机显示双半黄色灯光，列车距出站或发车进路信号机小于400m时，LKJ语音提示请确认信号，司机必须确认地面信号为绿灯/绿黄灯后，按如下步骤操作：

按压【↑】键2 s以上，弹出非正常行车确认窗口。

按压【1】键或将光标移动至地面信号确认选项位置按压【确认】键，弹出当前地面信号确认窗口。

司机必须确认地面信号为绿灯/绿黄灯，方可按压【确认】键。绿灯/绿黄灯确认窗口如图6-10所示。

注意：绿灯/绿黄灯确认后，LKJ解除列车接近该信号机或次一架信号机前机车信号掉白灯的停车控制功能。

②降级状态

LKJ设定完运行参数开车对标前，机车信号显示双半黄灯，LKJ语音提示请确认信号，司机必须确认地面信号为绿灯/绿黄灯后，按上述监控状态的绿灯/绿黄灯确认顺序方式操作。

(3)过机距离误差校正操作

机车运行中，由于空转、轮滑、轮径等原因造成车位不准，产生距离误差超过100 m，LKJ不能自动校正距离时，机车乘务员需进行一次性手动车位调整，可通过以下两种方法完成：

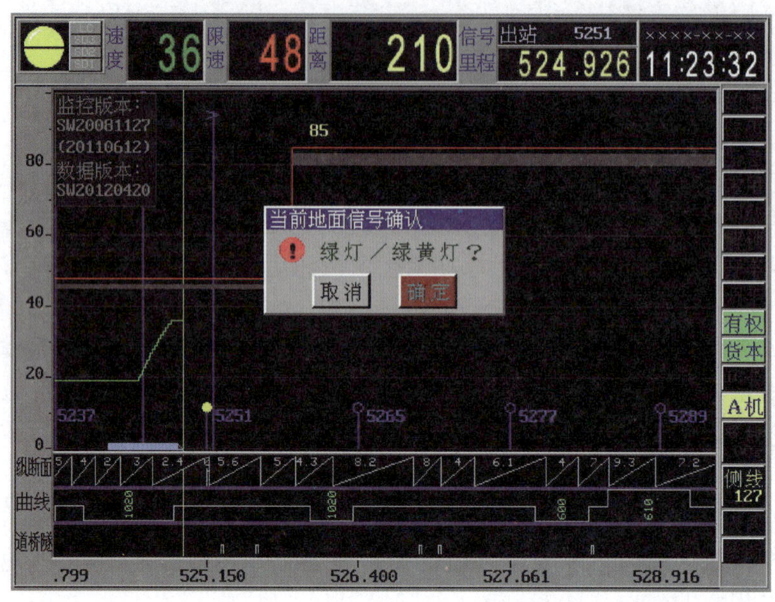

图 6-10　绿灯/绿黄灯确认窗口

①车位误差在一定范围内(300 m)，无论超前误差还是滞后误差，在过信号机发码点瞬间，按压【自动校正】键，LKJ 将自动进行距离校正。

②当机车越过地面信号机发码点，LKJ 显示距离还有剩余，称为滞后误差。出现滞后误差时，先按压【车位】键，在过信号机发码点的瞬间，再按压【向前】键(两键按压间隔时间不得超过 5 s)。

③当机车头部未到达地面信号机发码点，LKJ 显示距离已调出下一架信号机距离，称为超前误差。出现超前误差时，先按压【车位】键，在过信号机发码点的瞬间，再按压【向后】键(两键按压间隔时间不得超过 5 s)。

注意：

在机车信号显示关闭信号、模式报警、进侧线、临时揭示区段不能调整车位。

车位向后或自动校正调整最大距离为 300 m。

(4)巡检操作

LKJ 一台主机控制两端显示屏(例如 DF_{8B}、SS_7 型)的机车在运行中，在规定区间进行机车巡检时：

①按压操纵端屏幕显示器上的【巡检】键。

②巡检到非操纵端时按压屏幕显示器上的【巡检】键。

③返回到操纵端时再按压屏幕显示器上的【巡检】键，此时语音提示巡检完成，即完成一次巡检操作。

注意：

当按压【巡检】键有效时，巡检指示灯点亮，4 s 后自动熄灭。

两节车 LKJ 独立控制的机型(例如 SS_{4G}、HXD_1、HXD_2 型等)，巡检方式按本段制定的措施完成。

(5)支线、侧线操作

①支线操作

在需要进行支线输入时,司机必须在规定的支线输入地点前正确输入支线号。在屏幕下方有支线号说明提示。

允许输入支线号时,显示屏右方支线选择允许灯点亮,语音提示输入支线号,司机按压【进路号】键弹出支线输入窗口(图 6-11),正确输入支线号后按压【确认】键退出支线输入窗口。

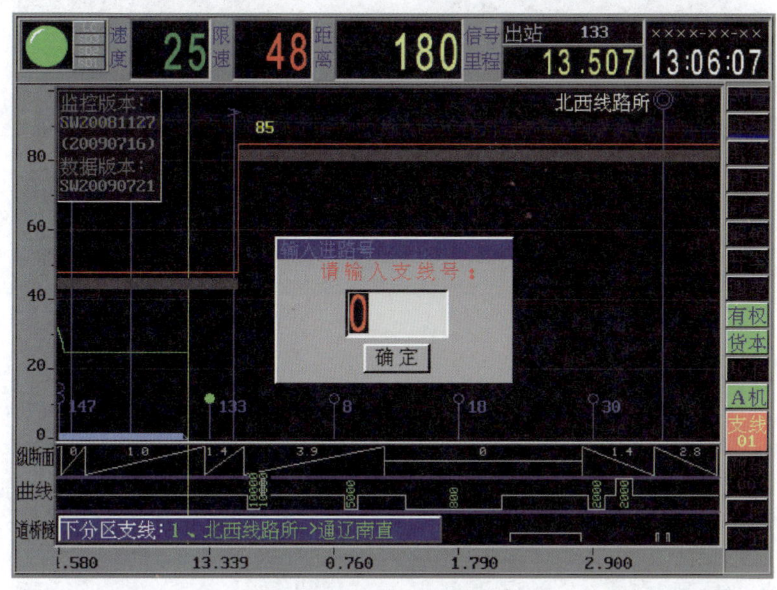

图 6-11 支线输入窗口

若支线号输入窗口消失或输错了支线号,在允许输入的分区内,可重新输入。

②过渡支线提示

LKJ 数据文件编制规范中规定货物列车过渡支线号为 30～42,货物列车输入支线号为 30～42 时,LKJ 屏幕显示器左侧以红底黄字提示过渡支线。过渡支线如图 6-12 所示。

注意:

LKJ 数据换装后,遇施工涉及线路及新设备变化未启用前,机车乘务员必须按规定的过渡支线号正确输入。

待发生变化的线路及新设备启用后(启用时间以调度命令为准),机车乘务员必须停止过渡支线号操作。

③侧线操作

机车在侧线停车或侧线通过,允许输入侧线股道号时(机车信号进站前为双黄灯,交流计数区段为黄灯),显示屏右方的侧线选择允许灯点亮,语音提示输入侧线股道号,显示器将弹出输入窗口,司机必须在该站的出站(发车进路)信号机前正确输入侧线股道号后按压【确认】键退出。

若侧线股道号输入窗口消失、侧线股道号输入窗口未自动弹出或输错侧线股道号,在进

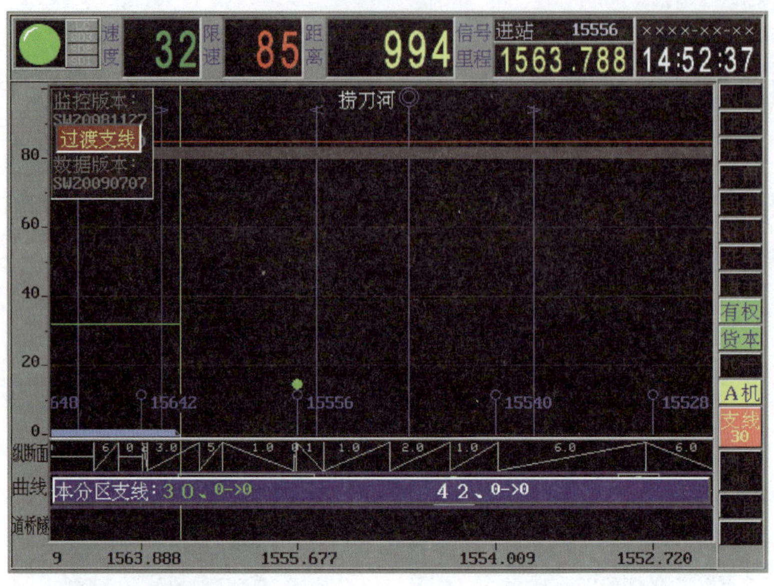

图 6-12　过渡支线

站前或进站后，可手动按压【进路号】键，重新输入正确侧线股道号并确认。侧线输入窗口如图 6-13 所示。

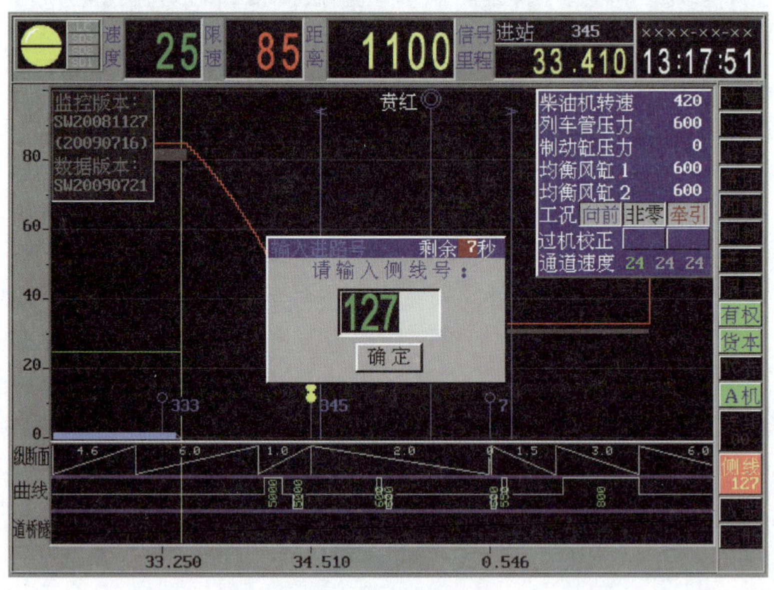

图 6-13　侧线输入窗口

注意：进侧线未输入侧线股道号，LKJ 将按本站最低道岔限速和最短侧线距离控制。

(6)防溜控制及解除

LKJ 设置管压、相位、手柄三种防溜功能，在降级、通常工作状态、调车状态下均启动上述功能。

①管压防溜

列车停车后，如列车管减压量不足 80 kPa（单机车次或调车状态下，制动缸压力不足 80 kPa 或列车管减压量不足 80 kPa）时，5 s 后语音连续提示注意管压防溜。机车乘务员按【警惕】键应答或追加减压达 80 kPa（单机车次、调车状态下制动缸压力达 80 kPa）以上时，解除语音提示和管压防溜功能。否则，语音提示 10 s 后，LKJ 实施紧急制动控制，并语音提示管压防溜动作。管压防溜报警窗口如图 6-14 所示。

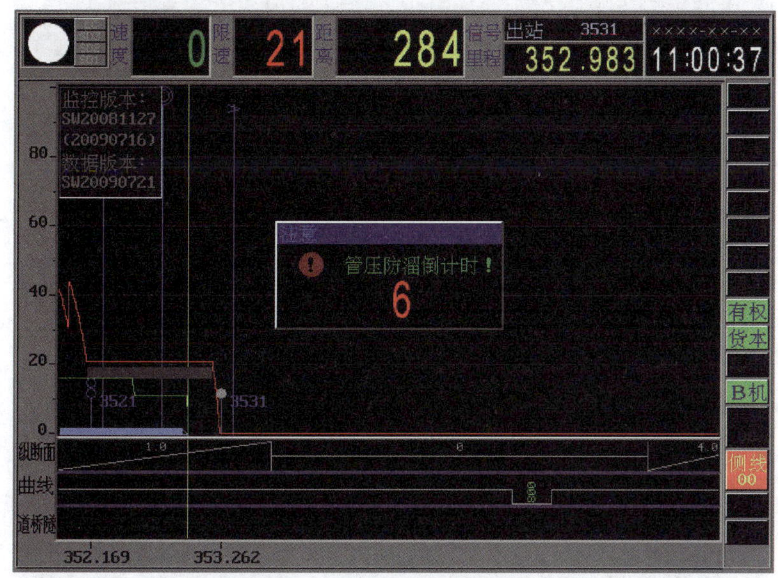

图 6-14　管压防溜报警窗口

②手柄防溜

a. 零位防溜：动车前手柄处于 0 位，当机车未加载由停车状态移动，速度≥3 km/h 或者移动距离≥10 m 时，连续语音提示注意手柄防溜。当机车乘务员按压【警惕】键应答或加载时，解除语音提示。否则，语音提示 10 s 后，LKJ 实施制动控制并提示手柄防溜动作。手柄防溜报警窗口如图 6-15 所示。

b. 非零防溜：手柄在非 0 位停车后，停车期间手柄一直未发生变化，再次动车手柄仍处于非 0 位，当速度≥3 km/h 或者移动距离≥10 m 时，将启动手柄防溜。在防溜语音提示的过程中，机车乘务员按压【警惕】键应答或加载时，解除语音提示。否则，语音提示 10 s 后，LKJ 实施制动控制。

③相位防溜

机车由停车状态移动，若机车速度传感器两通道相位与机车运行方向相反，机车运行速度≥3 km/h 或者移动距离≥10 m 时，连续语音提示注意相位防溜。机车乘务员按压【警惕】键应答，暂停语音报警提示，机车速度<10 km/h，4 s 后间隔语音报警，按压【警惕】键应答，暂停语音报警提示；机车走行速度≥10 km/h 时，继续语音提示注意相位防溜，机车乘务员按【警惕】键应答，解除语音提示，不再间隔报警。否则，语音提示 10 s 后，LKJ 实施紧急制动控制，并提示相位防溜动作。相位防溜报警窗口如图 6-16 所示。

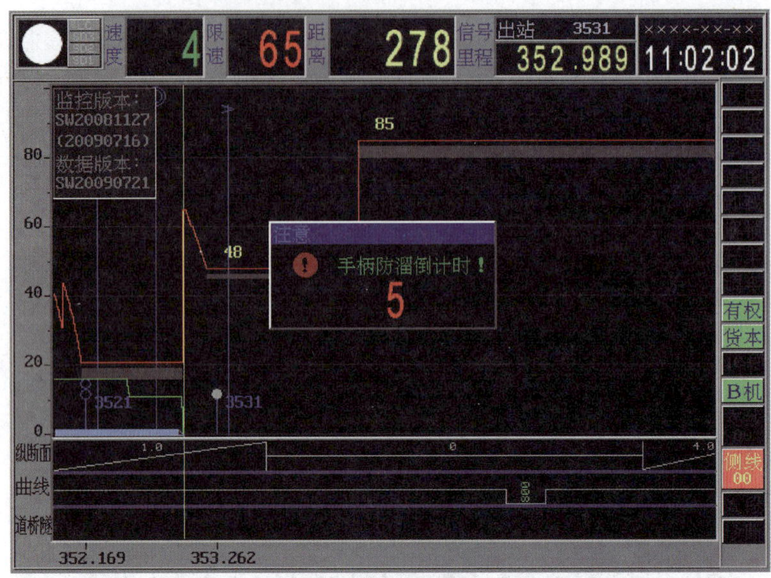

图 6-15　手柄防溜报警窗口

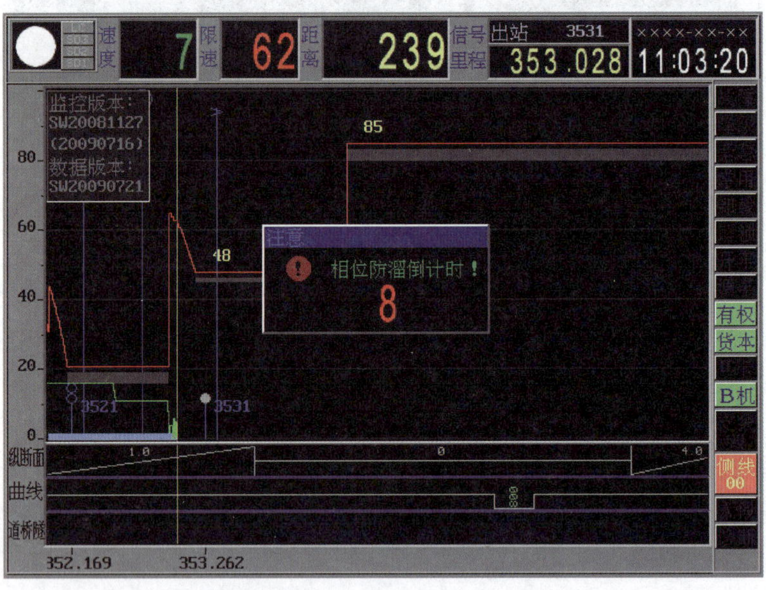

图 6-16　相位防溜报警窗口

④防溜实施紧急停车后必须按【警惕】键应答，才能解除语音提示，缓解机车。

⑤机车在停车状态下列车管缓解 2 min 后，LKJ 再次提示防溜报警，需按压【警惕】键解除。

(7)紧急制动、常用制动的缓解操作

列车运行中，LKJ 实施紧急制动时，紧急指示灯点亮，司机应立即将自动制动阀手柄置于制动区，当列车停车后，过 40～60 s 紧急制动阀自动关闭，机车乘务员可以根据实际情况，缓解列车。

列车运行中，LKJ 实施常用制动后，当满足缓解条件时，缓解指示灯点亮，机车乘务员可以根据实际情况，按压【缓解】键，完成缓解操作。

LKJ 实施常用制动控制后，如列车在固定限速下运行，实际速度低于模式限速值 5 km/h 时，提供缓解条件；如列车在减速信号或减速地点前运行，实际速度低于目标限速后，提供缓解条件；如列车在停车的制动模式曲线下运行，列车停车后，提供缓解条件。

①列车运行中，LKJ 发出常用制动指令后，满足缓解条件时，LKJ 提示允许缓解，机车乘务员可以根据实际情况，按压【缓解】键，LKJ 提示缓解成功，完成缓解操作。否则机车不能缓解。

②LKJ 卸载动作后，常用制动未动作前，当列车速度低于计算常用模式限速值或固定常用模式限速值 3 km/h 时，自动撤除卸载控制。

(8)非本务工作状态操作

①非本务工作状态的进入

未安装本/补切换装置的机车，处于停车状态，允许进入非本务工作状态；已安装本/补切换装置，将本/补切换装置切换到补机位。

②非本务工作状态的退出

未安装本/补切换装置的机车，处于停车状态，允许退出非本务工作状态；已安装本/补切换装置的机车，将本/补切换装置切换到本务位。

LKJ 在非本务状态下运行时，在显示器窗口左上角显示非本务运行字样。非本务运行窗口如图 6-17 所示。

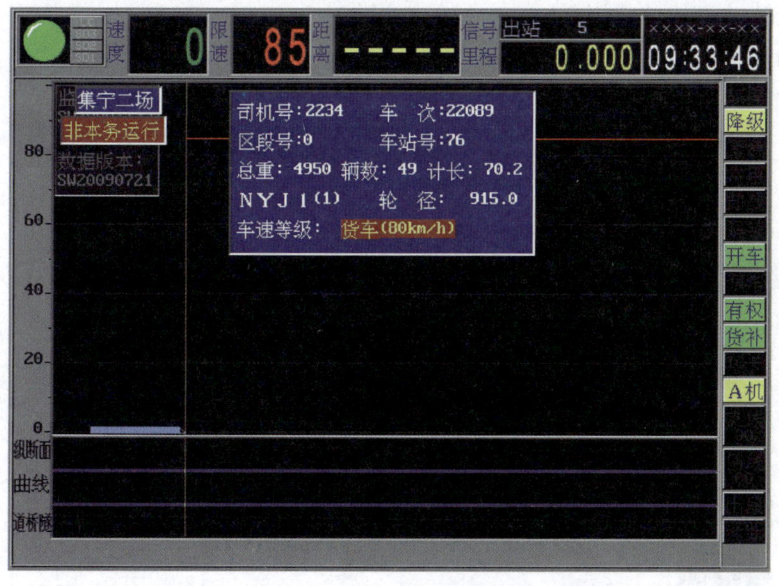

图 6-17 非本务运行窗口

在停车状态，按压【设定】键，修改本/补项为补机并按压【确认】键进行确认，可转入非本务运行，此时为降级状态，列车起动后必须在对标点按压【开车】键对标。

注意：

非本务状态下，仅能实现正常运行模式下的运行记录功能，不受机车信号的控制，无控制指令输出、过机校正功能，运行中机车乘务员应及时校正距离，确保 LKJ 显示与地面一致。

非本务机车，禁止转入调车状态。随本务机车调车作业后，必须重新转为非本务降级状态开车对标，确保列车运行中数据走行与本务机车一致。

非本务工作状态，降级开车对标后，显示区间限速曲线（含临时揭示）。

非本务状态转入万吨模式时，必须先退出非本务状态再转入万吨模式，否则直接进入通用模式。

(9)IC 卡转储数据

必须在停车保压状态下将所担当乘务任务的所有监控运行记录文件进行转储。按如下步骤操作：

①将 IC 卡正确插入显示屏卡槽，显示屏右方 IC 卡指示灯点亮。

②按压【转储】键，弹出数据转储窗口。

③按压【1】键后按压【↑】【↓】键移动光标至需要转储的文件，按压【确认】键选择（选中后变为蓝色，再按压【确认】键为不选）。

④按压【6】键开始转储，屏幕有进度指示窗口显示。

⑤转储操作结束后，LKJ 提示转储成功，按压【确认】键。按压【8】键，确认文件转储条数正确后，按压【0】键或按压【↑】【↓】键移动光标至返回项，按压【确认】键，转储文件完毕，取出 IC 卡。

⑥若一次转储不成功，按照上述步骤重新操作。

文件转储窗口如图 6-18 所示。

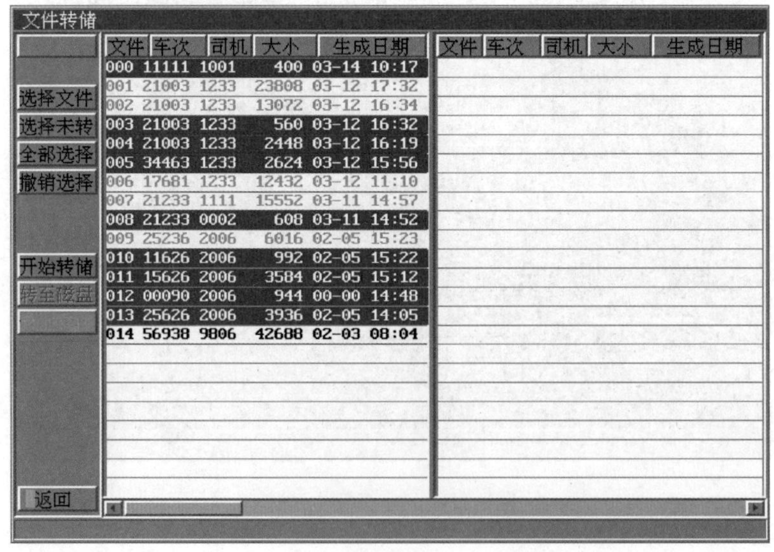

图 6-18

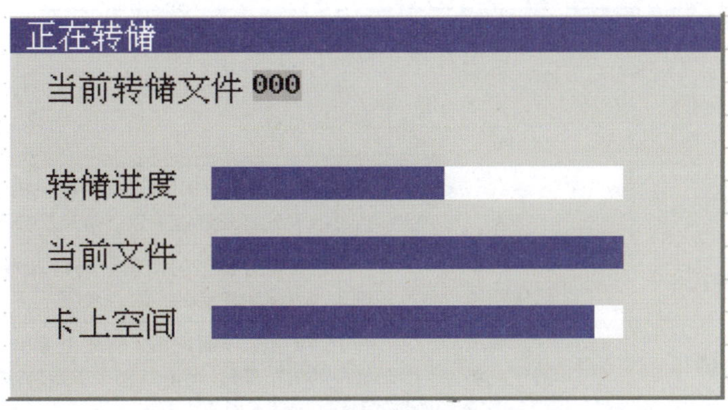

图 6-18 文件转储窗口

第二节 列尾装置基本原理及操作

列车尾部安全防护装置(以下简称列尾装置)是用于货物列车的重要行车安全设备,是为了适应货物列车取消守车和运转车长后,在尾部无人值守情况下,为提高铁路运输的安全性而研制的专用运输安全装置。

一、列尾装置组成

列尾装置主要由列尾主机、司机控制盒两大部分组成,列尾主机、司机控制盒如图 6-19、图 6-20 所示。

图 6-19 列尾主机

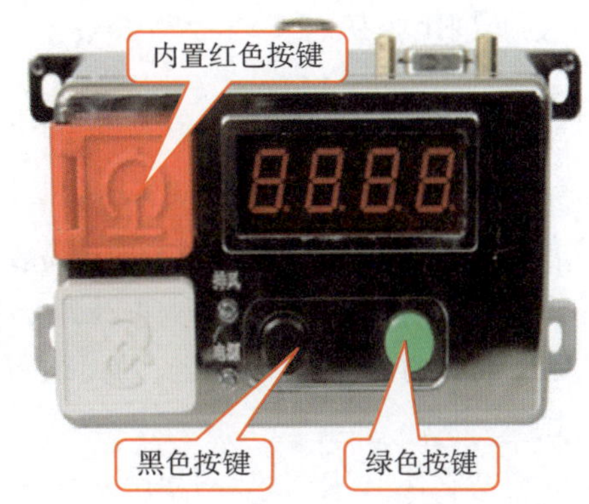

图 6-20 司机控制盒

二、司机控制盒按键操作及功能意义

司机控制盒按键操作及功能意义见表 6-1。

表 6-1　司机控制盒按键操作及功能

按　键	作　用	语言提示	功　能
绿键	检查风压	××机车 风压×× (kPa)	用于检查列车尾部风压，从而判定列车风管是否贯通，车列是否完整
红键	尾部排风	××机车 排风	用于折角塞门关闭时操纵列尾主机排风，辅助机车制动。按键前需先打开红键护盖。排风次数不限
黑键	确认	××机车 确认完毕	用于将本务机车的四位号码输入列尾主机中，从而建立机车与列尾主机间的一对一关系
黑键＋绿键	销号	××机车 销号成功	中途更换机车时使用。首先由原机车清除已输入列尾主机中的机车号码，再由新机车重新确认

三、列尾装置操作

1. 机车上的司机控制盒必须与列车尾部的列尾主机建立正常的一对一关系后才能使用。

一对一关系是指置入司机控制盒的机车号码(由电务人员用列尾装置输号器置入)与列尾主机输入的机车号码(一种方式是由列尾作业员用检测台或确认仪输入，另一种方式是由本务机车乘务员操作司机控制盒的输号键输入)相一致的对应关系。

2. 输号作业需车站列尾作业人员与本务机车乘务员配合完成。“输号”作业应选择在列尾主机连结软管前完成。

3. 在中间站遇下列情况之一时，须重新输号：

(1)更换本务机车时；

(2)车站保留的列尾主机重新启用时；

(3)机车附带未输号的列尾主机到车站挂保留车时；

(4)更换列尾主机时。

四、使用注意事项

1. 输　　号

如果列尾主机没做销号操作，但又需要重新输号，则列尾主机必须进行断电后，再上电，在 45 s 内，且列车制动管压低于 460 kPa(列尾标准定压 500 kPa 时)或 560 kPa(列尾标准定压 600 kPa 时)，方能输号。反之，则无须重新上电、无时间和管压限制。

2. 销　　号

列车制动管压必须在风压低于 460 kPa(列尾标准定压 500 kPa 时)或 560 kPa(列尾标准定压 600 kPa 时)方能销号。

3. 风压报警阀值

(460±10) kPa(列尾标准定压 500 kPa 时)或(560±10) kPa(列尾标准定压 600 kPa 时)。

4. 电池告警值

初始上电，电压＜3.5 V 或容量＜6 A·h；运行当中，电压＜3.0 V 且容量＜2 A·h。

第三节　机车信号及机车无线调度通信设备操作

一、机车信号

机车信号又被称为机车自动信号，设在机车或动车组的驾驶室内，用来自动反映运行条件，指示机车或动车组的运行。

机车信号能自动复示运行前方地面信号机显示的内容，克服天气影响和地形影响，改善司机瞭望条件。机车信号就像机车的眼睛，它指示着司机的操纵运行，保障列车的行车安全。当机车靠近地面的信号机时，感应器线圈接收到轨道电路中发射的地面信号信息，经过机车上的滤波器、译码器、放大器等设备的处理，通过安装在驾驶室内的机车色灯信号机显示出来。

二、机车无线调度通信设备操作

1. 设备组成

机车综合无线通信设备(CIR)由主机、操作显示终端(以下简称"MMI")、送受话器、扬声器、打印终端、天线及连接电缆等组成，CIR设备系统如图6-21所示。

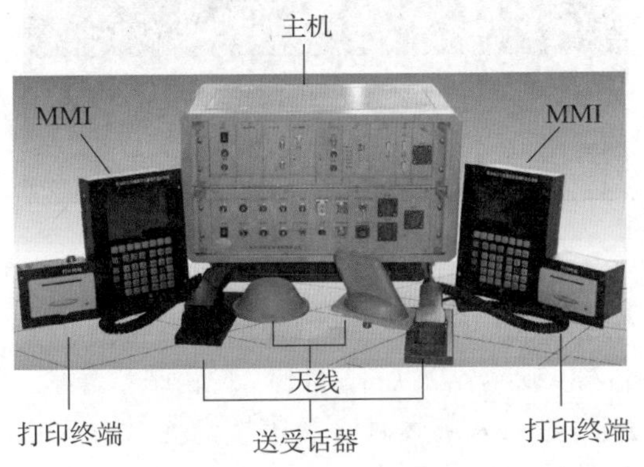

图6-21　CIR设备系统

MMI的按键分为可配置式按键、数字字母输入按键、功能按键和列尾按键，MMI按键如图6-22所示。

2. 基本功能

具有GSM-R与450 MHz工作模式自动切换和手动切换功能。具有450 MHz调度通信功能。具有承载列车尾部风压、无线车次号、调度命令等数据信息的传输功能。具有GSM-R调度通信系统功能。支持800 MHz列尾和列车安全预警系统车载电台功能。具有人工系统复位等功能。

3. MMI按键功能介绍

(1)上　　电

①打开司机室"列车无线"电源开关，CIR上电后显示调度通信界面，如果CIR工作模式

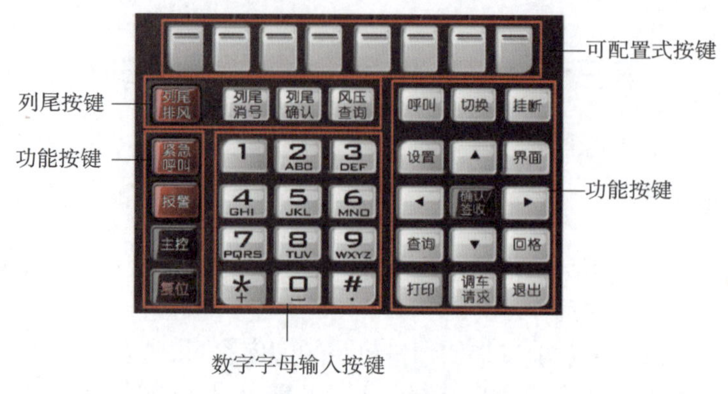

图 6-22　MMI 按键

为 450 MHz 模式，则显示屏最下方显示五个无线列调常用的功能按键：调度、隧道司机、隧道车站、平原司机和平原车站。450 MHz 模式主界面如图 6-23 所示。

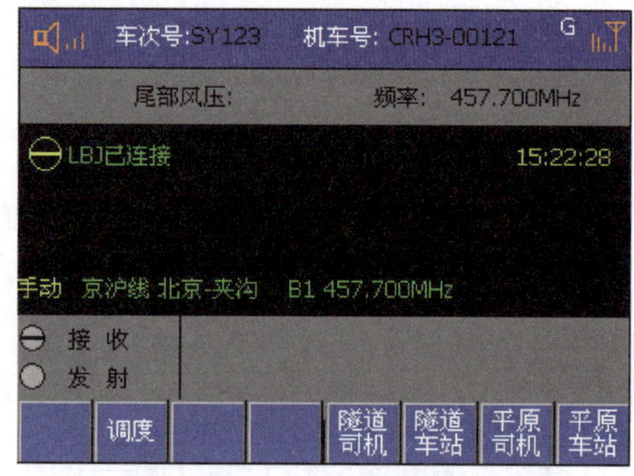

图 6-23　450 MHz 模式主界面

②如果 CIR 工作模式为 GSM-R 模式，显示屏最下方将显示 8 个功能按键：调度、预留、前站名称(或前站)、本站名称(或本站)、后站名称(或后站)、车长、邻站组呼、站内组呼。功能按键为蓝底时表示该按键有效，为灰底时表示该按键无效。GSM-R 模式主界面如图 6-24 所示。

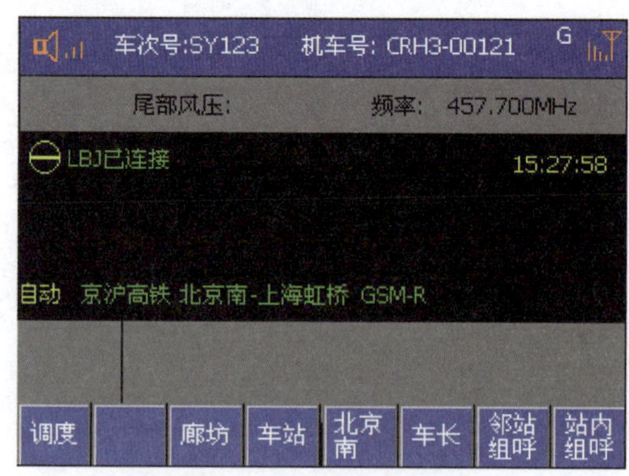

图 6-24　GSM-R 模式主界面

③如上电后屏幕最下方未显示功能按键，按【主控】键 3 s 以上，直到屏幕显示正确的车次号和功能号。

a. CIR 的车次号和功能号注册成功后，其他用户可用车次号和功能号直接呼叫本次列车，而不必输入 MSISDN 号码(按机车号呼叫)。

b. CIR 根据 LKJ2000 的状态，自动注册和注销车次号和功能号。

c. 按【设置】键进入设置界面，然后按【↑】或【↓】键选择“1. 车次号功能号设置、注册”项目再按【确认】键，屏幕下方将显示请输入车次号，同时屏幕右上角会显示 123 表示数字输入状态。

d. 按数字键输入车次号，如果车次号中有字母，请按【切换】键，屏幕右上角显示 ABC 表示字母输入状态，快速按相应的数字键可以输入字母。字母输入完毕，再按一下【切换】键返回数字输入状态。

e. 车次号输入完毕，请按【确认】键，显示屏显示机车牵引状态(本务机/补机)选择界面，按【↑】或【↓】键选择正确的牵引状态后按【确认】键，显示屏会显示正在注册车次号。车次号注册成功，显示屏自动返回调度通信界面。

f. 屏幕左上角显示的车次号信息为白色时表示车次号已注册成功，其他用户可用车次功能号呼叫本列车；否则车次号信息显示为黑色，其他用户不能用车次功能号呼叫本列车。

4. 列车防护报警装置(LBJ)操作

(1)LBJ 常态显示

CIR 可以通过 LBJ 功能单元发送和接收列车防护报警信息和列车防护报警解除信息，还可以接收施工防护报警信息、道口报警信息等其他报警信息。

①CIR 开机加电后，MMI 主界面安全预警显示区显示 LBJ 工作状态指示图标和“LBJ 已连接”字符提示，报警主界面如图 6-25 所示。

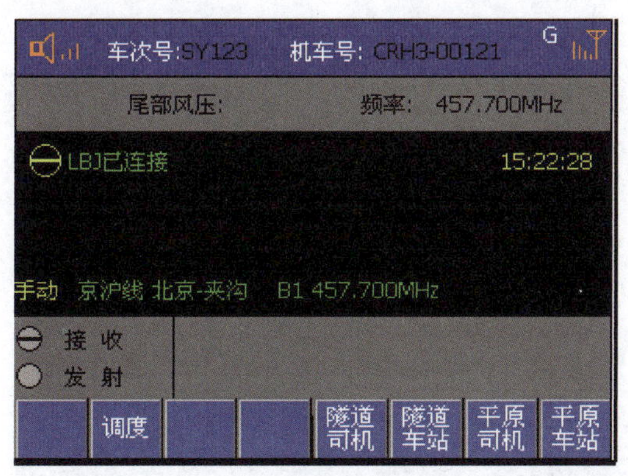

图 6-25 报警主界面

其中：LBJ 工作状态指示的上半圆表示 LBJ 发送报警信息状态，下半圆表示接收报警信息状态。状态指示图标表示含义如下：

a. 两个黄色的半空心圆(图 6-26)表示 LBJ 未发送过列车防护报警信息，也未接收过报警信息。

图 6-26　两个黄色的半空心圆

b. 一个黄色的上半实心圆和一个黄色的下空心圆(图 6-27)表示 LBJ 已发送过列车防护报警信息,未接收过报警信息。

图 6-27　一个黄色的上半实心圆和一个黄色的下空心圆

c. 一个黄色的上半空心圆和一个黄色的下实心圆(图 6-28)表示 LBJ 未发送过列车防护报警信息,但已接收过报警信息。

图 6-28　一个黄色的上半空心圆和一个黄色的下实心圆

d. 一个黄色的上半实心圆和一个黄色的下实心圆(图 6-29)表示 LBJ 已发送过列车防护报警信息,也接收过报警信息。

图 6-29　一个黄色的上半实心圆和一个黄色的下实心圆

②如果 CIR 未连接 LBJ(或 LBJ 故障),MMI 主界面安全预警显示区显示“LBJ 未连接”字符提示,LBJ 未连接界面如图 6-30 所示。

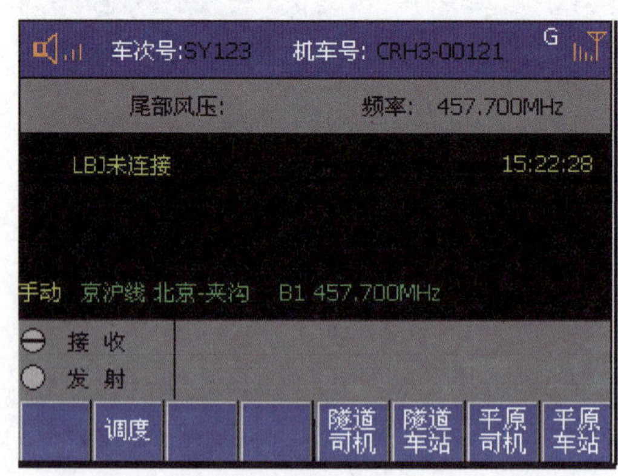

图 6-30　LBJ 未连接界面

(2)发送列车防护报警信息

通过 MMI 按键启动发送:持续按下 MMI 的【报警】键 3 s 以上,MMI 发出按确认键发送报警信息的语音提示,同时 MMI 主界面安全预警显示区显示按【确认】键发送报警信息,按【退出】键返回和 8 s 倒计时提示信息，正在发送报警信息界面如图 6-31 所示。

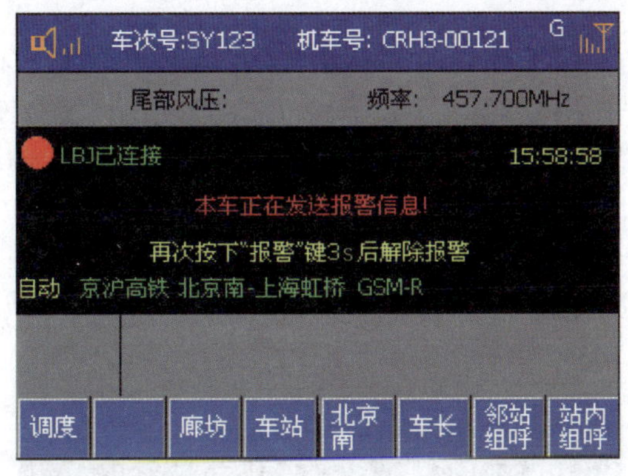

图 6-31　正在发送报警信息界面

(3)解除列车防护报警信息

①通过 MMI 报警按键解除

a. 发送列车防护报警信息时，再次按下主控端 MMI 的【报警】键(持续 3 s)后，LBJ 发出列车防护报警解除信息。

b. MMI 发出 5 s 连续蜂鸣提示音，主界面安全预警显示区显示列车防护报警已解除！红色字体提示信息，同时 LBJ 工作状态指示灯(红色实心圆)连续闪烁 5 s。列车防护报警解除界面如图 6-32 所示。

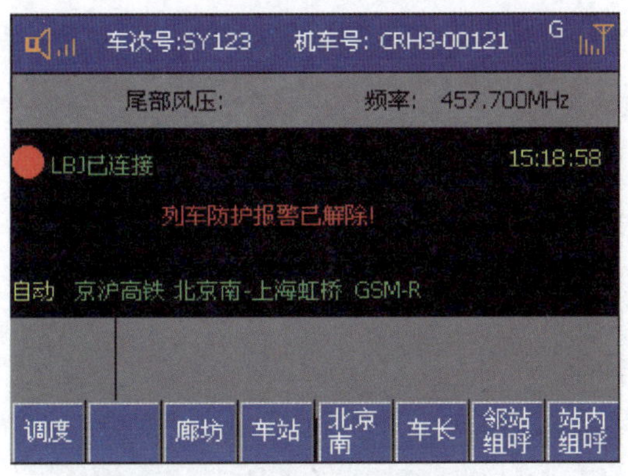

图 6-32　列车防护报警解除界面

c. 5 s 后 MMI 蜂鸣提示音停止，提示信息清除，LBJ 工作状态指示灯由红色(实心圆)变为黄色(上半实心圆)。

②通过主机面板报警按键解除

a. 持续按下主机面板【报警】键约 3 s，【报警】键指示灯由闪亮变为长亮。

b. 松开【报警】键后，LBJ 发出列车防护报警解除信息，同时【报警】键指示灯熄灭。

c. MMI 发出 5 s 连续蜂鸣提示音，主界面安全预警显示区显示列车防护报警已解除！红色字体提示信息，同时 LBJ 工作状态指示灯(红色实心圆)持续闪烁 5 s。

d. 5 s 后 MMI 停止蜂鸣提示音，清除提示信息，LBJ 工作状态指示灯由红色(实心圆)变为黄色(上半实心圆)。

(4)接收列车防护报警信息

①CIR 接收到列车防护报警信息时，MMI 间隔 5 s 发出注意！收到列车报警信息，注意运行！语音提示，主界面安全预警显示区 LBJ 工作状态指示(黄色下半实心圆)每秒闪烁一次，并显示红色字体提示信息，收到列车防护报警信息后 MMI 显示界面如图 6-33 所示。

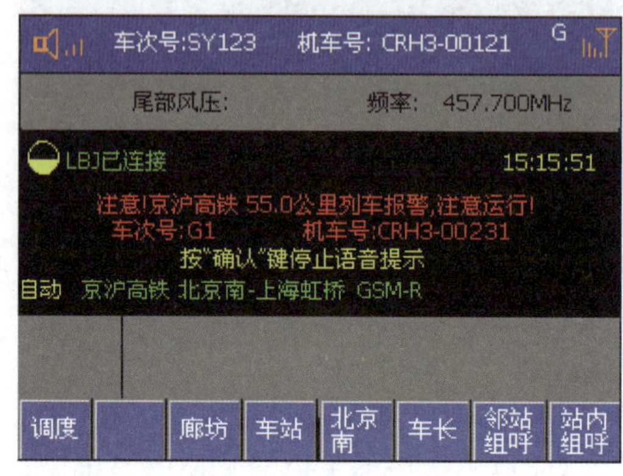

图 6-33 收到列车防护报警信息后 MMI 显示界面

②按下 MMI【确认/签收】键，对接收的报警信息进行确认。

③按下 MMI【确认/签收】键后，提示语音停止，主界面安全预警显示区显示报警提示信息由红色变为黄色，并标记已确认文字提示。

④LBJ 工作状态指示灯变为黄色长亮(下半实心圆)，报警信息已确认后 MMI 显示界面如图 6-34 所示。

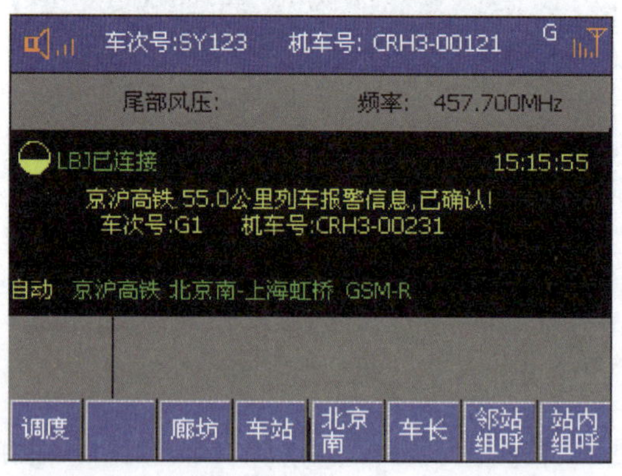

图 6-34 报警信息已确认后 MMI 显示界面

(5)接收列车防护报警解除信息

①CIR 接收到列车防护报警信息时，MMI 发出 2 次注意！列车报警解除，注意运行！语音提示。

②MMI 主界面安全预警显示区显示红色字体的报警解除提示信息，收到防护报警解除信息后 MMI 显示界面如图 6-35 所示。

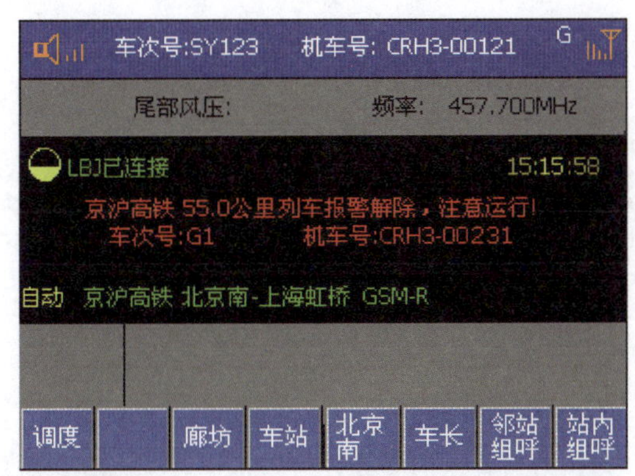

图 6-35 收到防护报警解除信息后 MMI 显示界面

③语音提示结束后，主界面安全预警显示区显示的提示信息自动清除，LBJ 工作状态指示灯变为黄色长亮(下半实心圆)。

5. 客列尾操作

(1)建立连接关系

CIR 处于列尾未连接状态时，列尾未连接状态界面如图 6-36 所示。

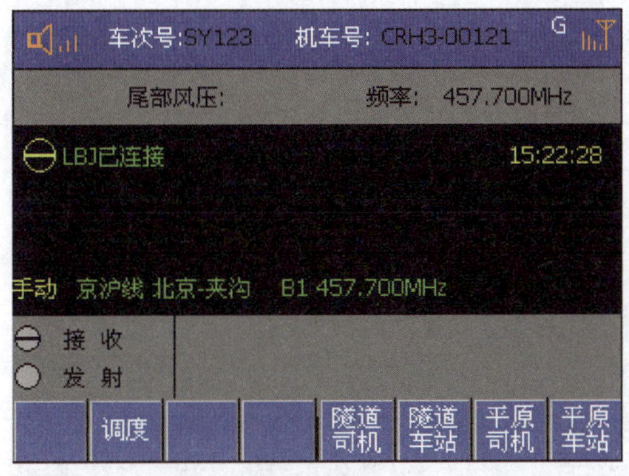

图 6-36 列尾未连接状态界面

①按 MMI【设置】键，进入设置界面后，选定“6. 输入客车列尾装置 ID”项。

②输入需要连接的客列尾装置 ID(6 位)并按“确认/签收”键发起连接。

③连接成功后 MMI 主界面显示客列尾装置 ID 号码、风压值和列尾连接状态，并发出××列尾装置，连接成功语音提示，如果连接不成功，MMI 发出列尾装置连接失败语音提示。建立客列尾连接关系如图 6-37 所示。

(2)手动查询列尾风压

①客列尾连接成功后，司机在主界面下按查询键查询列尾风压。

②查询到的当前列尾风压数值显示在 MMI 显示屏上，并发出××机车，风压××语音提示。

(3)辅助排风制动

①持续按下【列尾排风】键 3 s 以上，或按下【列尾排风】键后 3 s 内再按下【列尾排风】

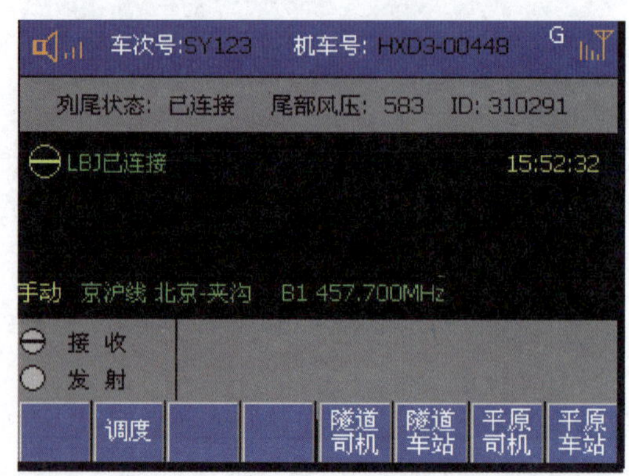

图 6-37 建立客列尾连接关系

键，CIR 向客列尾装置发送列尾排风制动命令。

②MMI 发出××机车，排风语音提示。

(4)风压自动提示

①列车主风管风压低于 560 kPa 时，客列尾装置自动向 CIR 发送欠压提示。

②MMI 显示区的风压值变成红色字样，并发出××机车注意，风压××语音提示。

③按下【列尾确认】键，停止 MMI 的语音提示。风压自动提示如图 6-38 所示。

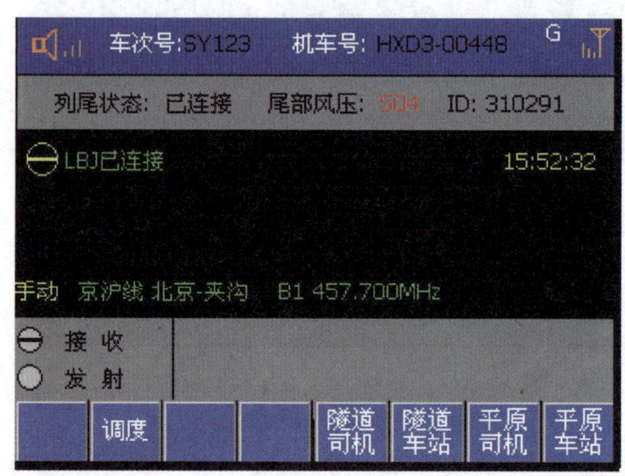

图 6-38 风压自动提示

(5)供电电压欠压自动提示

①当客列尾装置供电电压低于 40 V 时，客列尾装置自动向 CIR 发送电压报警信息，MMI 发出××机车，列尾装置电压不足语音提示。

②按下【列尾销号】键，停止 MMI 的语音提示。

(6)解除列尾连接关系(销号)

①持续按下【确认/签收】键 3 s 以上或进入列尾 ID 输入界面，输入六个 0 后按下销号键。

②列尾连接关系解除后，MMI 发出××列尾装置，销号成功语音提示。

第四节　机车车载安全防护系统的功能及使用

一、机车车载系统概述

机车车载安全防护系统（以下简称6A系统）是针对机车的制动系统、防火、高压绝缘、列车供电、走行部、视频等危及安全的重要事项、重点部件和部位，采用实时检测、监视、报警并可实现网络传输、统一固态存储和智能人机界面，整体研究设计而形成平台化的安全防护装置。

二、系统构成与功能

6A系统总体结构如图6-39所示。

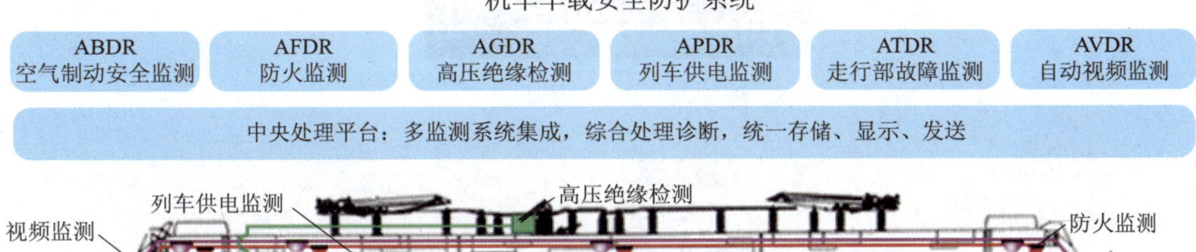

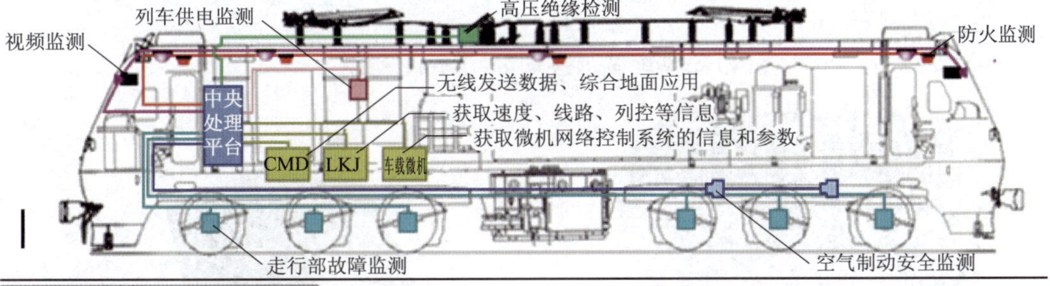

机车运行中的安全监控

空气制动安全监测	防火监测	高压绝缘检测	列车供电监测	走行部故障监测	自动视频监测
1.监测机后折角塞门意外关闭； 2.监测停放制动意外施加	1.火灾报警； 2.火情可视； 3.灭火（可选）； 4.相关事件记录	1.升弓前对高压设备绝缘状态进行确认； 2.绝缘测试数据记录	1.接地诊断； 2.供电统计； 3.列供柜数据及故障记录	1.监测轴承、齿轮、踏面状态及机车横向晃动和纵向冲动； 2.综合在线诊断，分级故障报警并提示司机处置； 3.相关动态数据记录	1.记录前后方、司机室、机械间等处的视频图像，并可供司机查询； 2.实现与防火监控的联动； 3.视频存储

地面维护中的安全保障

空气制动安全监测	防火监测	高压绝缘检测	列车供电监测	走行部故障监测	自动视频监测
1.制动相关记录数据查询； 2.辅助意外事件分析	火灾报警状态分析	升弓前高压设备绝缘状态数据查询	1.列车供电相关记录数据查询； 2.辅助列车供电故障分析	1.记录数据查询； 2.对预警数据进行趋势分析和状态跟踪，对一级、二级报警进行专家综合诊断，并给出处理建议； 3.全寿命状态跟踪及事件记录	1.视频图像查询； 2.辅助事故过程分析

图6-39　6A系统总体结构

1. 系统构成

6A 系统主要由中央处理平台(CPP)和六个子系统构成。六个子系统有高压绝缘检测子系统(AGDR)、防火监测子系统(AFDR)、自动视频监测及记录子系统(AVDR)、列车供电监测子系统(APDR)、空气制动安全监测子系统(ABDR)、走行部故障监测子系统(ATDR)。6A 系统主机如图 6-40 所示。

图 6-40　6A 系统主机

2. 主要功能

(1)中央处理平台(CPP)

中央处理平台(CPP)主机和音视频显示终端如图 6-41 所示。

图 6-41　中央处理平台主机和音视频显示终端

中央处理平台(CPP)功能如下：

①综合处理报警；

②安全信息存储；

③人机交互界面；

④平台统一供电；
⑤实时网络传输；
⑥双处理器冗余工作；
⑦监测子系统可扩展。

(2)高压绝缘检测子系统(AGDR)

高压绝缘检测子系统如图 6-42 所示。

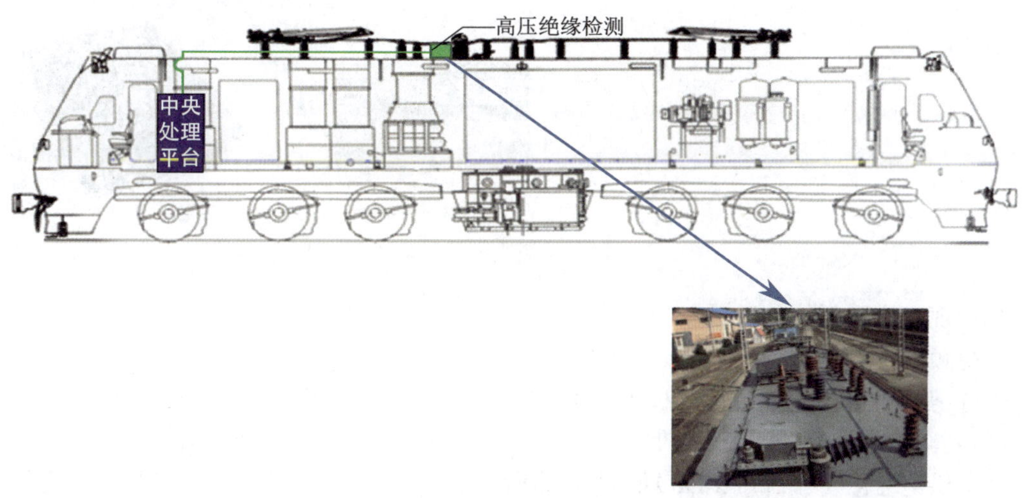

图 6-42　高压绝缘检测子系统

(3)防火监测子系统(AFDR)

防火监测子系统(AFDR)如图 6-43 所示。

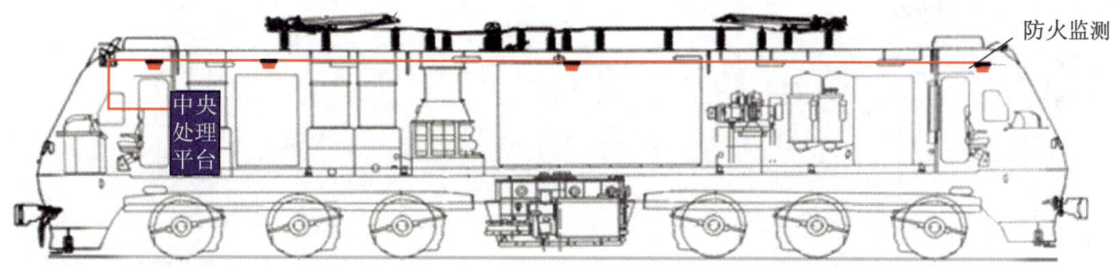

图 6-43　防火监测子系统

防火监测子系统(AFDR)功能如下：

①火灾报警、火情可视。

②在司机室、机械间等处布设烟温复合探头，在地板线槽内布设感温电缆。

监测车内司机室、机械间等处温度、烟雾变化，预防机车电气、油气起火事故的发生。

(4)自动视频监测及记录子系统(AVDR)

自动视频监测及记录子系统如图 6-44 所示。

自动视频监测及记录子系统功能如下：

①监控路况、司机室、机械间等处的视频图像。

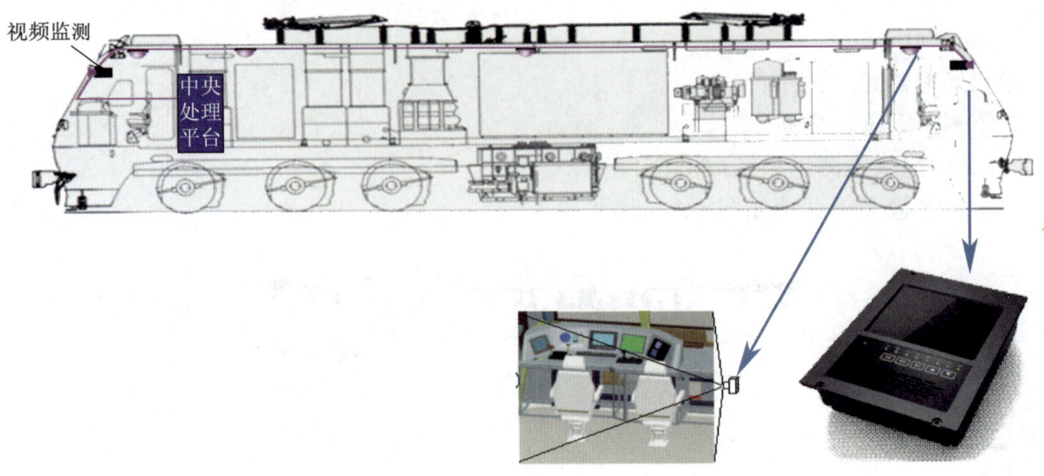

图 6-44　自动视频监测及记录子系统

②实现与防火系统的联动。

③视频图像存储和调用分析。

通过记录司机操作、运行路况、机械间图像等，辅助事故分析。

(5)列车供电监测子系统(APDR)

列车供电监测子系统(APDR)如图 6-45 所示。

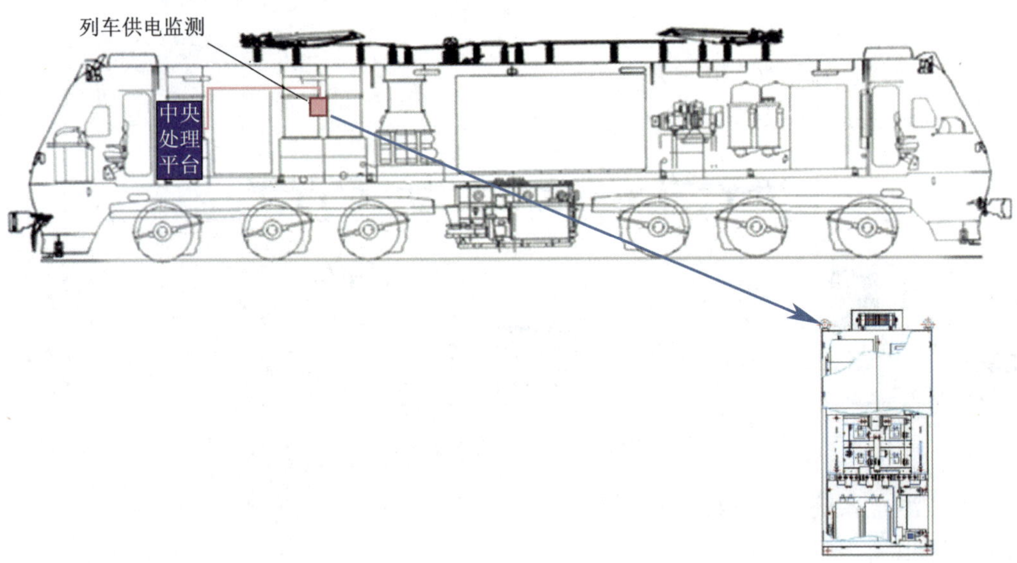

图 6-45　机车列车供电监测子系统

列车供电监测子系统(APDR)功能如下：

①接地诊断(漏电流检测)。

②对机车及后部列车供电状态进行监测。

③列车供电状态及故障记录。

可在机车出库、挂车、运行过程中对列车供电状态进行实时监测，实现列车供电系统故障分析和报警。

(6)空气制动安全监测子系统(ABDR)

空气制动安全监测子系统(ABDR)如图 6-46 所示。

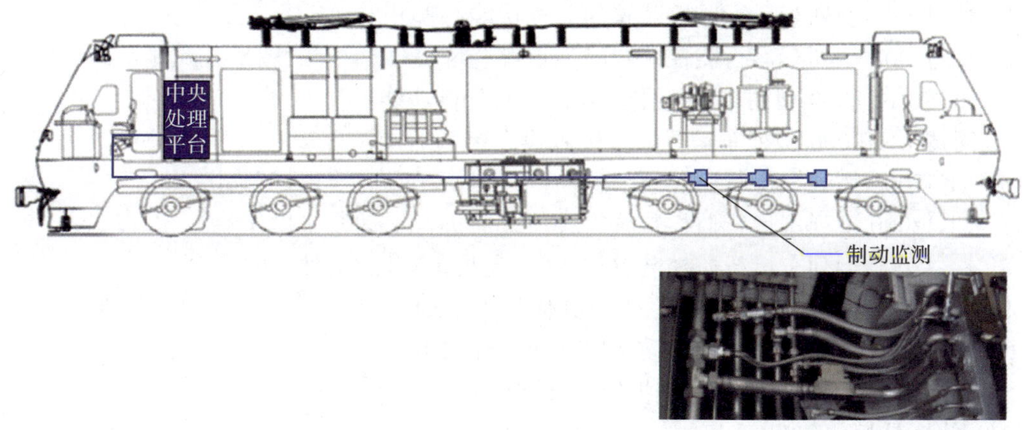

图 6-46　空气制动安全监测子系统

空气制动安全监测子系统(ABDR)功能如下：

①列车管折角塞门非正常关闭监测。

②机车停放制动非正常施加监测。

预防列车管因折角塞门关闭、制动失灵引起的行车事故，预防机车意外带闸行车事故。

(7)走行部故障监测子系统(ATDR)

走行部故障监测子系统如图 6-47 所示。

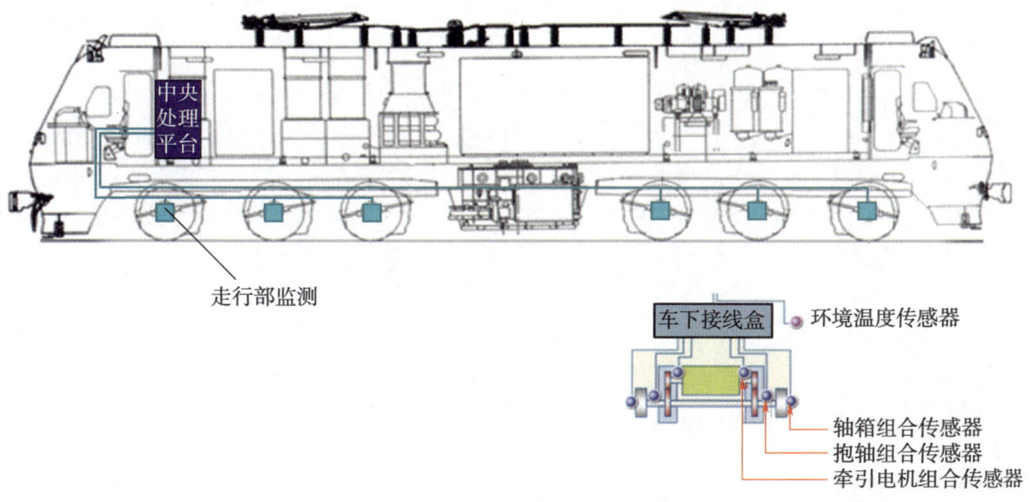

图 6-47　走行部故障监测子系统

通过振动谱分析，检测走行部轴箱轴承、电机轴承和踏面的早期故障，以降低走行部事故的发生。

复习思考题

1. LKJ2000 型列车运行监控装置由哪些设备组成？
2. LKJ2000 型列车运行监控装置的监控功能有哪些？
3. LKJ2000 型列车运行监控装置能显示哪些信息(以数字或图形方式显示)？
4. 简述 LKJ2000 型列车运行监控装置地面分析功能。
5. 简述 LKJ2000 型列车运行监控装置设定参数的操作方法。
6. LKJ2000 型列车运行监控装置如何进行出站“绿灯/绿黄灯”确认？
7. LKJ2000 型列车运行监控装置哪种情况需进行手动校正操作？
8. LKJ2000 型列车运行监控装置按压【自动校正】键的条件有哪些？
9. 什么是滞后误差？出现滞后误差如何校正 LKJ 距离？
10. 什么是超前误差？出现超前误差如何校正 LKJ 距离？
11. 什么情况下出现管压防溜报警？如何解除？
12. 什么是相位防溜？
13. 如何通过 MMI 报警按键发送或解除列车防护报警信息？
14. 简述 6A 系统主要由中央处理平台和六个子系统的构成。
15. 简述司机控制盒按键操作及功能意义。

第七章　电力机车常见故障处理

第一节　直流传动电力机车常见故障处理

SS4G 型电力机车常见故障处理如下：

一、控制电源故障

1. 现象一：

操纵台控制电源电压表低于 110 V。

处理流程：

第一步：确认交流电源自动脱扣开关 600QA 闭合位。交流电源自动脱扣开关 600QA 如图 7-1 所示。

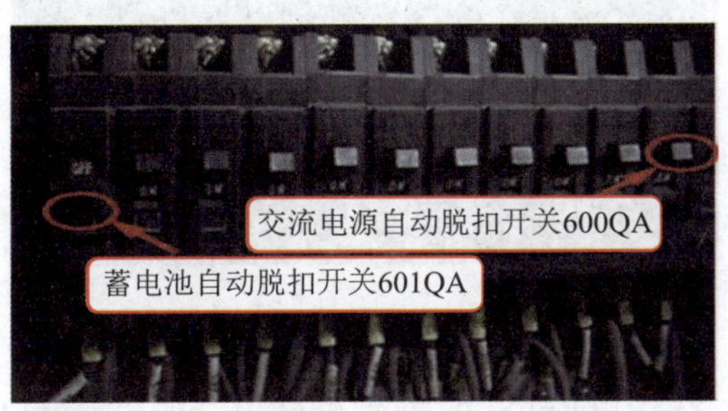

图 7-1　交流电源自动脱扣开关 600QA

第二步：转换 110 V 电源控制箱 A/B 板。110 V 电源控制箱转换扳钮如图 7-2 所示。

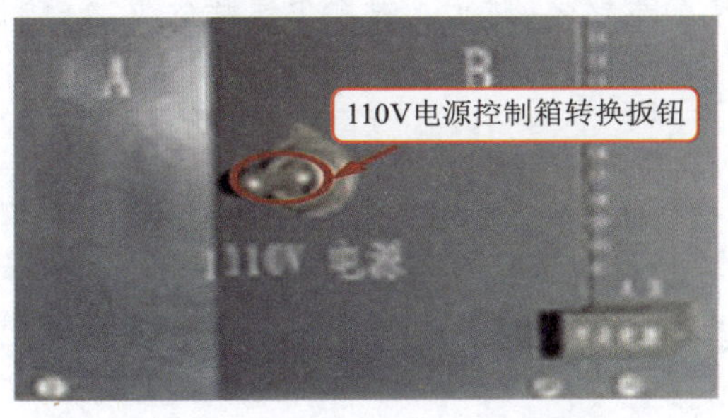

图 7-2　110 V 电源控制箱转换扳钮

第三步：将故障节电源柜内的 668QS 置于重联位，667QS、666QS 置于断开位。闸刀开关 668QS、667QS、666QS 如图 7-3 所示。

图 7-3 闸刀开关 668QS、667QS、666QS

2. 现象二：

主断路器断开时列车产生自然制动，控制电压表为 0。

处理流程：

第一步：确认蓄电池自动脱扣开关 601QA 闭合位。蓄电池自动脱扣开关 601QA 如图 7-4 所示。

图 7-4 蓄电池自动脱扣开关 601QA

第二步：将故障节电源柜内的 668QS 置于重联位，667QS、666QS 置于断开位。闸刀开关 668QS、667QS、666QS 如图 7-3 所示。

安全提示：

禁止手及检查用品接触带电体，防止人身触电事故的发生；转换开关动作要快，一次打到底，中间不得停留。

二、不 升 弓

现象：

按下受电弓升起扳键，受电弓无法升起。

处理流程：

第一步：确认受电弓自动脱扣开关 602QA 闭合位且升弓风压符合要求。脱扣开关 602QA 如图 7-5 所示。

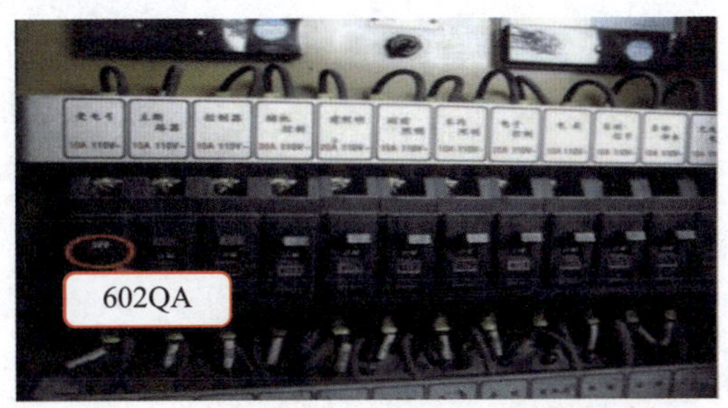

图 7-5　脱扣开关 602QA

第二步：换弓运行。

第三步：确认两节车门联锁阀杆伸到位。

第四步：确认司机室后墙快速降弓装置停用位。快速降弓装置如图 7-6 所示。

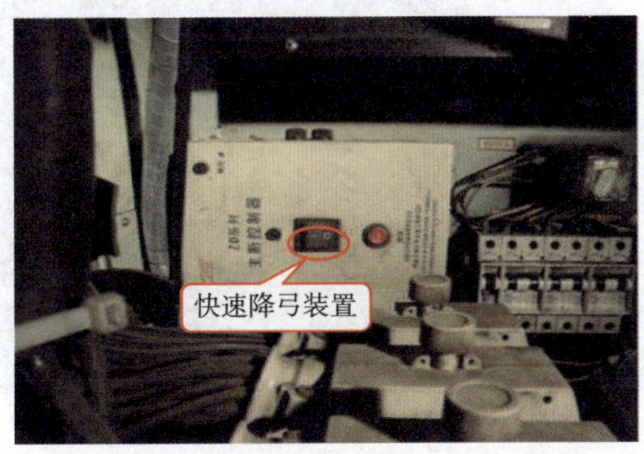

图 7-6　快速降弓装置

第五步：反复断合几次 570QS，检查两节车 287YV 是否得电吸合，如不吸合则顶死 287YV(必须确认已顶死，否则断开主断路器后又会造成受电弓降下)。电磁阀 287YV 如图 7-7 所示。

图 7-7　电磁阀 287YV

安全提示：

禁止手及检查用品接触带电体，需对检查部件进行复查确认状态良好，人员处于安全地点后，方可升弓。

三、主断路器不闭合

现象：

“主断”灯亮，按压“主断合”扳键，主断路器无法闭合。

处理流程：

第一步：主手柄置于“0”位，“0”位灯亮。主手柄位置如图 7-8 所示。

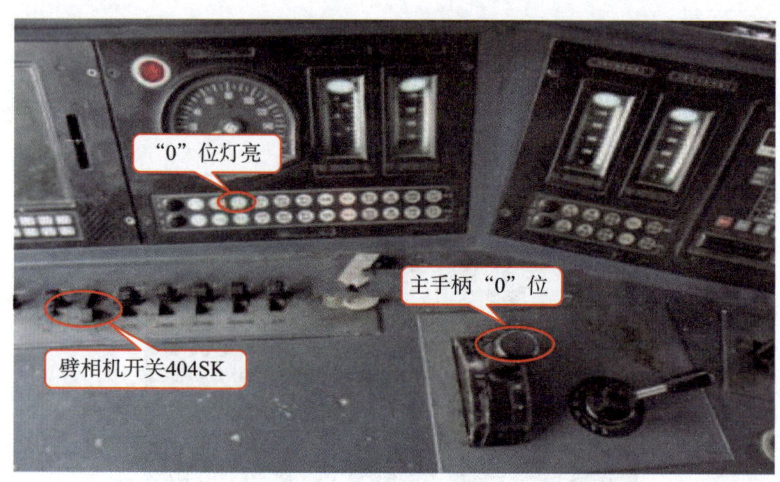

图 7-8　主手柄位置

第二步：劈相机开关置于“断开”位。

第三步：关闭自动过分相装置。

第四步：将 LCU 转至另一组(转换时在“0”位停留 3 s 以上)。

第五步：手动按压Ⅰ低压柜内劈相机中间继电器 567KA。劈相机中间继电器 567KA 如图 7-9 所示。

第六步：手动按压Ⅱ低压柜主断路器时间继电器 539KT。主断路器时间继电器 539KT 如图 7-10 所示。

安全提示：

禁止手及检查用品接触带电体，防止人身触电事故的发生；开关各柜室门注意安全，防止挤手。

四、自动跳主断路器

1. 现象一：

“辅接地”“主断”灯亮。

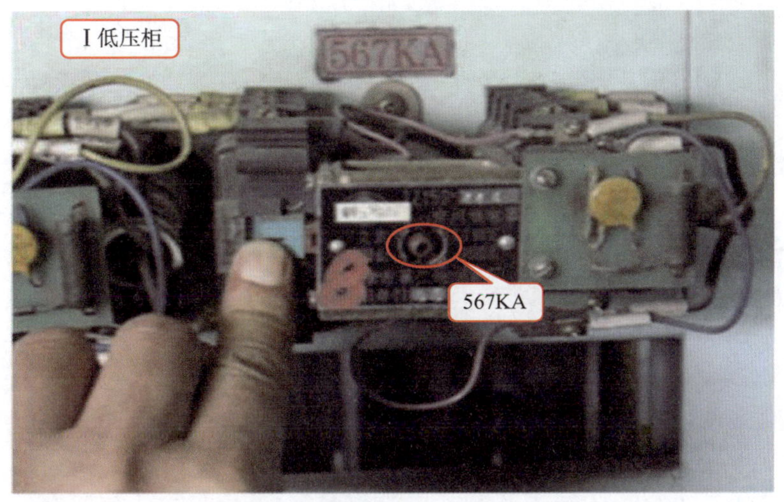

图 7-9　劈相机中间继电器 567KA

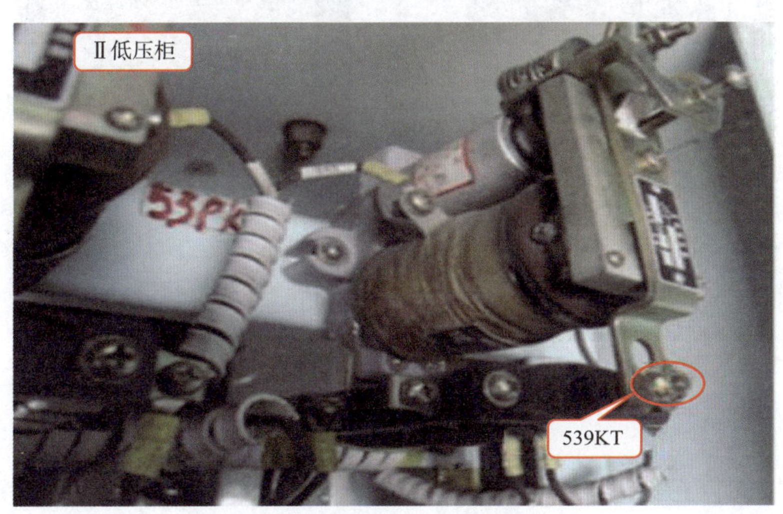

图 7-10　主断路器时间继电器 539KT

处理流程：

第一步：断开电炉、热风机等生活用电。

第二步：将故障节Ⅰ低压柜上的辅接地开关 237QS 置“故障”位。辅接地开关 237QS 如图 7-11 所示。

2. 现象二：

“主接地”“主断”灯亮

处理流程：

第一步：主手柄回“0”位，重新闭合主断路器一次。

第二步：断电、降弓、拔钥匙确认受电弓已降落，将Ⅰ、Ⅱ高压柜主接地闸刀开关 95QS、96QS 置于“下合”位，加强巡检。主接地闸刀开关 95QS、96QS 如图 7-12 所示。

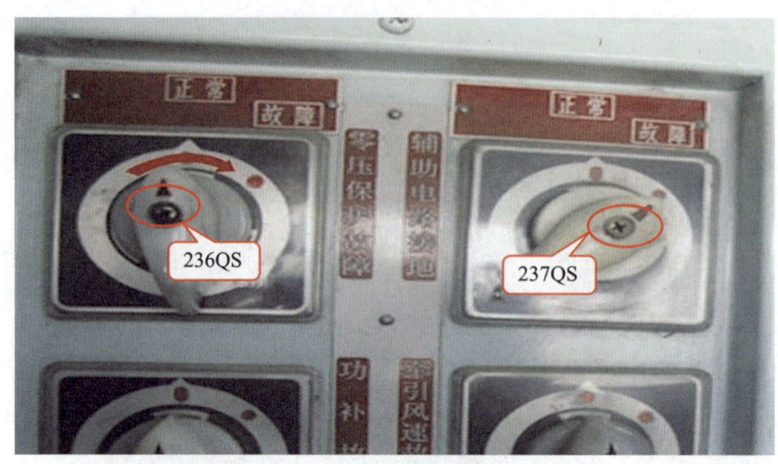

图 7-11　辅接地开关 237QS

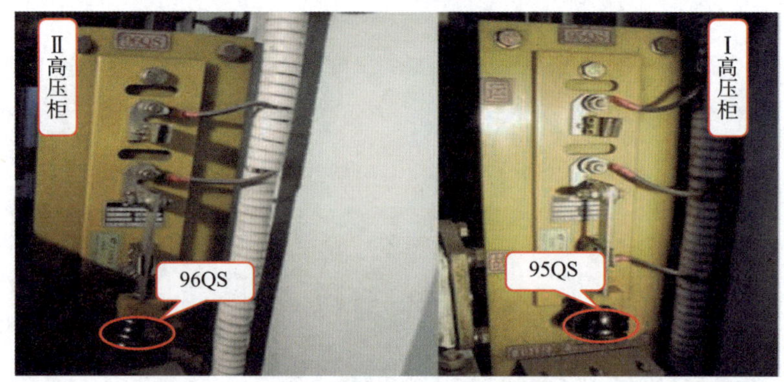

图 7-12　主接地闸刀开关 95QS、96QS

3. 现象三：

无显示、“主断”灯亮。

处理流程：

分别将Ⅰ、Ⅱ低压柜门上零压保护开关 236QS 置于“故障”位。零压保护开关 236QS 如图 7-13 所示。

4. 现象四：

“原边过流”“辅助过流”“主断”灯亮。

处理流程：

第一步：重新合闸一次。

第二步：转换电子柜 A/B 组。电子柜如图 7-14 所示。

第三步：确认Ⅱ低压柜 282KC、101KC 无异状，切除该节车。继电器 282KC、101KC 如图 7-15 所示。

5. 现象五：

误碰紧急停车按钮，“主断”灯亮。

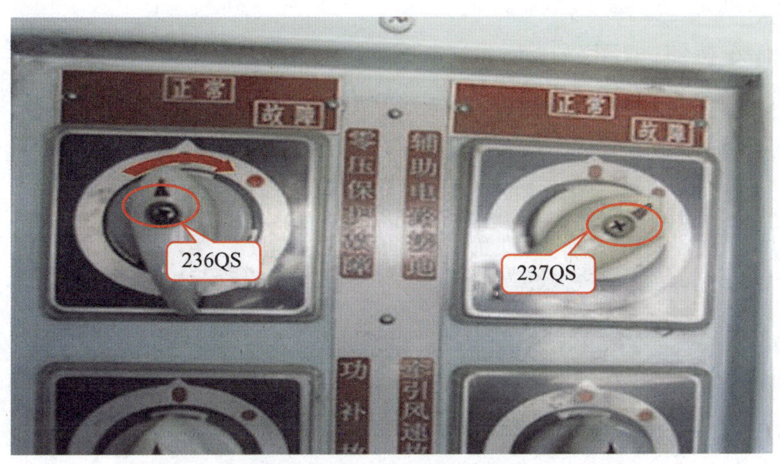

图 7-13　零压保护开关 236QS

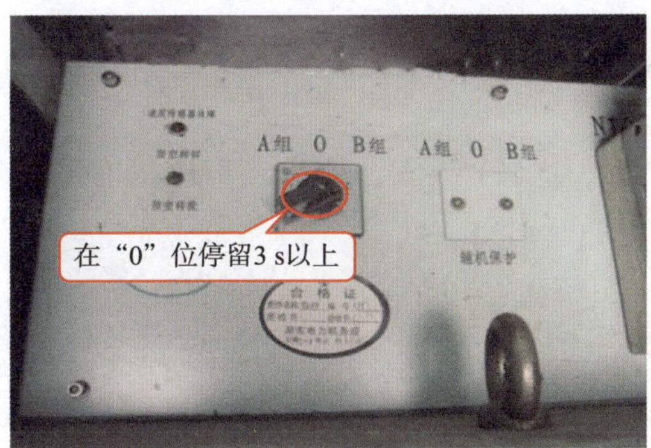

图 7-14　电子柜

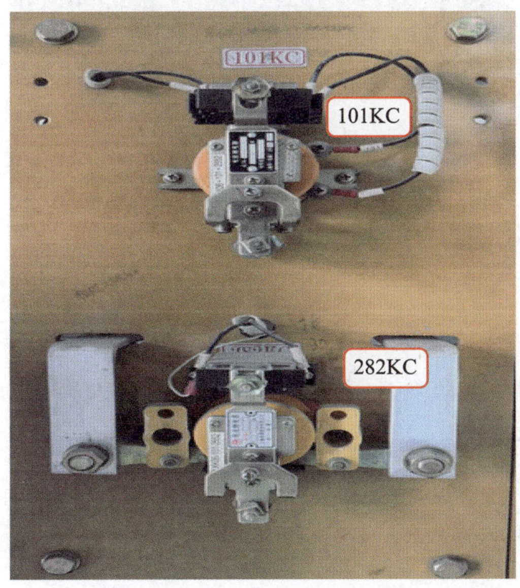

图 7-15　继电器 282KC、101KC

处理流程：

复位紧急停车按钮，如图 7-16 所示。

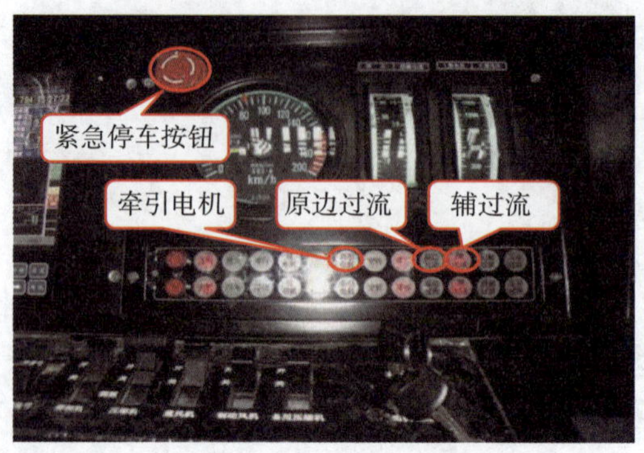

图 7-16　紧急停车按钮

6. 现象六：

“牵引电机”“主断”灯亮。

处理流程：

第一步：逻辑控制单元 LCU 转换至另一组。逻辑控制单元 LCU 如图 7-17 所示。

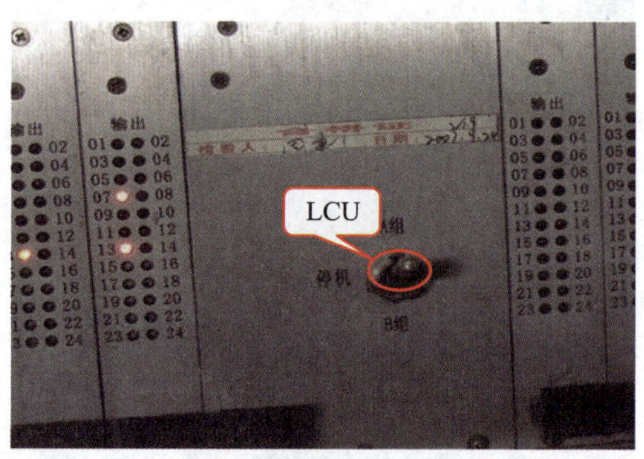

图 7-17　逻辑控制单元 LCU

第二步：电子柜转另一组维持运行。

第三步：将故障电机闸刀置“中间”位。

安全提示：

禁止手及检查用品接触带电体，对高压系统进行检查处理故障时，必须断电、降弓并携带电钥匙，防止人身触电事故的发生；转换开关动作要快，一次打到底，中间不得停留，开关各柜室门注意安全，防止挤手。

五、劈相机不工作

1. 现象一：

闭合劈相机开关，“劈相机”灯不亮（无任何声音）。

处理流程：

确认电源柜 605QA 在“闭合”位。

2. 现象二：

闭合劈相机开关，“劈相机”灯长亮(无启动声)

处理流程：

第一步：劈相机灯亮 1 s 后人为闭合Ⅰ低压柜劈相机启动继电器 283AK。劈相机启动继电器 283AK 如图 7-18 所示。

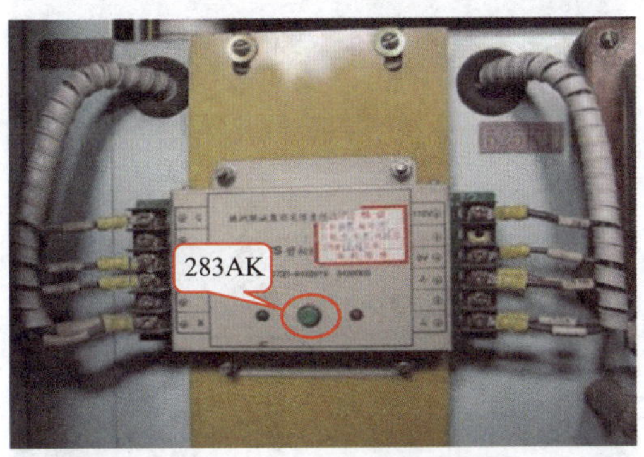

图 7-18 劈相机启动继电器 283AK

第二步：确认Ⅱ低压柜劈相机保护开关 215QA 在“闭合”位(将扳扭向下扳至“断开”位，再向上扳至“闭合”位)。劈相机保护开关 215QA 如图 7-19 所示。

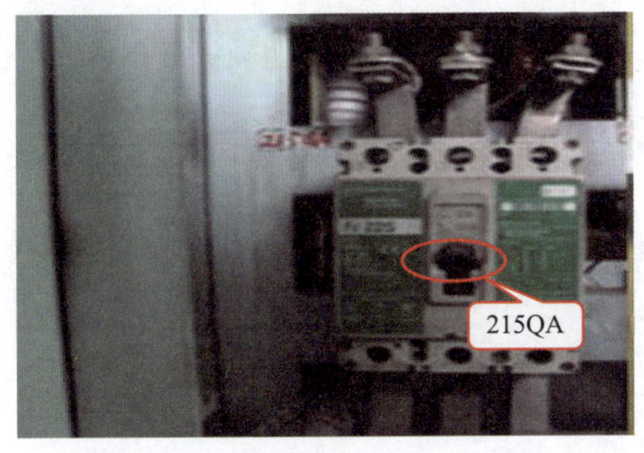

图 7-19 劈相机保护开关 215QA

第三步：装有 LCU 的机车，转换Ⅱ低压柜 LCU 的 A/B 组。

第四步：利用第一牵引通风机代替劈相机。

(1)断开Ⅱ低压柜劈相机保护开关 215QA。

(2)将Ⅱ低压电器柜劈相机隔离开关 242QS 置“1FD”位。劈相机隔离开关 242QS 如图 7-20 所示。

(3)将Ⅱ低压电器柜内左下方阻容转换闸刀 296QS 置于“下合”位。(启动时仍按“劈相机”扳钮，显示屏“劈相机”灯不灭)。阻容转换闸刀开关 296QS 位置如图 7-21 所示。

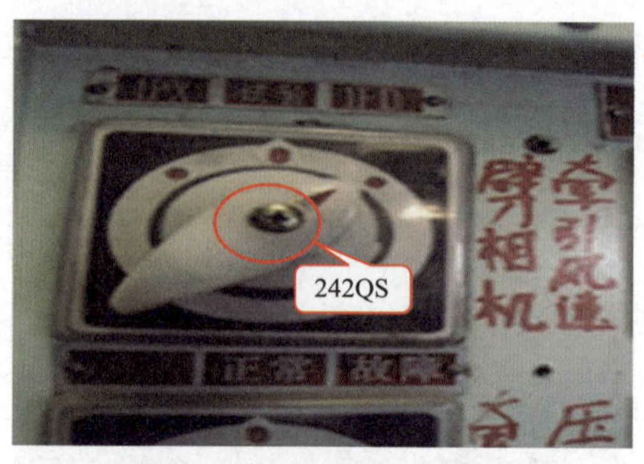

图 7-20　劈相机隔离开关 242QS

图 7-21　阻容转换闸刀开关 296QS

注意：个别机车在 296QS 右侧装有 298QS，如确认劈相机电阻烧损时，可将 298QS 置于“下合”位，使用备用电阻启动劈相机。

安全提示：

禁止手及检查用品接触带电体，对高压系统进行检查处理故障时，必须断电、降弓并携带电钥匙，防止人身触电事故的发生；转换开关动作要快，一次打到底，中间不得停留；开关各柜室门注意安全，防止挤手。

六、空压机不工作

现象：

闭合“空压机”扳键，空压机不打风。

处理流程：

第一步：闭合强泵风开关 408SK。

第二步：如非标准化司机室副屏“压缩机”灯亮，闭合第Ⅱ低压电器柜压缩机自动开关 217QA。压缩机自动开关 217QA 如图 7-22 所示。

第三步：将压缩机故障隔离开关 579QS 置于“故障”位切除空压机，使用单泵风维持运行。压缩机故障隔离开关 579QS 如图 7-23 所示。

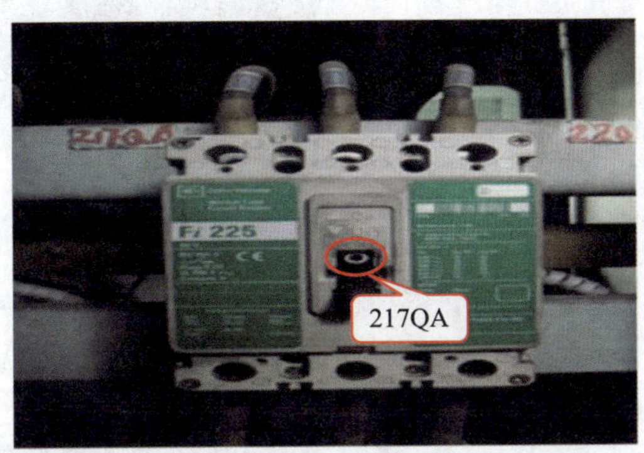

图 7-22　压缩机自动开关 217QA

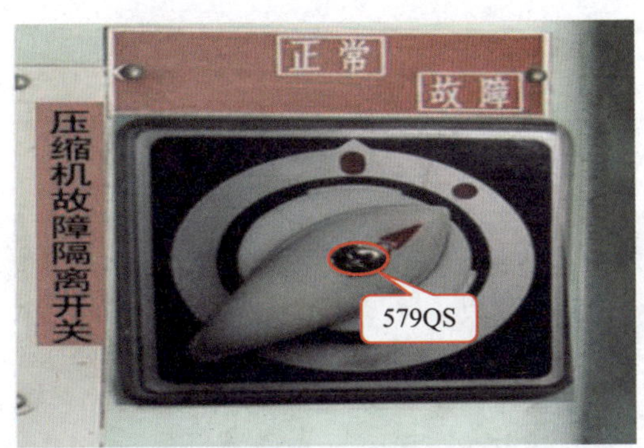

图 7-23　压缩机故障隔离开关 579QS

安全提示：

禁止手及检查用品接触带电体，防止人身触电事故的发生；认真确认自动脱扣开关位置，防止假跳；开关各柜室门注意安全，防止挤手。

七、牵引风机 1(2)不工作，变压器风机、油泵不工作

1. 现象一：

“辅助回路”灯亮。

处理流程：

(1)确认牵引风机 1 自动开关 219QA、牵引风机 2 自动开关 220QA 在“闭合”位(将扳扭向下扳至“断开”位，再向上扳至“闭合”位)。牵引风机 1 自动开关 219QA、牵引风机 2 自动开关 220QA 如图 7-24 所示。

219QA(220QA)保护开关频繁跳开，可将第一牵引风机 575QS(第二牵引风机 576QS)置于“故障”位，保留 3/4 牵引力维持运行，待保护开关冷却降温后，择机恢复。

(2)变压器风机自动开关 227QA、变压器油泵电机自动开关 228QA 在“闭合”位(将扳扭

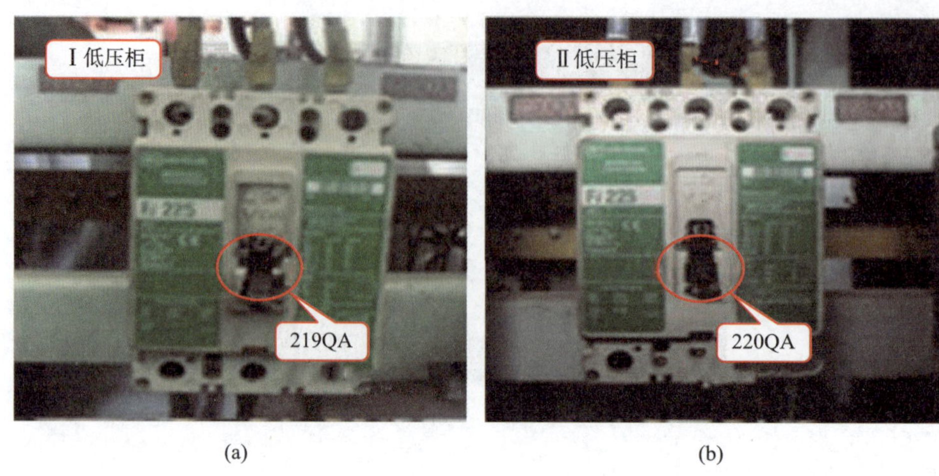

(a) (b)

图 7-24 牵引风机 1 自动开关 219QA、牵引风机 2 自动开关 220QA

向下扳至“断开”位，再向上扳至“闭合”位）。变压器风机自动开关 227QA、变压器油泵电机自动开关 228QA 如图 7-25 所示。

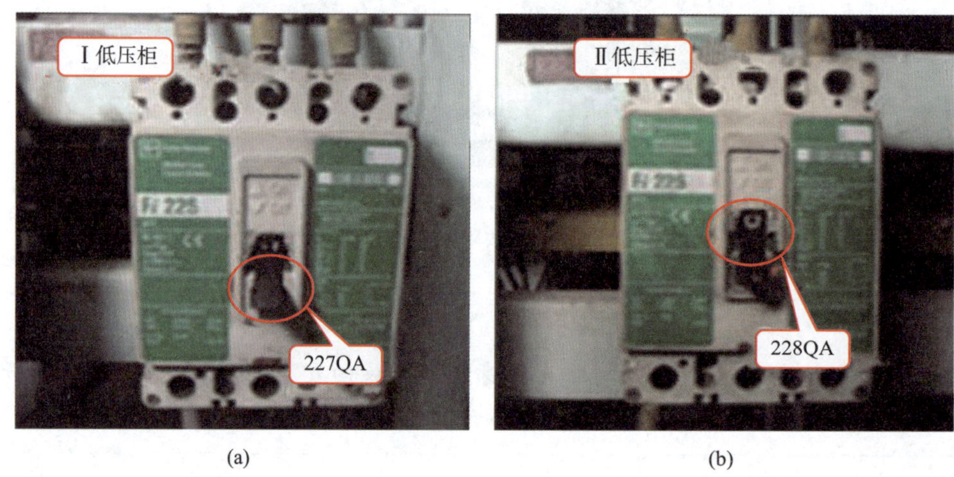

(a) (b)

图 7-25 变压器风机自动开关 227QA、变压器油泵电机自动开关 228QA

227QA、228QA 保护开关频繁跳开，可暂不处理，需检查变压器油温不得超过 75 ℃，待保护开关冷却降温后，择机恢复。

2. 现象二：

“辅助回路”灯不亮。

处理流程：

第一步：转换Ⅰ、Ⅱ低压柜内 LCU 的 A/B 组。

第二步：手动按压Ⅰ低压柜内劈相机时间继电器 533KT 及劈相机启动中间继电器 566KA。劈相机时间继电器 533KT、劈相机启动中间继电器 566KA 如图 7-26、图 7-27 所示。

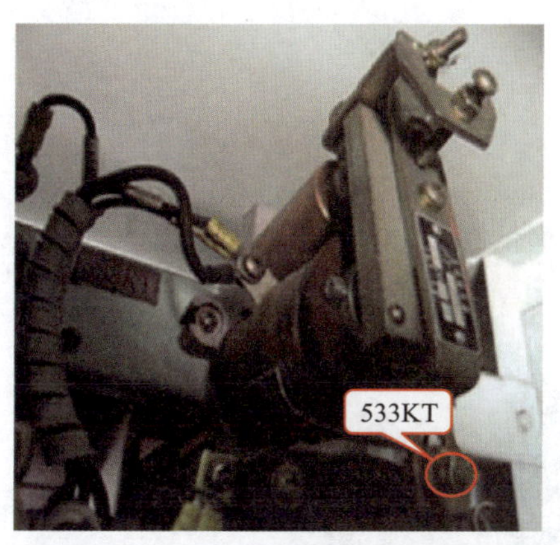

图 7-26 劈相机时间继电器 533KT

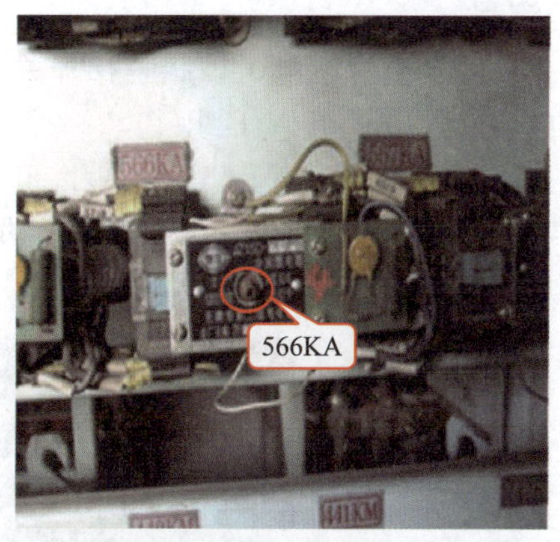

图 7-27 劈相机启动中间继电器 566KA

安全提示：

禁止手及检查用品接触带电体，防止人身触电事故的发生；认真确认自动脱扣开关位置，防止假跳；开关各柜室门注意安全，防止挤手。

八、预备灯不灭

1. 现象一：

电制转牵引后预备灯不灭。

处理流程：

第一步：确认 604QA 闭合。

第二步：反复转换工况及断合主断路器(4QF)二次。

第三步：断电降弓、拔钥匙、确认受电弓已降落，人工转换牵引/制动转换开关。

2. 现象二：

牵引运行中预备灯突然亮(1.5 级以上)。

处理流程：

第一步：装有 LCU 的机车，转换 A/B 组。

第二步：确认牵引通风机 1、2 运转正常后将牵引风速开关 573QS、574QS 置“故障”位。

安全提示：

禁止手及检查用品接触带电体，防止人身触电事故的发生；认真确认自动脱扣开关位置，防止假跳；开关各柜室门注意安全，防止挤手。

九、有级位牵引无流无压

现象：

主手柄离开“0”位(级位数不低于运行速度)，牵引电机无电流输出。

处理流程：

第一步：闭合电源柜电子控制脱扣开关 609QA.

第二步：转换电子柜 A/B 组。

第三步：转换Ⅰ低压柜 LCU 的 A/B 组。

第四步：如 12KM～42KM 不吸合，手动按压Ⅰ低压柜内零位时间继电器 532KT。零位时间继电器 532KT 如图 7-28 所示。

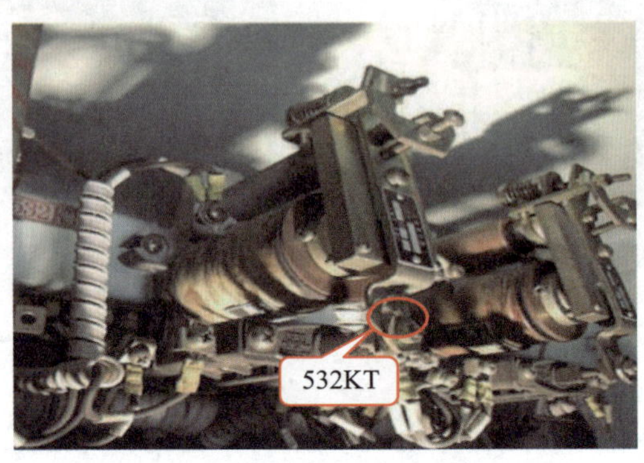

图 7-28　零位时间继电器 532KT

安全提示：

禁止手及检查用品接触带电体，防止人身触电事故的发生；认真确认自动脱扣开关位置，防止假跳；开关各柜室门注意安全，防止挤手。

十、风源系统故障

现象：

打不起风、打风后排风不止。

处理流程：

(1)双塔式

关闭空气干燥器上两个排污塞门，油水分离器排污塞门；开放干燥器 110 塞门。双塔干燥器 110 塞门如图 7-29 所示。

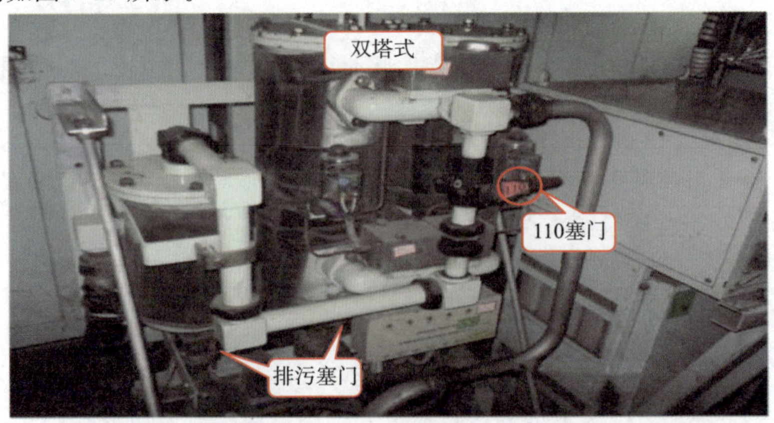

图 7-29　双塔干燥器 110 塞门

(2)单塔式

关闭 G1 塞门,开放 G2 塞门。G1 塞门、G2 塞门位置如图 7-30 所示。

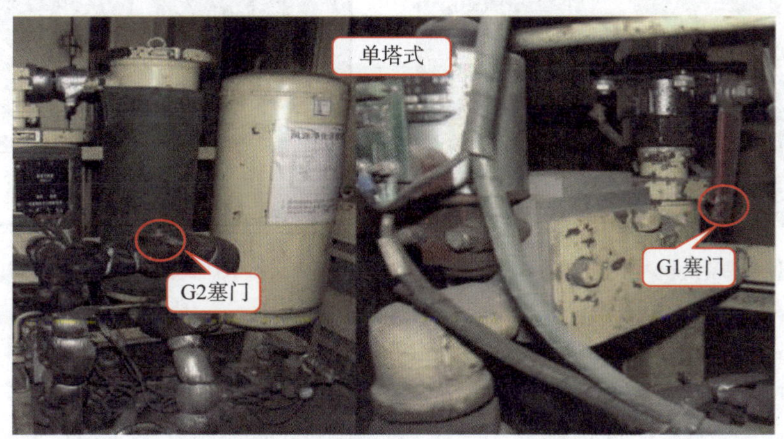

图 7-30　单塔干燥器 G1 塞门、G2 塞门

> **安全提示:**
> 检查处理时,禁止接触运动部件及高温和带电部件,严禁敲击紧固有压力的部件,检修前必须断开压力源,确保人身安全。

第二节　交流传动电力机车常见故障处理

一、HXD1 型电力机车故障处理

(一)受电弓无法升起

现象:

受电弓无法升起。

处理流程:

第一步:检查风压。

总风低于 480 kPa 时,闭合受电弓升弓扳键,辅助风泵自动打风,当风压达到 600 kPa 时,辅助风泵打风停止,再次合升弓扳键升弓。

第二步:微机复位

调速手柄回"0"位,断开主断路器后,按下微机复位按钮 1 s 以上松开。司机显示屏故障信息大约 15 s 后自动消除。微机复位按钮如图 7-31 所示。

第三步:换升另一受电弓。

将操纵节受电弓模式选择开关置于另一弓位置。受电弓选择开关如图 7-32 所示。

第四步:根据微机屏提示的处理流程处置。

图 7-31　微机复位按钮

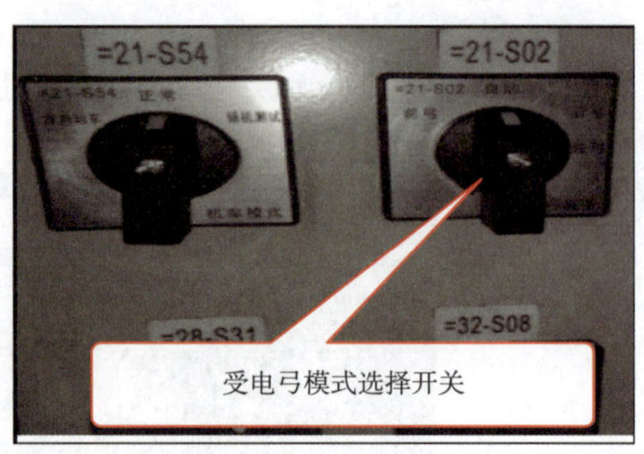

图 7-32　受电弓选择开关

依次按压显示屏主要数据→封锁条件→受电弓按键，进入受电弓状态界面，查看白色故障栏，点击 i 按键，根据微机屏显示的处理措施进行处理。若白色故障栏有多项时，依次点击下一条，分别查看对应的处理措施。主要数据操作界面如图 7-33 所示，封锁条件界面如图 7-34 所示。

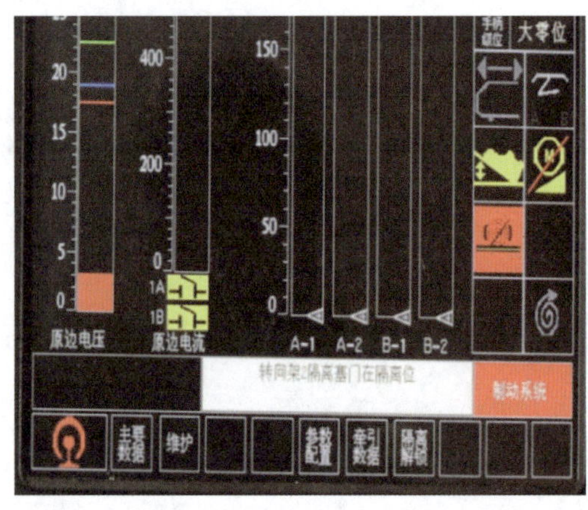

(a)

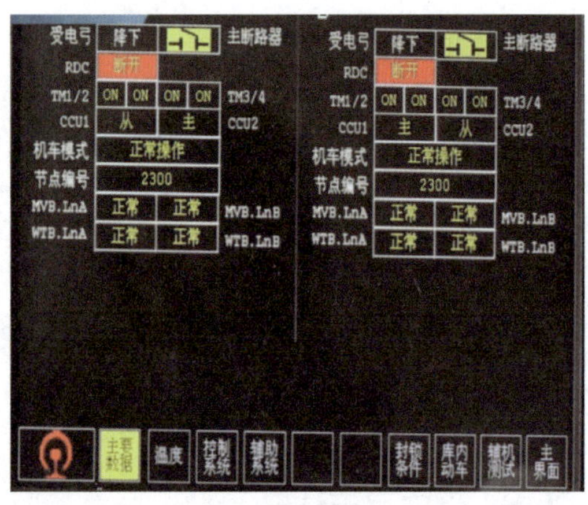

(b)

图 7-33　主要数据操作界面

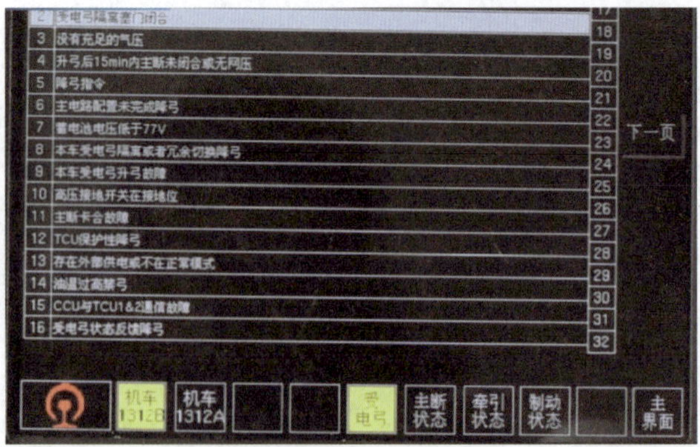

图 7-34　封锁条件界面

第五步：进行 GWM 复位。

调速手柄回“0”位，断开主断路器、降弓。同时断开低压柜中的 GWM1 和 GWM2 自动开关 10 s 以上，同时闭合 GWM1 和 GWM2 自动开关。GWM 复位操作如图 7-35 所示。

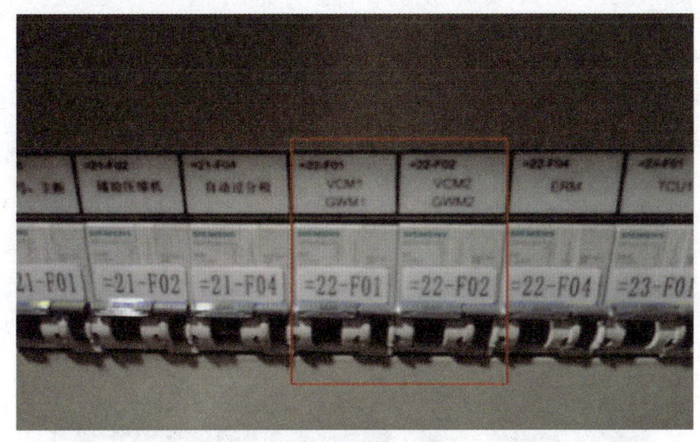

图 7-35 GWM 复位操作

第六步：大复位。

在机车停车的条件下，调速手柄回“0”位、断开主断路器、降弓，断开两节车司机室的“控制电源开关”60 s 以上或断开两节车低压柜中的蓄电池开关（＝32-Q82）60 s 以上。控制电源开关如图 7-36 所示，蓄电池开关如图 7-37 所示。

图 7-36 控制电源开关

图 7-37 蓄电池开关

（二）主断路器无法闭合

现象：

主断路器无法闭合。

处理流程：

第一步：微机复位。

调速手柄回“0”位，断开主断路器后，按下微机复位按钮 1 s 以上松开。司机显示屏故障信息大约 15 s 后自动消除。

第二步：根据微机屏提示的处理流程处置。

依次按压显示屏主要数据→封锁条件→主断路器状态按键，进入主断路器状态界面，查看白色故障栏，点击按键，根据微机屏显示的处理措施进行处理。若白色故障栏有多项时，依次点击下一条，分别查看对应的处理措施。主要数据界面如图 7-38 所示、封锁条件如图 7-39 所示，故障浏览如图 7-40 所示。

第三步：隔离故障。

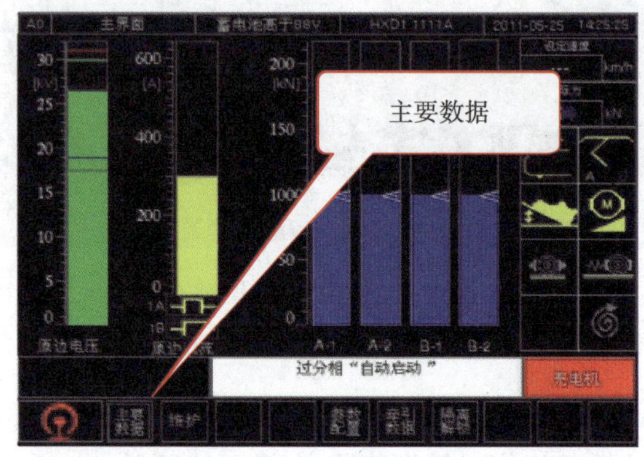

图 7-38　主要数据界面

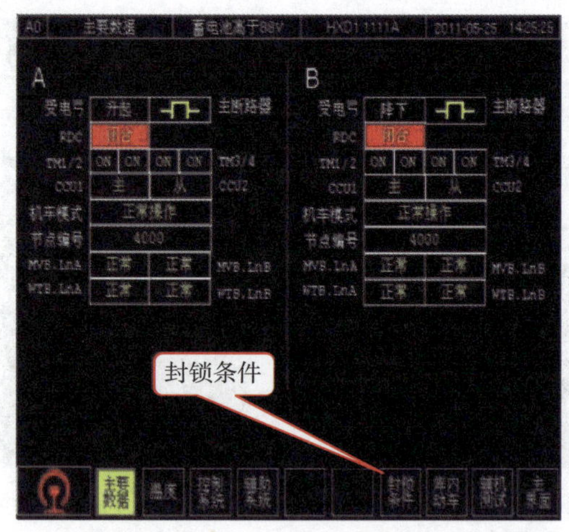

图 7-39　封锁条件

(1)微机隔离：连续按压三次微机复位按钮，每次按压间隔时间为 2 s，系统自动隔离故障点。

(2)手动隔离：从微机屏上查找故障处所：一是显示为 TCU1/2 故障，断开低压柜内的对应 TCU 开关；二是显示为 TCU1/2 四象限故障，将低压柜上对应的电机隔离转换开关打至隔离位。TCU 隔离如图 7-41 所示。

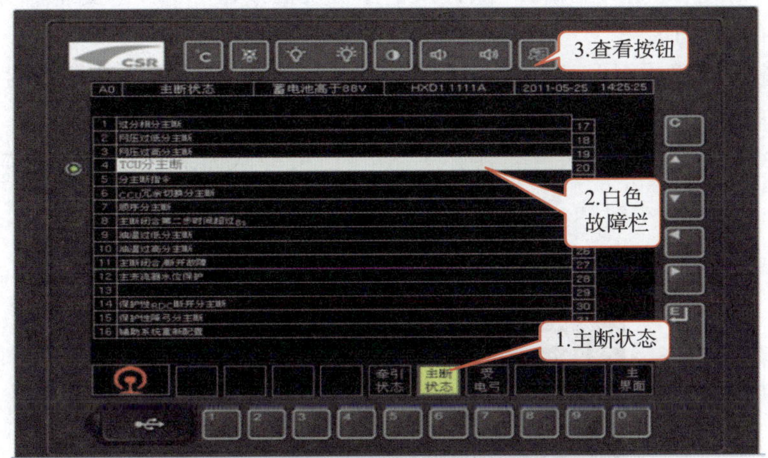

图 7-40 故障浏览

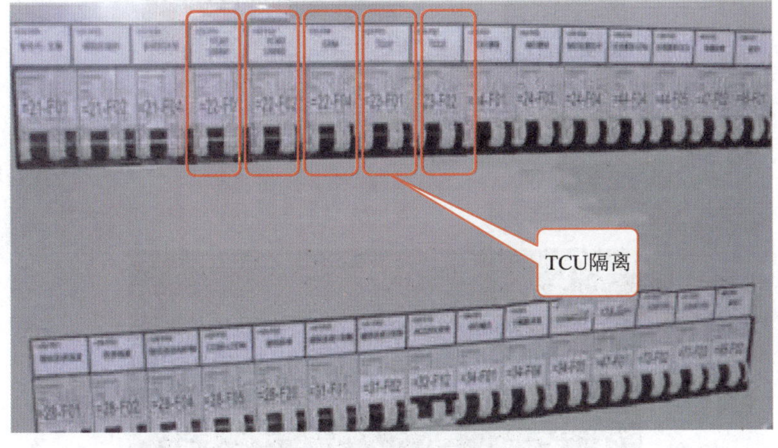

图 7-41 TCU 隔离

第四步：进行 GWM 复位。

调速手柄回“0”位，断开主断路器、降弓。同时断开低压柜中的 GWM1 和 GWM2 自动开关 10 s 以上，同时闭合 GWM1 和 GWM2 自动开关。

第五步：大复位。

在机车停车的条件下，调速手柄回“0”位、断开主断路器、降弓，断开两节车司机室的“控制电源开关”60 s 以上或断开两节车低压柜中的蓄电池开关(=32-Q82)60 s 以上。

（三）牵引无流

1. 现象一：

全车无流。

处理流程：

第一步：微机复位。

调速手柄回“0”位，断开主断路器后，按下微机复位按钮 1 s 以上松开。司机显示屏故障信息大约 15 s 后自动消除。

第二步：根据微机屏提示的处理流程处置依次按压显示屏主要数据→封锁条件→牵引状态按键，进入牵引状态界面，查看白色故障栏，点击i按键，根据微机屏显示的处理措施进行处理。若白色故障栏有多项时，依次点击“下一条”，分别查看对应的处理措施。封锁条件界面如图 7-42 所示，牵引状态界面如图 7-43 所示。

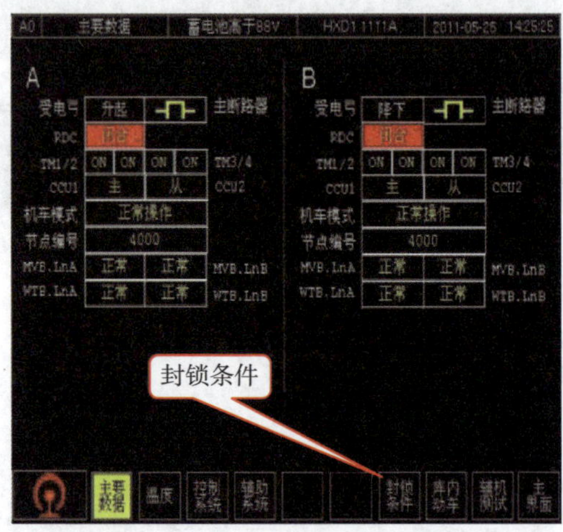

图 7-42　封锁条件界面

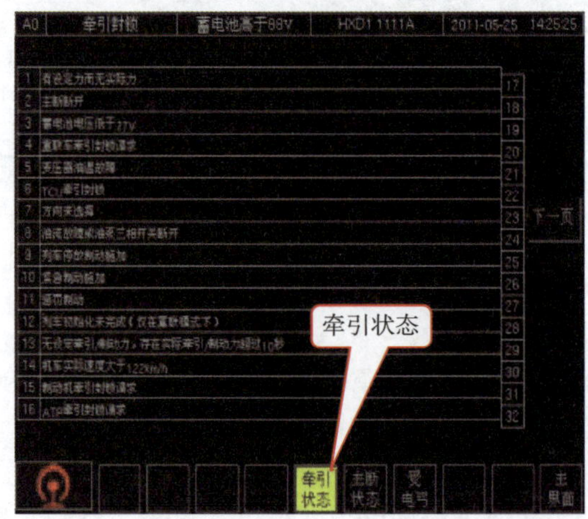

图 7-43　牵引状态界面

第三步：进行 GWM 复位。

调速手柄回“0”位，断开主断路器、降弓。同时断开低压柜中的 GWM1 和 GWM2 自动开关 10 s 以上，同时闭合 GWM1 和 GWM2 自动开关。

第四步：大复位。

在机车停车的条件下，调速手柄回“0”位、断开主断路器、降弓，断开两节车司机室的控制电源开关 60 s 以上或断开两节车低压柜中的蓄电池开关(=32-Q82)60 s 以上。

2. 现象二:

电机无流。

处理步骤:

第一步:微机复位

调速手柄回“0”位,断开主断路器后,按下微机复位按钮 1 s 以上松开。司机显示屏故障信息大约 15 s 后自动消除。

第二步:恢复相应开关。

(1)在微机显示屏“主界面”按压上方按键[图标],确认是否存在三相开关断开,如果有断开主断路器,在低压柜上恢复相应开关,并断开故障电机对应的 TCU 开关 5 s 以上再闭合。故障查看按键如图 7-44 所示。

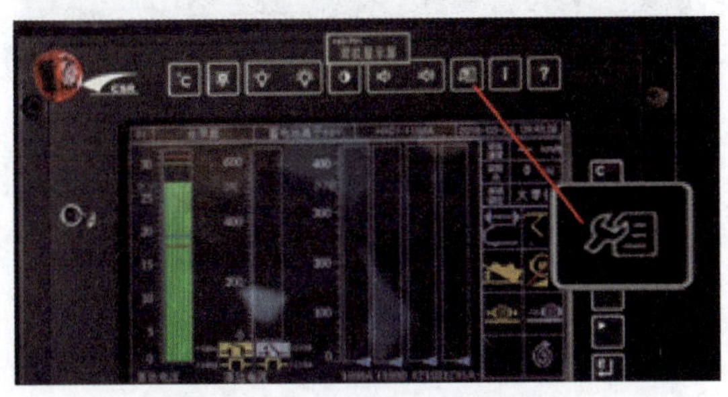

图 7-44 故障查看按键

(2)隔离解锁:在显示屏主界面按压隔离解锁按键,解除锁定故障。隔离解锁按键如图 7-45 所示。

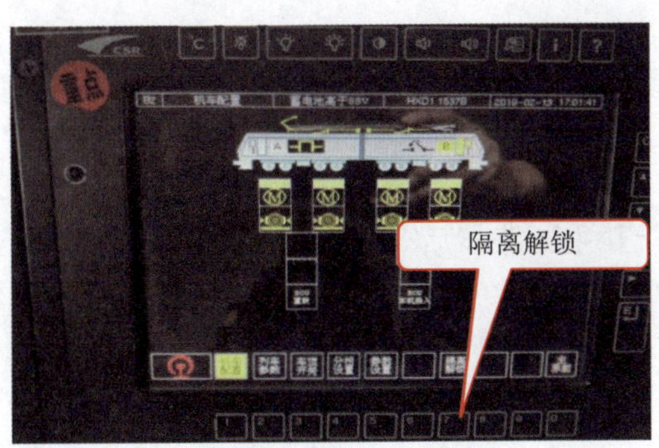

图 7-45 隔离解锁按键

第三步:进行 GWM 复位。

调速手柄回“0”位,断开主断路器、降弓。同时断开低压柜中的 GWM1 和 GWM2 自动开关,10 s 以上,同时闭合 GWM1 和 GWM2 自动开关。

第四步:大复位。

在机车停车的条件下,调速手柄回“0”位、断开主断路器、降弓,断开两节车司机室的控制电源开关 60 s 以上或断开两节车低压柜中的蓄电池开关(=32-Q82)60 s 以上。

（四）辅逆变故障

现象：

辅逆变故障。

处理流程：

第一步：微机复位。

调速手柄回“0”位，断开主断路器后，按下微机复位按钮 1 s 以上松开。司机显示屏故障信息大约 15 s 后自动消除。

第二步：在低压柜中依次断开闭合辅变到主变电压传感器开关（＝34-Q20）、辅变到主变电压传感器开关（＝34-Q21）。辅变到主变电压传感器如图 7-46 所示。

图 7-46　辅变到主变电压传感器

第三步：大复位。

在机车停车的条件下，调速手柄回“0”位、断开主断路器、降弓，断开两节车司机室的控制电源开关 60 s 以上或断开两节车低压柜中的蓄电池开关（＝32-Q82）60 s 以上。

（五）主 接 地

现象：

主接地。

处理流程：

第一步：微机复位。

调速手柄回“0”位，断开主断路器后，按下微机复位按钮 1 s 以上松开。司机显示屏故障信息大约 15 s 后自动消除。

第二步：可通过三次微机复位自动隔离故障。

第三步：甩故障节处理。

第四步：大复位。

在机车停车的条件下，调速手柄回“0”位、断开主断路器、降弓，断开两节车司机室的控制电源开关 60 s 以上或断开两节车低压柜中的蓄电池开关（＝32-Q82）60 s 以上。

（六）辅 接 地

现象：

辅接地。

处理流程：

第一步：可通过三次按压“微机复位”按钮，自动隔离故障的辅助电器。

第二步：甩故障节处理。

第三步：大复位。

在机车停车的条件下，调速手柄回“0”位、断开主断路器、降弓，断开两节车司机室的控制电源开关 60 s 以上或断开两节车低压柜中的蓄电池开关(＝32-Q82)60 s 以上。

（七）停放制动不缓解

现象：

停放制动不缓解。

处理流程：

第一步：按压停放制动缓解按钮。停放制动缓解按钮如图 7-47 所示。

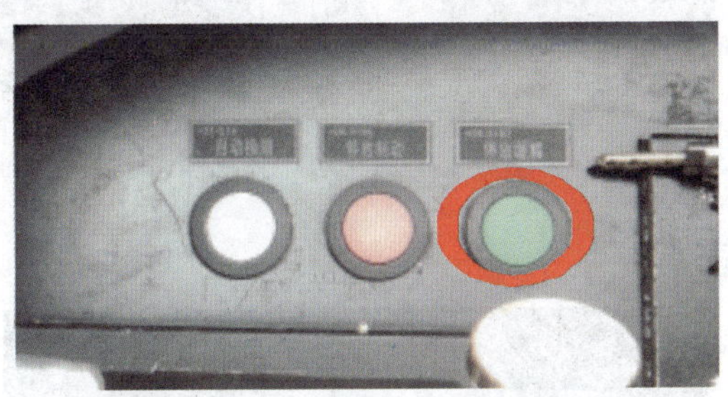

图 7-47　停放制动缓解按钮

第二步：人为按压故障节停放制动模块的停放制动缓解柱塞。CCBⅡ型制动机如图 7-48 所示，DK-2 型制动机如图 7-49 所示。

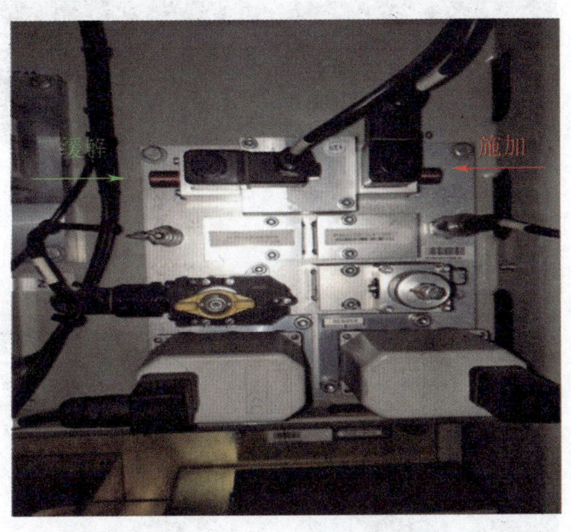

图 7-48　CCBⅡ型制动机

第三步：隔离停放制动。

CCBⅡ型制动机：停车后，将故障节停放制动模块塞门(B40.06)打至“隔离”位，下车把故障节停放制动缸缓解拉环拉出 3 s 以上听到响声后松开(每节车四个停放制动缸，设在每节车左侧 1、3 位，右侧 2、4 位)。CCBⅡ型制动机停放制动塞门如图 7-50 所示，停放缸缓解拉环如图 7-51 所示。

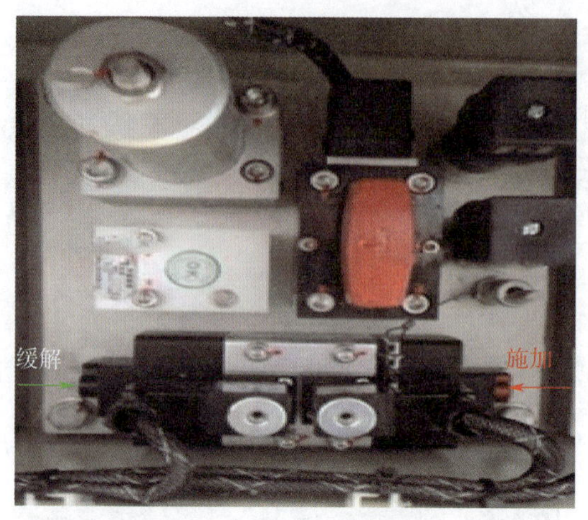

图 7-49 DK-2 型制动机

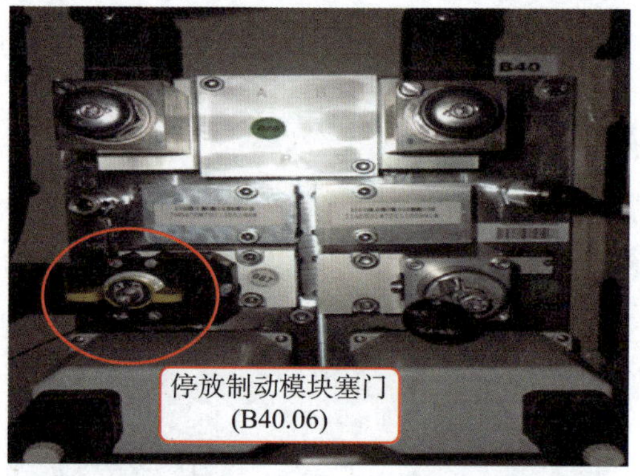

图 7-50 停放制动塞门(CCBⅡ型制动机)

图 7-51 停放缸缓解拉环(CCBⅡ型制动机)

DK-2 型制动机：停车后，关闭故障节停放制动塞门 177，下车把故障节停放制动缸缓解拉环拉出 3 s 以上听到响声后松开（每节车四个停放制动缸，设在每节车左侧 1、3 位，右侧 2、4 位）。DK-2 型制动机停放制动塞门如图 7-52 所示，停放缸缓解拉环如图 7-53 所示。

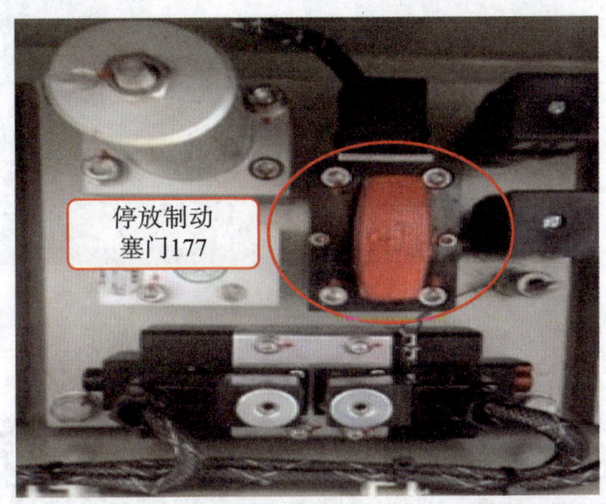

图 7-52　停放制动塞门（DK-2 型制动机）

图 7-53　停放缸缓解拉环（DK-2 型制动机）

二、HXD2 型电力机车故障处理

（一）主变流器隔离

现象：

发生“整流器××隔离”“逆变器××隔离”“四象限××”或“TCU 故障”类故障时，可按下述步骤对故障进行处理。

处理流程：

第一步：主手柄回“0”位，断开主断路器后，按压微机复位按钮或在微机显示屏“控制—隔离”界面中点击恢复隔离的变流器。微机复位如图 7-54 所示，恢复隔离变流器如图 7-55 所示。

图 7-54　微机复位

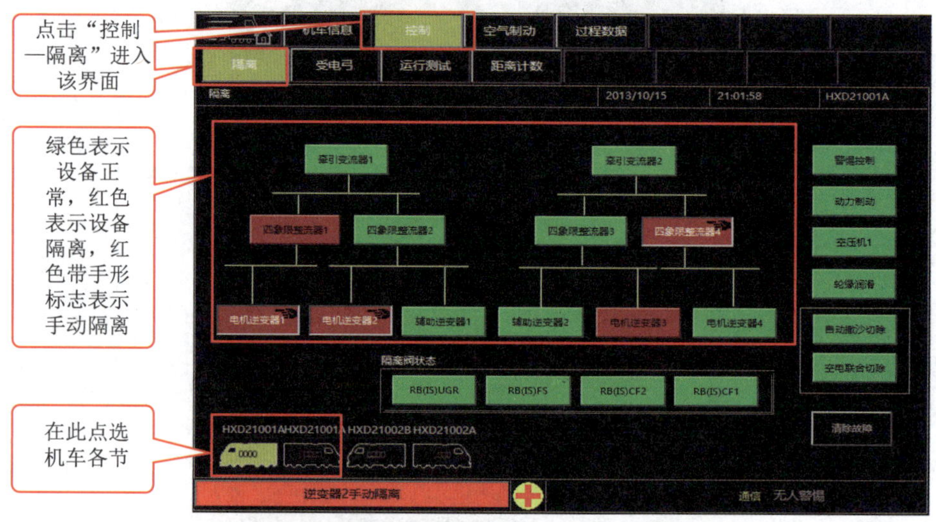

图 7-55　恢复隔离变流器

第二步：经以上处理无效后，若机车功率能满足牵引需要，维持运行回段报修，不能满足时尽可能运行至站内停车后进行整车蓄电池断电复位。

> **安全提示：**
>
> 1. TCU 复位时主变流柜内红色指示灯灭后 30 s 再进行操作，以防短时高压电触电。
> 2. 处理机车故障必须加强瞭望，在确保行车安全、人身安全的情况下，二人密切配合，呼唤应答，严格遵守安全规定，方可进行作业。严禁触碰带电部件。
> 3. 处理故障应选择合适时机避开分相等困难地段。

（二）辅助变流器隔离

现象：

发生“辅变流××隔离”或“ACU”类故障时，断开主断路器后可按以下步骤进行处理。

处理流程：

第一步：按微机复位按钮或在微机显示屏“控制—隔离”界面中点击恢复隔离的辅变流器。微机复位如图 7-56 所示。

图 7-56 微机复位

第二步：进行故障 ACU 的断路器断电复位，如故障屏仍显示故障信息需再次按压微机复位按钮。ACU 复位如图 7-57 所示。

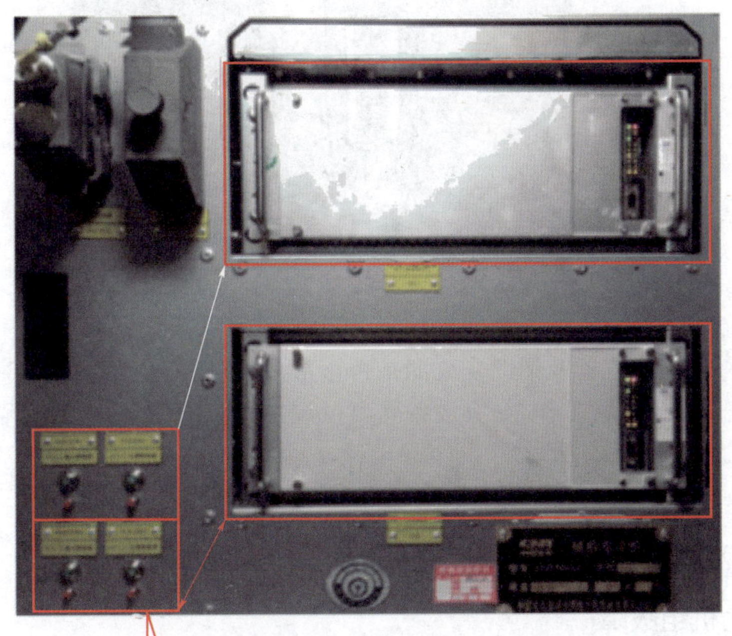

ACU断路器位于辅助变流器柜左上部。上边两个微断路器用于控制ACU1，下边两个微断路器用于控制ACU2；断电时需先确定要断电复位的是ACU1还是ACU2，然后同时按下相应的两个红色按钮断电，3 s后再同时按下相应的两个绿色按钮上电

图 7-57 ACU 复位

> **安全提示：**
> 处理机车故障必须加强瞭望，在确保行车安全、人身安全的情况下，二人密切配合，呼唤应答，严格遵守安全规定，方可进行作业。严禁触碰带电部件。

（三）主断路器无法闭合

现象：

主断路器无法进入预备状态时，无法闭合主断路器。

处理流程：

第一步：检查受电弓已升起，网压在正常范围。

第二步：检查司控器调速手柄在“0”位。

第三步：检查控制管路风压高于 600 kPa。

第四步：检查微机柜上断路器位于“合”位。

第五步：检查操纵台电控紧急按钮 BP-URG-E 在“正常”位。电控紧急制动按钮如图 7-58 所示。

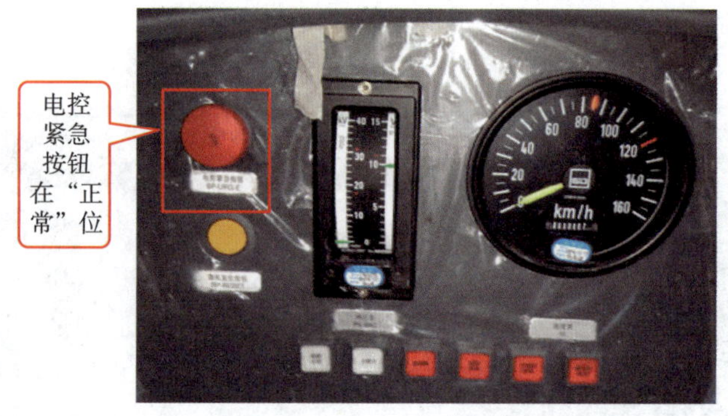

图 7-58　电控紧急制动按钮

第六步：检查牵引变流器及辅助变流器是否正常，每节机车至少保证有一个牵引控制单元及一个辅助控制单元正常工作，如有设备隔离可按主/辅变流器隔离类故障处理办法进行恢复。复位变流器如图 7-59 所示。

第七步：如完成以上检查和操作后仍无法闭合主断路器，如功率满足则进行甩单节处理。

第八步：停车进行大断电处理。

（四）辅助机组故障

1. 现象一：

空压机故障。

处理流程：

第一步：查看微机显示屏过程数据-辅助界面，如果压缩机断路器 DJ-CPR 断开，则可到辅变流柜处将该断路器恢复。压缩机断路器如图 7-60 所示，压缩机微机标识如图 7-61 所示。

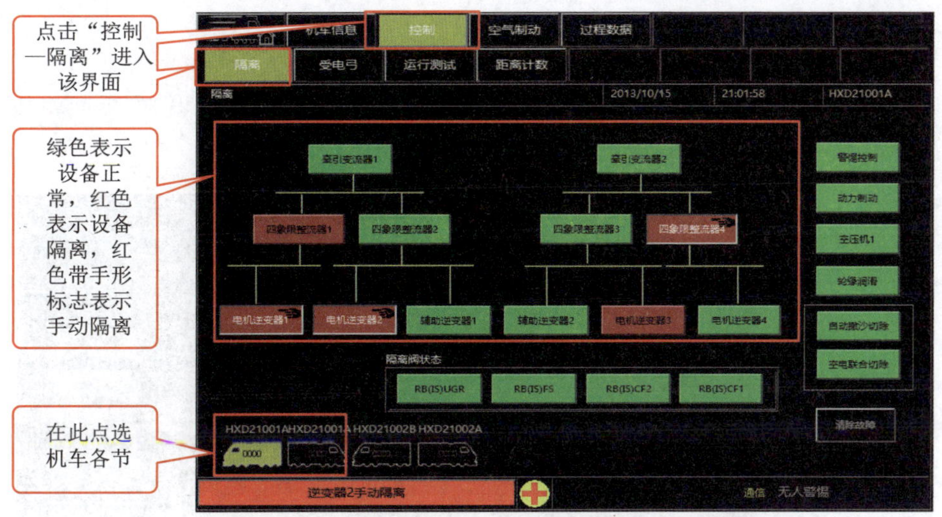

图 7-59 复位变流器

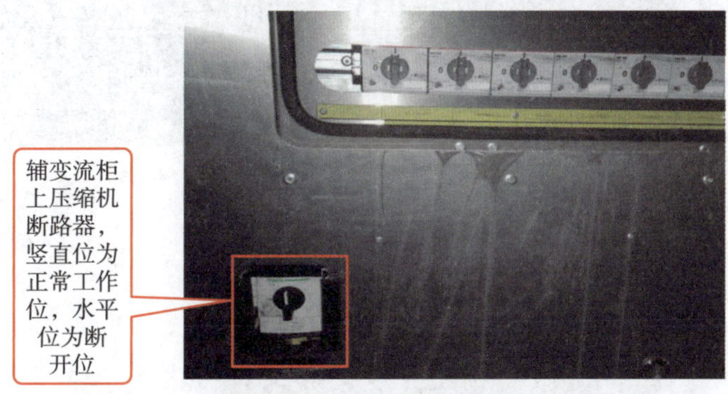

图 7-60 压缩机断路器

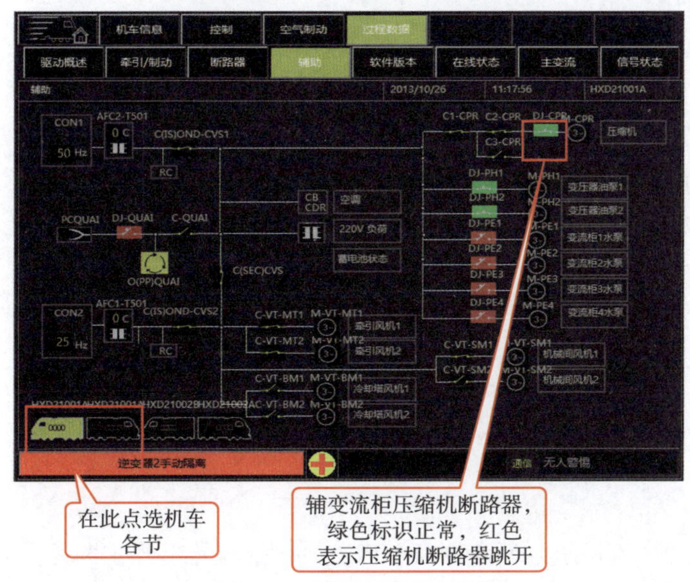

图 7-61 压缩机微机标识

第二步：检查微机柜上压缩机断路器是否跳开。

第三步：空压机泵风不止或不启动时，进行强泵风操作。

第四步：如果是单节压缩机或其干燥器故障，可在显示屏“控制—隔离”界面将故障节压缩机隔离。隔离故障节压缩机如图 7-62 所示。

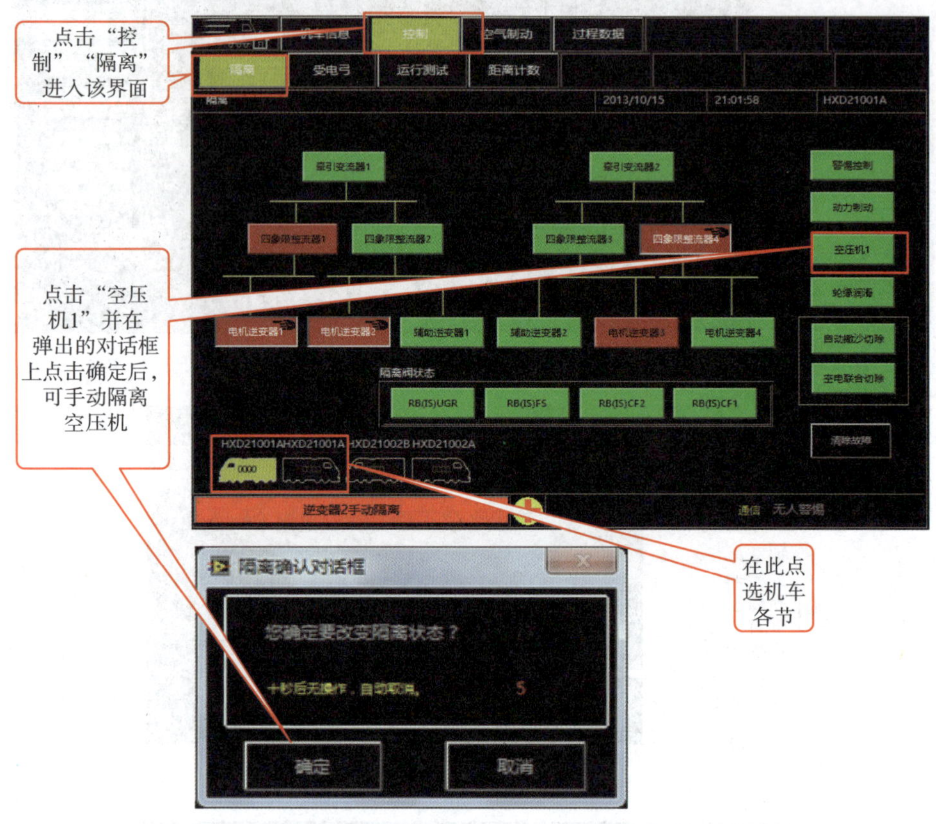

图 7-62　隔离故障节压缩机

2. 现象二：

油泵故障。

单节车一台油泵发生故障时，机车无影响可维持运行；单节车两台油泵均发生故障时，故障节机车牵引封锁。

处理流程：

第一步：检查辅变流柜相应油泵断路器(DJ-PH)；如跳开，先断开主断路器，再闭合相应油泵断路器。油泵开关如图 7-63 所示。

第二步：单节车两个油泵断路器均无法闭合时，如功率满足进行甩单节处理。

3. 现象三：

水泵故障。

处理流程：

第一步：检查辅变流柜水泵断路器(DJ-PE)，如跳开，先断开主断路器，再闭合相应水泵断路器。水泵断路器如图 7-64 所示。

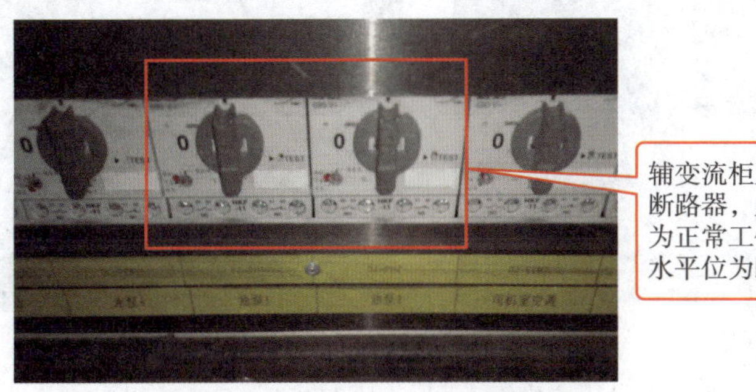

图 7-63　油泵开关

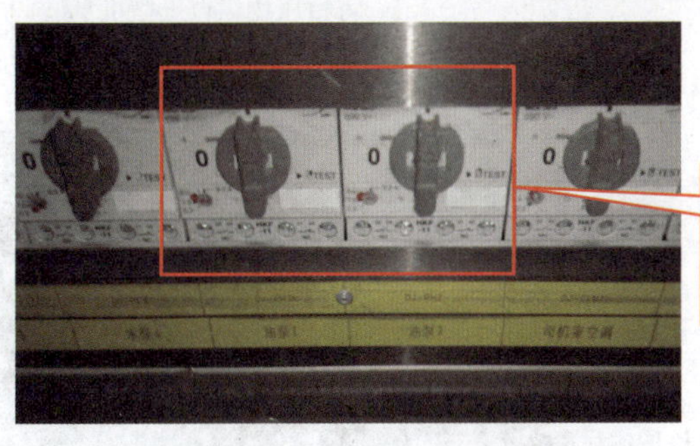

图 7-64　水泵断路器

第二步：在操纵台上按压复位按钮。

4. 现象四：

牵引风机故障。

处理流程：

第一步：检查辅变流柜相应牵引风机热继电器(Q-TH-VT-MT)，如跳开(热继电器上会有红色显示)时，需按压热继电器蓝色位置处白色复位触点，并在操纵台上按压复位按钮。牵引风机热继电器复位触点如图 7-65 所示。

第二步：重新投入工作后如热继电器仍跳开，停车进行大复位处理。

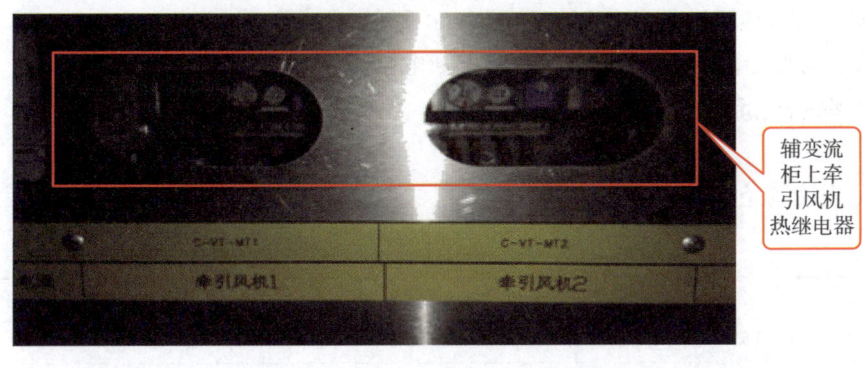

图 7-65

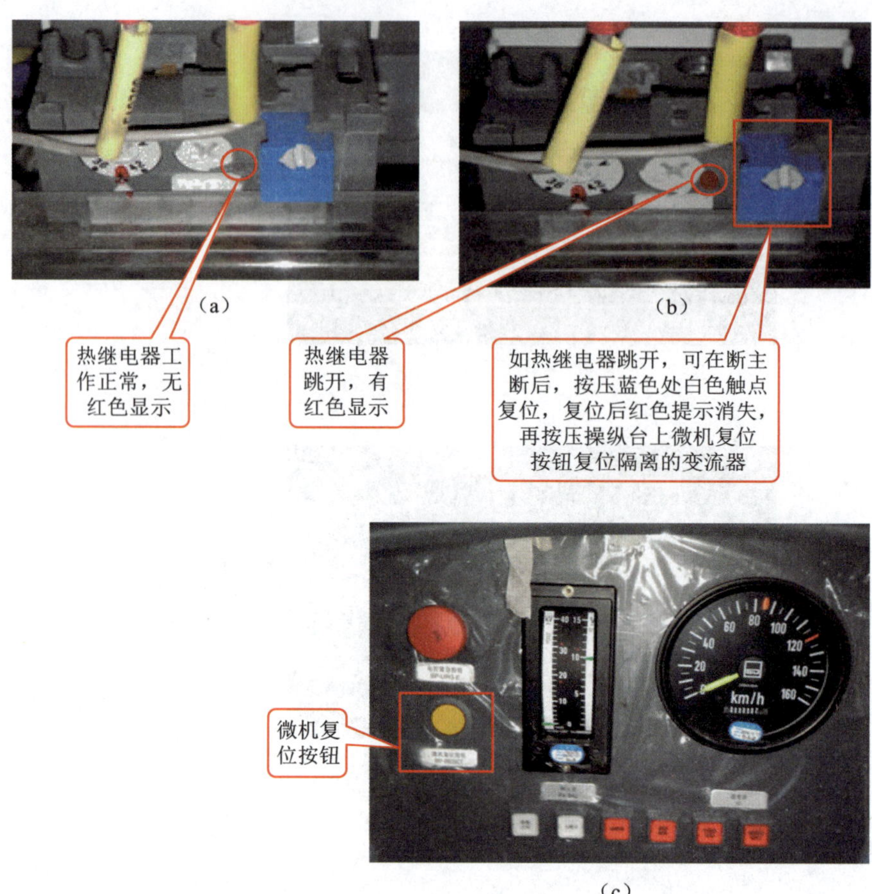

图 7-65　牵引风机热继电器复位触点

5．现象五：

冷却塔风机故障。

处理流程：

第一步：检查辅变流柜相应冷却塔风机热继电器（Q-TH-VT-BM），如跳开（热继电器上会有红色显示）时，需用笔按压热继电器蓝色复位按钮，并回到操纵台上按压黄色微机复位按钮。冷却塔风机热继电器复位触点如图 7-66 所示。

第二步：如热继电器仍跳开，停车进行大断电处理。

（五）牵引无流

现象：

牵引无流控制条件见表 7-1。

表 7-1　牵引无流控制条件

序号	条　件	状态及范围
1	总风压力低于 500 kPa	显示屏提示
2	停放制动施加	显示屏提示

续上表

序号	条　件	状态及范围
3	油流继电器1和2都故障	显示屏提示
4	2个油泵断路器都断开	显示屏提示
5	带闸起动，制动缸压力大于90 kPa，速度大于10 km/h	制动缸压力小于90 kPa或速度小于10 km/h牵引恢复
6	转向架1、2制动缸均隔离	显示屏提示
7	监控装置常用或紧急制动引起的牵引封锁	显示屏提示
8	BCU卸载硬线信号	显示屏提示
9	BCU网络信号请求牵引封锁	显示屏提示

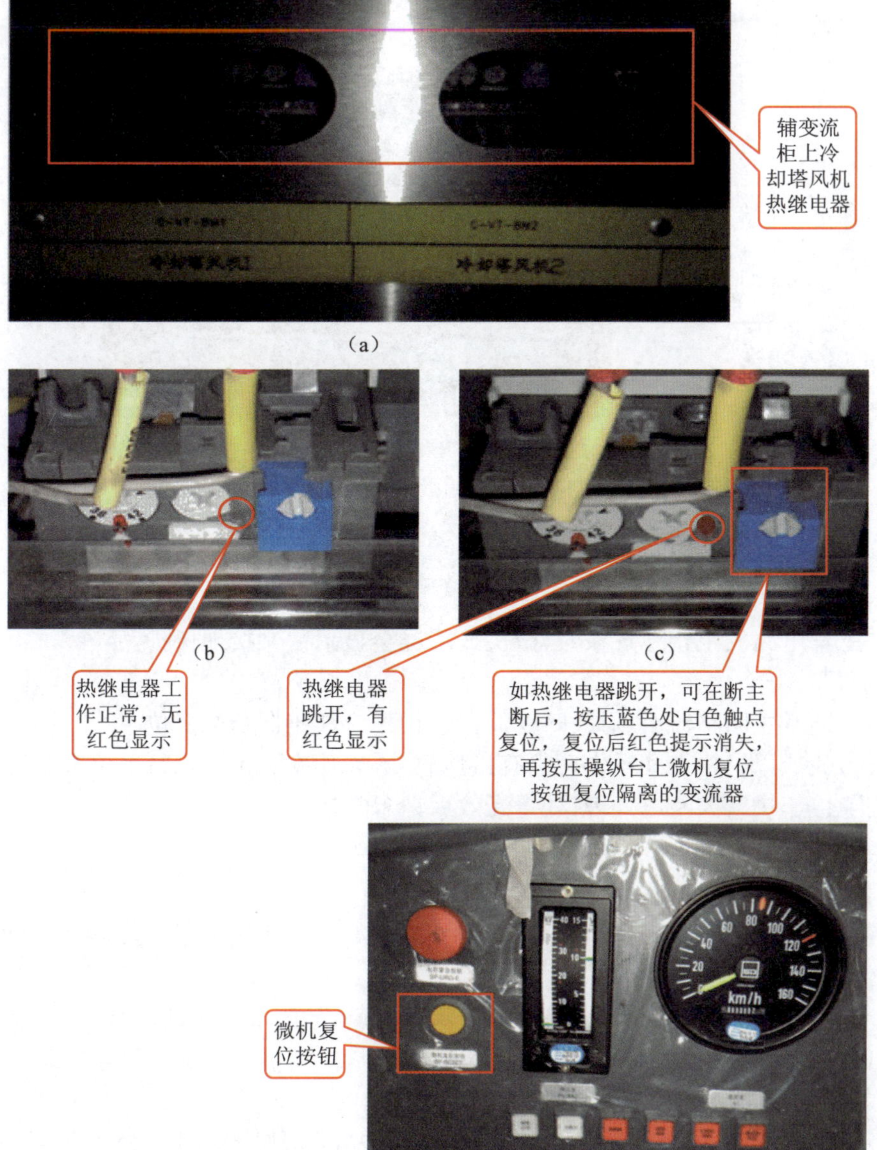

图7-66　冷却塔风机热继电器复位触点

处理流程：

第一步：机车发生牵引无流时，应将调速手柄回“0”位后再次给流，观察牵引是否恢复。

第二步：如果牵引不能恢复，则按下微机复位按钮，并根据主界面提示栏进行操作。

第三步：如仍然无流，功率满足进行甩单节处理。功率不满足停车进行大断电处理，处置无效后请求救援。蓄电池断电方式如图 7-67 所示。

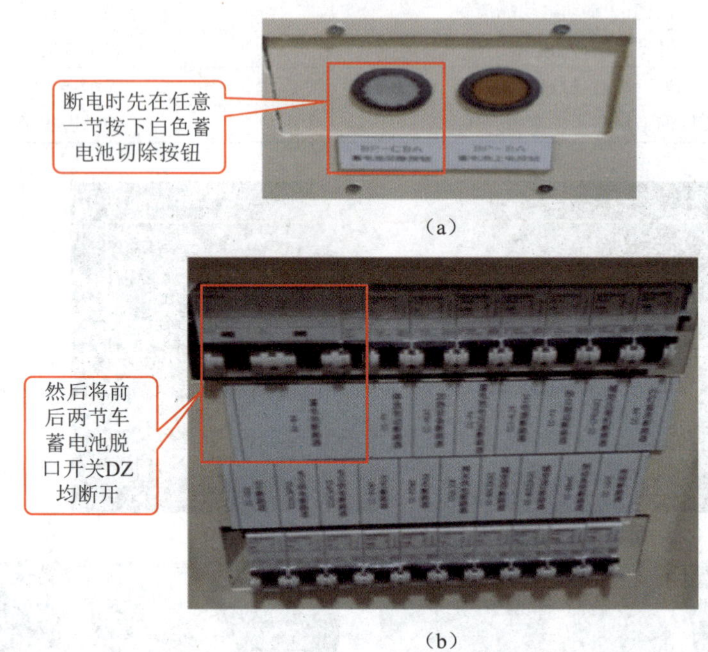

（a）

（b）

图 7-67　蓄电池断电方式

（六）主、辅电路接地故障

现象：

机车主、辅电路发生接地现象时，微机显示屏会显示××接地保护。

处理流程：

第一步：断开主断路器后，对故障变流器进行相应断路器断电复位。

第二步：完成以上检查和操作后仍有接地故障，如功率满足则进行甩单节处理。

第三步：停车进行大断电处理，处置无效后请求救援。

（七）MPU 故障

现象：

在不影响运行情况下，维持运行，待回段处理。如果无法正常运行，必须停车处理。

处理流程：

第一步：通过观察 DDU 屏 MPU 故障显示，来确认故障节。到故障节，把 MPU1 电源断路器断开，等待 1 min 系统重新启动后牵车试验正常维持运行，回段后更换 MPU1。MPU 复位操作如图 7-68 所示。

第二步：如果断开 MPU1 断路器后，机车仍无法运行，则重新闭合 MPU1 断路器。等待 1 min 系统重新启动后牵车试验正常维持运行，回段后更换 MPU2。

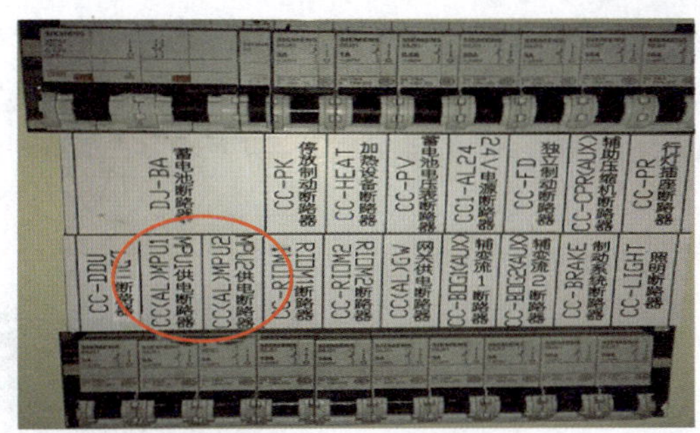

图 7-68　MPU 复位操作

第三步：停车进行大断电处理，处置无效后请求救援。

（八）停放制动不缓解

现象：

停放施加按钮红灯不灭，停放制动无法缓解，牵引封锁。

处理流程：

第一步：按压停放制动缓解按钮，如图 7-69 所示。

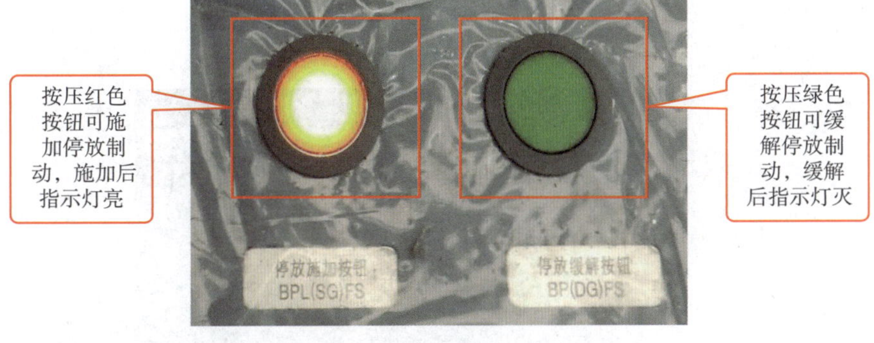

图 7-69　停放制动缓解、施加按钮操作

第二步：按压停放制动缓解按钮无效时，到故障节制动柜处向内推动绿色停放缓解电磁阀。停放制动电磁阀推杆操作方式如图 7-70 所示。

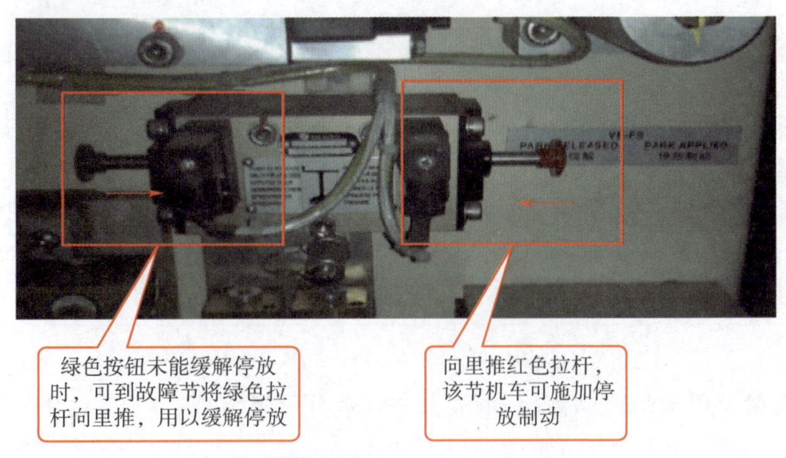

图 7-70　停放制动电磁阀推杆操作方式

第三步：在确保不溜车的情况下，可将制动柜上停放制动隔离塞门 RB(IS)FS 打至“隔离”位，需将列车管缓解到定压，再将故障节的四个手动缓解拉杆拉出到最大位置，停留 3 s 后松开，最后确认车轮与闸瓦分开。停放制动隔离塞门如图 7-71 所示，停放制动缓解拉杆如图 7-72 所示。

隔离状态

正常状态

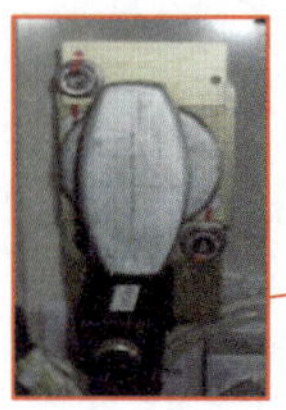

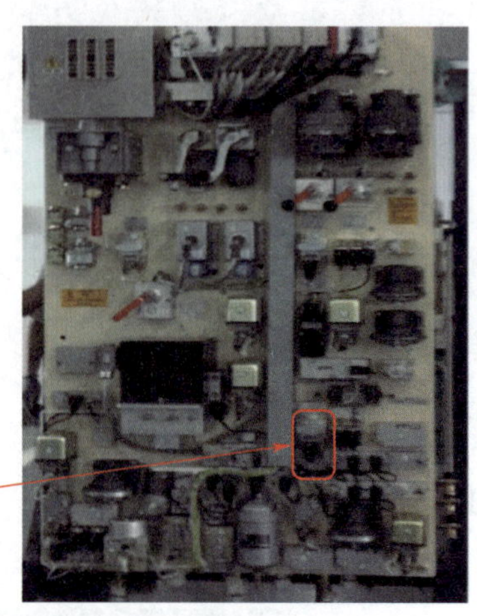

图 7-71　停放制动隔离塞门

图 7-72　停放制动缓解拉杆

（九）转向架制动缸压力不缓解

现象：

转向架制动缸压力不缓解。

处理流程：

将故障制动缸相应转向架隔离塞门 RB(IS)CF1(转向架 1)或 RB(IS)CF2(转向架 2)切换至隔离状态即可切除制动缸。

转向架隔离塞门如图 7-73 所示。

> **安全提示：**
> 两个转向架的制动缸均隔离时，本节机车将牵引封锁。

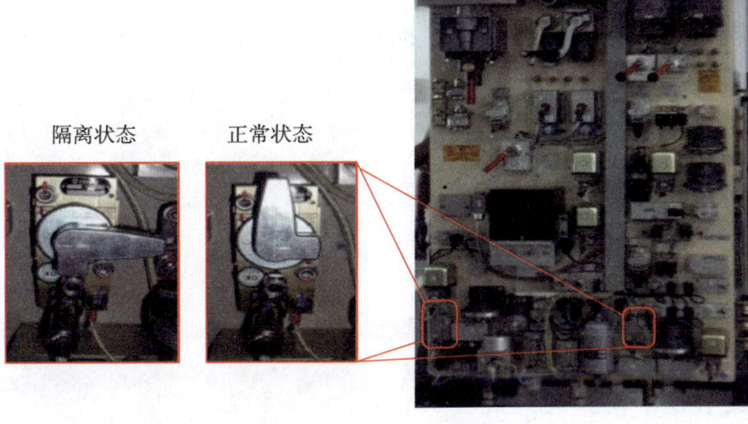

图 7-73 转向架隔离塞门

(十)制动系统备用转换操作

现象:

制动系统备用转换操作。

处理流程:

第一步:将操作端自动制动阀(大闸)手柄置“紧急”位,在制动显示屏上按压 F4【设置】键进入下一级菜单。

第二步:按压【F4】键选择备用模式—按压 F1【确认】键。

第三步:将操纵端制动柜上的平均管重联塞门 RB-EQ 置于“从控”位,非操纵端制动柜上的平均管重联塞门 RB-EQ 置于“主控”位。平均管重联塞门如图 7-74 所示。

图 7-74 平均管重联塞门

第四步:确认操纵端制动屏显示为“备用模式”。然后等待紧急倒计时结束后,将自动制动阀手柄(大闸)推至“抑制”位 1 s 以上进行解锁,即可在备用模式下进行操作。

安全提示：

此时，操纵节均衡风缸无压力显示，非操纵节显示正常。

三、HXD3C 型电力机车故障处理

（一）受电弓无法升起

现象：

受电弓无法升起。

处理流程：

第一步：

(1)某一端受电弓升不起，另一受电弓升弓正常则维持运行。

(2)如果运行中某一受电弓频繁自动降下则为该受电弓管路漏风，关闭其气路控制板下方供风塞门，换另一端受电弓运行。关闭气路塞门，还需通过操作气路塞门 SA96，进行故障弓的电气隔离，否则可能造成非故障弓无法升起。气路塞门 SA96 如图 7-75 所示。

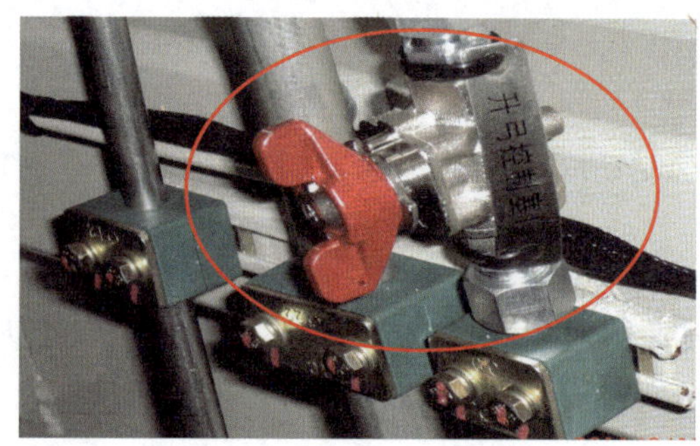

图 7-75　气路塞门 SA96

第二步：

两台受电弓均不能升起，检查升弓气路风压表应高于 600 kPa 以上。升弓气路风压表如图 7-76 所示。

图 7-76　升弓气路风压表

第三步：

如风压低，合升弓扳键，待辅助风缸风压达到 700 kPa 后，断开升弓扳键再次闭合即可升弓，或按压辅助压缩机按钮 SB95，使用辅助空压机打风后再升弓。辅助压缩机工作时间不得超过 10 min，再次投入工作需间隔 20 min。辅助压缩机按钮 SB95 如图 7-77 所示。

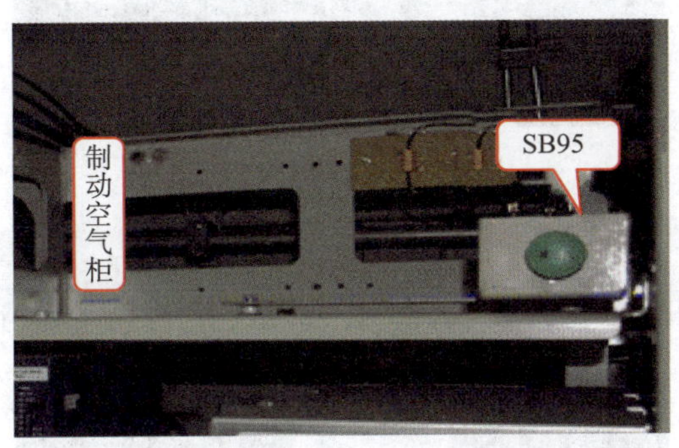

图 7-77 辅助压缩机按钮 SB95

> **安全提示：**
>
> 1. 第一次自动降下时需观察是否发生弓网故障。
> 2. 冬季注意出退勤进行管路排水，防止气路发生冻结。
> 3. 当列车速度、总风缸压力不能满足安全运行条件时，必须停车处理。
> 4. 密切注意观察气路风压，防止风压低引发烧网事故。

第四步：

检查控制电器柜司机控制自动开关 QA43 或 QA44 应在“闭合”位，断合几次，防止假跳。断合 QA43 或 QA44 会产生惩罚制动，要在停车状态下进行操作。司机控制自动开关 QA43、QA44 如图 7-78 所示。

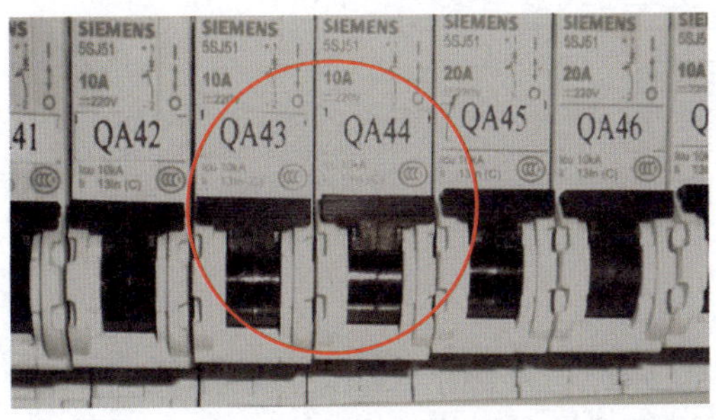

图 7-78 司机控制自动开关 QA43、QA44

第五步：

检查检查空气柜升弓塞门 U99 是否在“开放”位(空气柜蓝钥匙垂直状态)。升弓塞门 U99 如图 7-79 所示。

图 7-79　升弓塞门 U99

第六步：

检查高压接地开关 QS10 是否在“运行”位。高压接地开关 QS10 如图 7-80 所示。

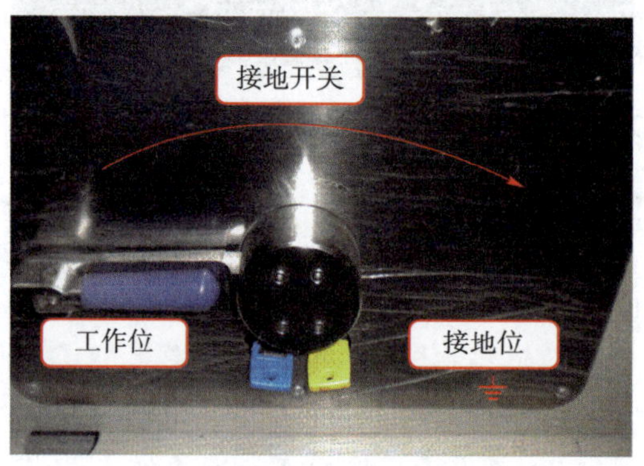

图 7-80　高压接地开关 QS10

停车进行登顶作业或检查高压室作业后，需及时将接地开关打至“工作”位。

重点提示：

1. 断合 QA43 或 QA44 应在停车降弓后进行。
2. 当列车速度、总风缸压力不能满足安全运行条件时，必须停车处理。

（二）主断路器合不上

现象：

主断路器合不上。

处理流程：

第一步：

(1)观察故障信息，如有保护装置动作，按对应故障处理。

(2)受电弓能升起，观察微机屏是否提示“主断气路压力低”，若低时，使用辅助空压机打风。微机屏提示如图 7-81 所示。

第二步：

受电弓升起后确认网压是否高于 17.5 kV；若网压为 0，应检查控制电器柜自动开关 QA1 是否跳开，重新断合防止假跳。接触网网压为 0 时，确认是否为接触网停电，接触网停电时及时停车。

第三步：

网压正常，检查确认主手柄回到“0”位，微机屏显示司机控制器级位显示“0.0”级。主手柄级位如图 7-82 所示。

图 7-81 微机屏提示

图 7-82 检查主手柄级位

安全提示：

1. 闭合主断路器前必须确认总风缸压力（库内为控制风缸压力）；接触网网压不低于 17.5 kV。

2. 确认是否为接触网停电，避免接触网停电情况下错误操作主断路器导致发生弓网事故。

3. 当列车速度、总风缸压力不能满足安全运行条件时，必须停车处理。

第四步：

检查、确认两端司机室操纵台红色紧急制动按钮 QA103 或 QA104 在弹起状态。

紧急停车按钮为机械自锁式结构，复位时，需要将按钮旋转后方可弹出。

第五步：

确认自动过分相装置试验按钮（自复式）位置在“弹起”位。

如自动过分相装置故障，关闭电源，切除自动过分相装置（微机柜下方），使用半自动过分相操作。

切除自动过分相装置后,须严格按作业标准进行过分相操作,防止带电过分相。

第六步:

检查、确认主断路器的气路塞门 U94(在空气柜控制风缸压力表正上方 U43.14)在“开放”位(垂直状态)。主断路器的气路塞门 U94 位置如图 7-83 所示。

图 7-83　主断路器的气路塞门 U94

安全提示:

1. 切除自动过分相装置后,机班人员应加强互控,确保过分相操作安全。
2. 当列车速度、总风缸压力不能满足安全运行条件时,必须停车处理。

(三)提调速手柄无牵引力矩输出

现象:

提调速手柄无牵引力矩输出。

处理流程:

第一步:

确认提手柄后微机屏有对应工况和级位显示。

无牵引力矩显示,则将调速手柄回“0”位,按压复位按钮 3 s 后再提手柄。

第二步:

确认两辅助变流器启动完成,各风机启动完毕,如图 7-84 所示。

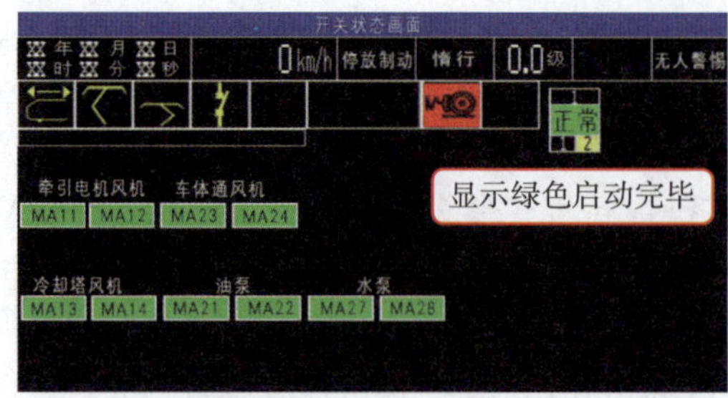

图 7-84　辅助变流器启动完毕

第三步：

(1)确认停车制动(弹停)指示灯应熄灭。停车制动指示灯如图 7-85 所示。

(2)确认监控装置无卸载指示。

图 7-85　停车制动指示灯

安全提示：

1. 注意确认是否为监控装置动作。

2. 技改后机车总风压力低于 600 kPa 或断电钥匙后停放制动施加，当总风压力高于 700 kPa 后，需手动按下弹停缓解按钮才能进行给流操作。

3. 当列车速度、总风缸压力不能满足安全运行条件时，必须停车处理。

第四步：

制动屏上确认应无动力切除字样显示，有显示时，自动制动阀(大闸)手柄置紧急位，动力切除字样消失后回运转位。动力切除显示如图 7-86 所示。

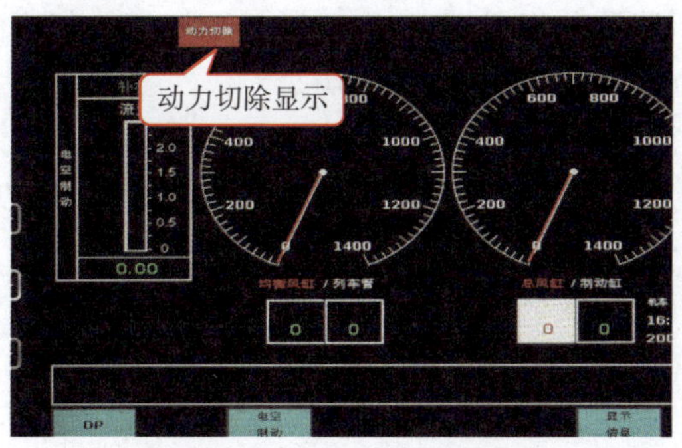

图 7-86　动力切除显示

第五步：

检查控制电器柜主变流器自动开关 QA46 是否跳开，重新断合几次防止假跳。主变流器自动开关 QA46 如图 7-87 所示。

主手柄回“0”位、断开主断路器后再操作，看准再断，防止其他电器误动作。

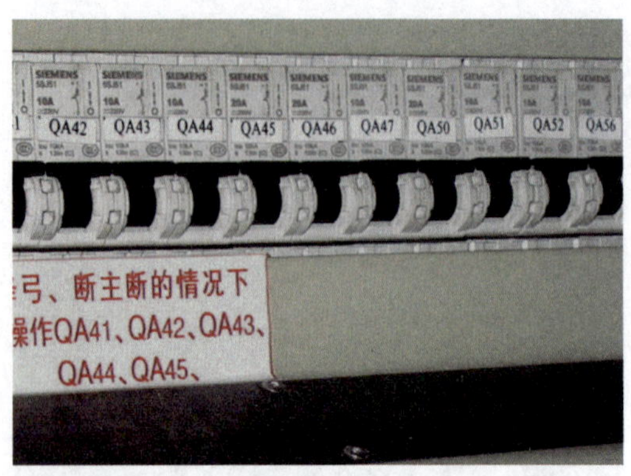

图 7-87　主变流器自动开关 QA46

第六步：

断蓄电池自动开关 QA61 进行微机复位，技改机车应断大复位自动开关 QA70。停车降弓状态下操作，技改后的机车禁止进行蓄电池复位操作。

> **安全提示：**
>
> 1. 断蓄电池闸刀进行复位，保证复位时间不少于 60 s，确保复位到位。
> 2. 当列车速度、总风缸压力不能满足安全运行条件时，必须停车处理。

（四）显示屏显示主变流器 CI 故障

现象：

显示屏显示主变流器 CI 故障。

处理流程：

第一步：

（1）跳主断路器，主断路器分指示灯亮，微机屏故障栏显示相应的主变流器故障。

（2）调速手柄回“0”位，查看微机屏故障履历。

第二步：

有次边过流信息时，必须人为通过微机屏隔离故障主变流器，方可再次合主断路器。

第三步：

如主断路器合不上或提手柄就跳主断路器，则切除故障的主变流器，维持运行。切除故障 CI 后牵引力降低，应合理操纵，防止坡停或“掉分相”。

> **安全提示：**
>
> 1. 故障反复发生，3 min 内使用复位按钮不得超过 3 次，避免 CI 烧损或锁定。
> 2. 当故障严重时，在机械间可能伴有很大的“放炮”声音或冒烟现象，司机应果断处置，防止出现电气火灾。
> 3. 当列车速度、总风缸压力不能满足安全运行条件时，必须停车处理。

（五）显示屏显示主接地或牵引电机故障

现象：

显示屏显示主接地或牵引电机故障。

处理流程：

第一步：

(1)跳主断路器，主断路器分指示灯亮，微机屏显示主接地或牵引电机故障，TCMS故障栏显示具体故障信息。

(2)将调速手柄回“0”位。

第二步：

按复位按钮，再合主断路器恢复运行。

第三步：

主断路器如合不上或提手柄就跳主断路器，则切除对应“故障”位的主变流器维持运行。

切除故障CI后牵引力降低，应合理操纵，防止坡停或掉分相。

> **安全提示：**
> 1. 转换、恢复各种开关应在主手柄回“0”、主断断开的状态下操作。
> 2. 当列车速度、总风缸压力不能满足安全运行条件时，必须停车处理。
> 3. 机车故障后10 min内不能恢复运行时，司机应迅速请求救援。

（六）辅助变流器APU故障

现象：

辅助变流器APU故障。

处理流程：

第一步：

两台辅变流器均不工作时：

(1)调速手柄回“0”位，按司机台复位按钮进行复位操作后，重合主断路器如故障消除则继续运行。

(2)检查控制电器柜辅变流器自动开关QA47是否跳开，断合几次防止假跳。

(3)仍不能工作则断蓄电池进行微机复位，技改机车应断自动开关QA70。高温天气，机车易发生APU过热故障，两组APU均显示故障，可尝试断合QA47后，交替切换APU1或APU2，维持运行至前方站停车。

第二步：

一组辅助变流器故障时：

(1)某一组辅助变流器故障后微机控制系统自动切除故障、转换，进入微机屏确认KM20闭合(变为绿色)，则不做处理，继续维持运行。KM20闭合情况如图7-88所示。

(2)微机不能自动切换，断开主断路器的情况下，人为通过微机屏切除故障辅变流器后，再合主断路器使另一组辅变流器启动。

(3)仍不能切换，则重新断合QA47，再合主断路器。

(4)仍不能工作则断蓄电池进行微机复位，技改机车应断自动开关QA70。

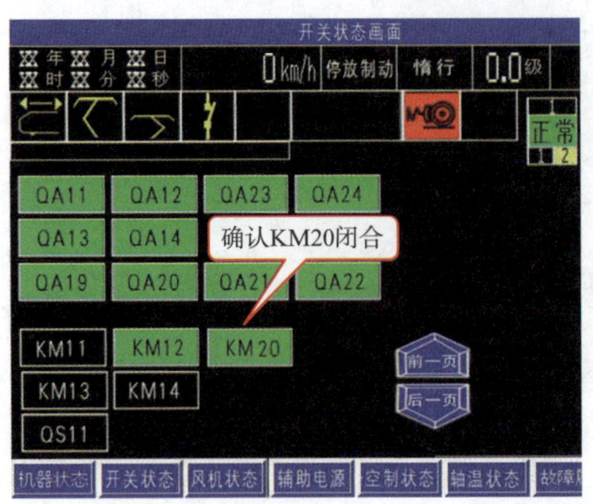

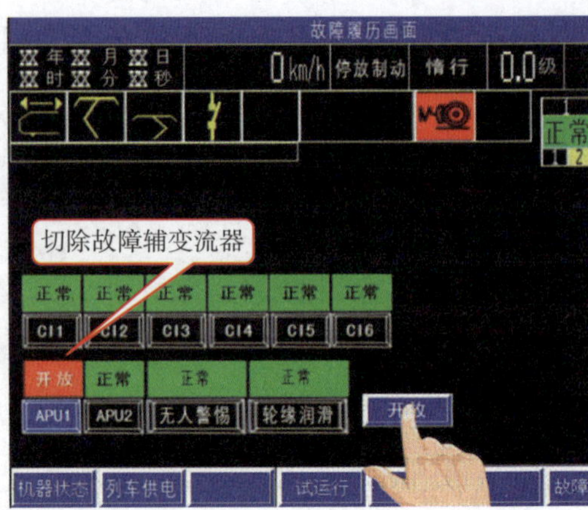

图 7-88　KM20 闭合情况

注意：2 min 内连续发生多次，该辅助变流器将被锁死，必须断开 QA47 后重新闭合，隔离故障的 APU。

安全提示：

1. 使用一组辅变流器维持运行时，只一台空压机工作，必须随时注意确认总风缸压力，防止制动系统用风不足。

2. 机车故障后 10 min 内不能恢复运行时，迅速请求救援，当列车速度、总风缸压力不能满足安全运行时，必须停车处理。

（七）辅助电路接地

现象：

辅助电路接地。

处理流程：

第一步：

调速手柄回“0”位，按复位按钮，再合主断路器恢复运行。

第二步：

如合不上主断路器或合主断路器后又跳闸，微机屏仍显示辅接地故障，进入微机屏确认 KM20 闭合（变为绿色），人为在微机屏上切除接地的一组辅助变流器，使正常的一组辅助变流器作为恒频恒压工作状态，所有辅机将全速运转，只有一台空压机工作，可正常运行。KM20 状态如图 7-89 所示，切除辅助故障变流器如图 7-90 所示。

安全提示：

1. 加强机械间巡视工作，防止电气设备短路起火。

2. 技改前机车使用一组辅变流器维持运行时，只一台空压机工作，必须随时注意确认总风缸压力，防止制动系统用风不足。

3. 机车故障后 10 min 内不能恢复运行时，司机应迅速请求救援。

4. 当列车速度、总风缸压力不能满足安全运行条件时，必须停车处理。

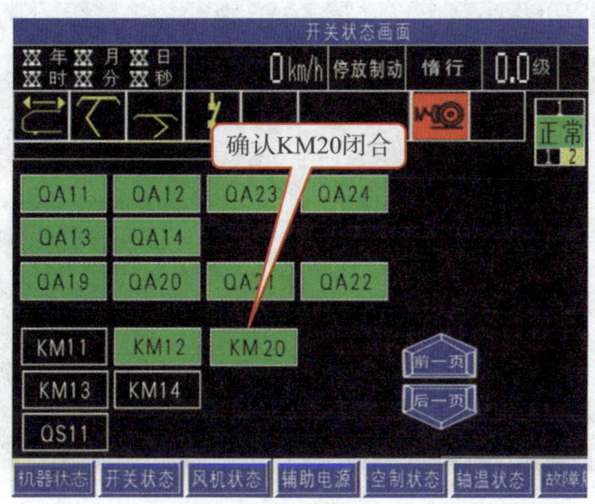

图 7-89 KM20 状态

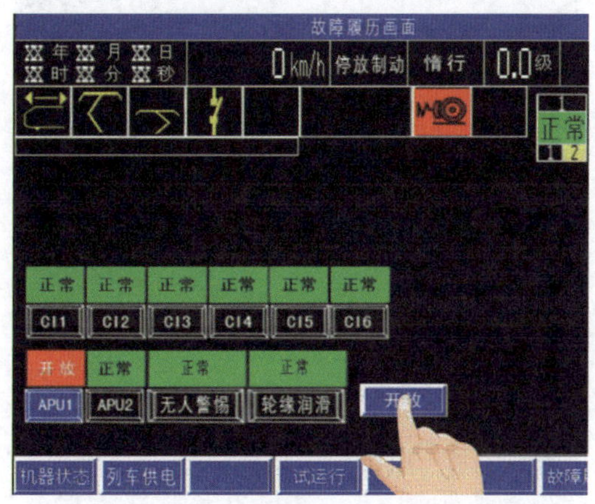

图 7-90 切除辅助故障变流器

（八）复合冷却器风机故障

现象：

复合冷却器风机故障。

处理流程：

第一步：

微机屏显示冷却塔风机 1 或冷却塔风机 2 故障，对应 3 组主变流器力矩显示为 0。故障信息如图 7-91 所示。

第二步：

(1)检查控制电器柜相应的冷却塔风机 1 或冷却塔风机 2 空气自动开关，并重新断合防止假跳。冷却塔风机开关如图 7-92 所示。

(2)该风机仍不运转时，可暂时用 3 台牵引电机维持运行。

使用 3 台牵引电机维持运行时，应合理操纵，防止坡停或掉分相。

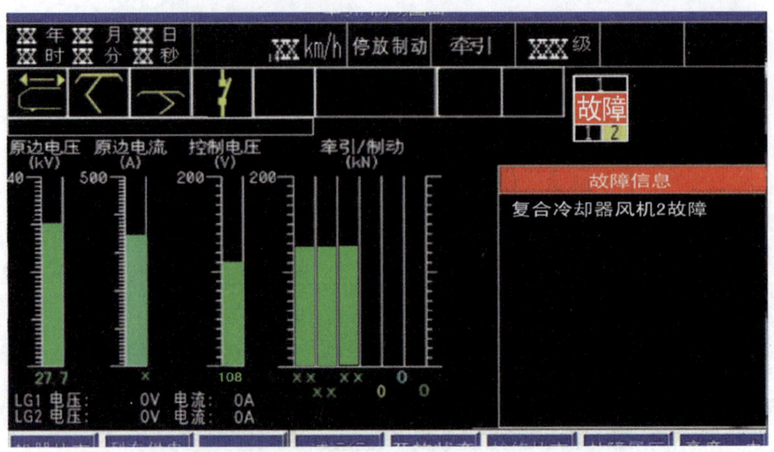

图 7-91　故障信息

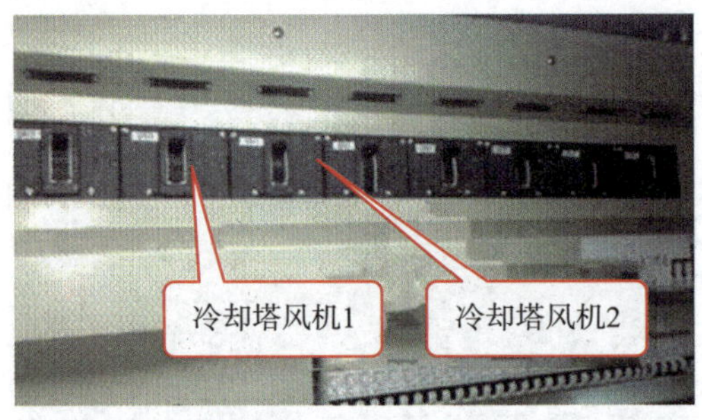

图 7-92　冷却塔风机开关

> **安全提示：**
>
> 1. 按规定检查各仪表及微机屏的显示，发现有故障提示时及时进行处理，防止牵引力不足引发坡停等事故。
>
> 2. 10 min 内两组风机故障无法修复时，司机应迅速请求救援。
>
> 3. 当列车速度、总风缸压力不能满足安全运行条件时，必须停车处理。

（九）牵引风机故障

现象：

牵引风机故障。

处理流程：

第一步：

微机屏显示牵引风机 1 或牵引风机 2 故障，对应转向架的 3 组主变流器力矩显示为 0。牵引风机故障如图 7-93 所示。

第二步：

(1)检查控制电器柜对应的“牵引风机 1、牵引风机 2”自动开关是否跳开，并重新断合防止假跳。牵引风机 1、牵引风机 2 开关如图 7-94 所示。

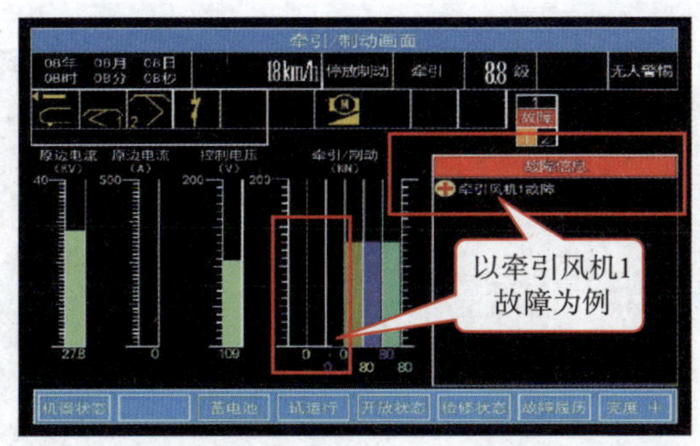

图 7-93　牵引风机故障

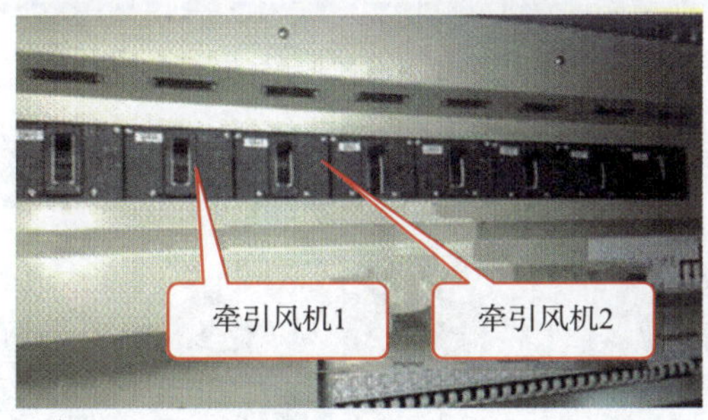

图 7-94　牵引风机 1、牵引风机 2 自动开关

(2)如对应的自动开关良好,该牵引风机仍不运转,则以 3 台牵引电机维持运行。

使用 3 台牵引电机维持运行时,应合理操纵,防止坡停或掉分相。

安全提示:

1. 按规定检查各仪表及微机屏的显示,发现有故障提示时及时进行处理,防止牵引力不足引发坡停等事故。
2. 10 min 内两组风机故障无法修复时,司机应迅速请求救援。
3. 当列车速度、总风缸压力不能满足安全运行条件时,必须停车处理。

(十)油泵故障

现象:

油泵故障。

处理流程:

第一步:

确认故障位置:微机屏显示油泵 1 或油泵 2 故障,而对应转向架的 3 组主变流器力矩显示正常。油泵故障后,及时按照微机屏提示检查处理。油泵故障显示界面如图 7-95 所示。

第二步:

(1)在控制电器柜确认油泵 1 或油泵 2 自动开关是否跳开,并重新断合,防止假跳。油泵开关如图 7-96 所示。

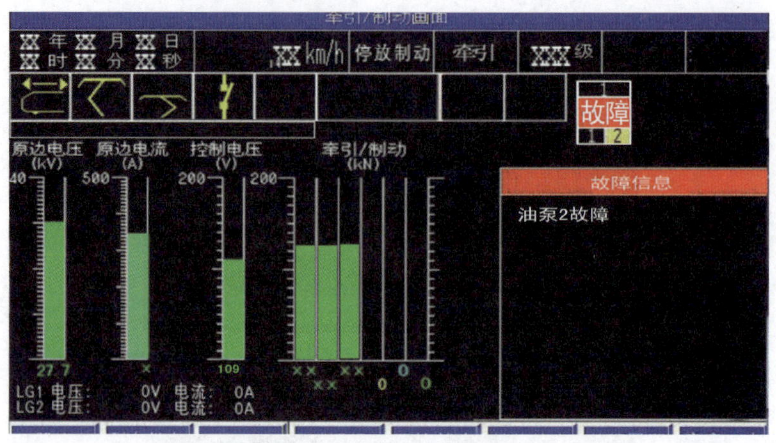

图 7-95　油泵故障显示界面

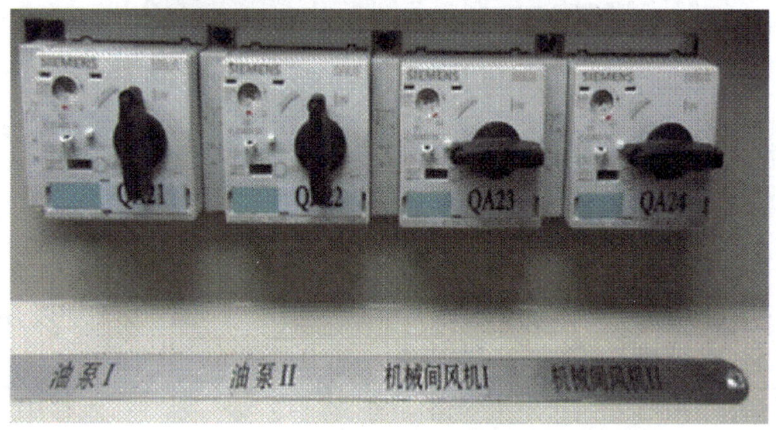

图 7-96　油泵 1、油泵 2 自动开关

（2）仍不运转时，切除对应转向架的 3 组主变流器维持运行。

使用 3 组主变流器维持运行时，应合理操纵，防止坡停或掉分相。

> **安全提示：**
>
> 1. 按规定检查各仪表及微机屏的显示，发现有故障提示时及时进行处理，防止牵引力不足引发坡停等事故。
> 2. 机车故障后 10 min 内不能恢复运行时，司机应迅速请求救援。
> 3. 当列车速度、总风缸压力不能满足安全运行条件时，必须停车处理。

（十一）控制回路接地

现象：

控制回路接地。

处理流程：

第一步：

重新闭合控制回路接地自动开关 QA59 及相应跳开的自动开关，正常后继续运行。

控制电路接地提示后，应及时排除接地部位，防止多点接地造成电器误动作、电气火灾。

第二步：

1. 如 QA59 合不上，则分别断开不影响列车运行的如照明电路、空调电路、饮水机电路、电热玻璃、司机室加热电路的自动开关后，再合上 QA59 继续运行。

2. 如断开上述自动开关后，QA59 仍合不上，则注意并维持运行。

安全提示：

1. 发生控制回路接地时，及时断开生活用电设备，加强机械间巡视，防止电气设备短路。

2. 控制回路接地自动脱扣跳开多数会伴随相应控制回路自动开关跳开，造成机车惩罚制动产生。

3. 当列车速度、总风缸压力不能满足安全运行条件时，必须停车处理。

（十二）110 V 充电装置（PSU1、PSU2）故障

现象：

110 V 充电装置（PSU1、PSU2）故障。

处理流程：

第一步：

充电装置 PSU 两组正常时同时工作，当一组出现故障，微机会自动转换，若微机没有自动转换，则到电源柜处将面板上 SW1 单元选择转换开关置于“单元 1”或“单元 2”位。单元选择转换开关如图 7-97 所示。

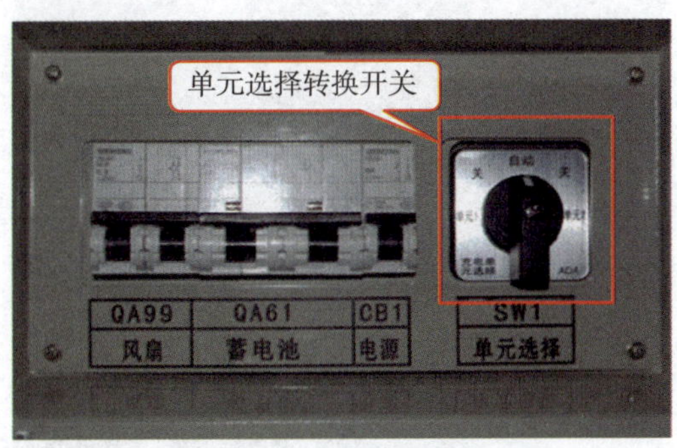

图 7-97　单元选择转换开关

运行中及时查看微机屏及各仪表的显示，发现故障提示，及时处理。

第二步：

如 PSU 两套转换及断电复位均无效，如机车 DC 110 V 电源正常，维持运行。

重点提示：

1. 库内检查作业时，应确认充电装置工作状态正常，严禁“带病”上线。

2. 运行途中出现故障，尽可能在站内停车进行此项操作。

3. 如两套 PSU 均故障，使用蓄电池维持运行时，尽量减少照明等用电设备的使用，并随时注意蓄电池电压。蓄电池电压低于 88V 时，及时请求救援。

（十三）列车供电故障

现象：

列车供电故障。

处理流程：

第一步：

两路不能供电时：

(1)微机显示屏两路供电无 LG1、LG2 输出 DC 600 V 显示，同时故障信息栏提示：列车供电柜一故障、列车供电柜二故障。断供电钥匙及主断路器，与车辆乘务员联系，然后断合电器控制柜列供一 QA48 和列供二 QA49 自动开关复位后，再闭合供电钥匙。

(2)严格按照作业标准与车辆乘务员进行列车直供电作业。

第二步：

一路不能供电时：

(1)断供电钥匙及主断路器，将电器控制柜列供一 QA48 或列供二 QA49 自动开关断开，然后将故障对应的列车供电柜上方合页门打开，供电控制箱转换开关转换到另一组。A/B 供电转换如图 7-98 所示。再次闭合电器控制柜列供一 QA48 或列供二 QA49 自动开关。列供开关 QA48、QA49 如图 7-99 所示。

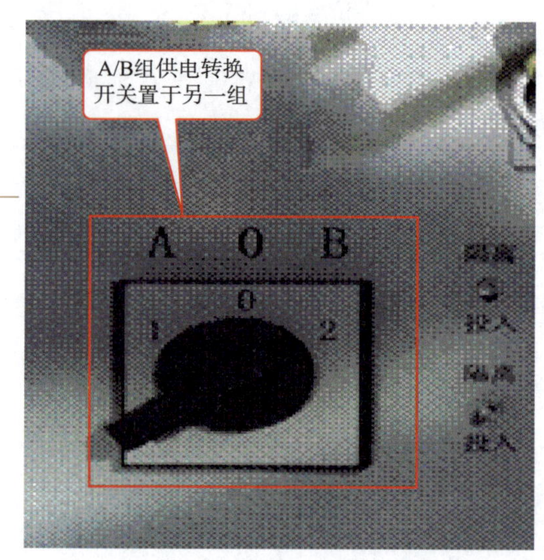

图 7-98 A/B 供电转换

(2)重新合主断路器、给供电钥匙。

(3)如不能消除故障则一路供电维持运行。

处理故障时，严禁在不断开供电钥匙的情况下操作。

第三步：

供电过流时：

(1)运行中发生过载故障时，应重新供电一次，如能消除故障则继续运行。

(2)仍不能消除则应通知车辆乘检查找故障点并隔离后，重新闭合主断路器及供电

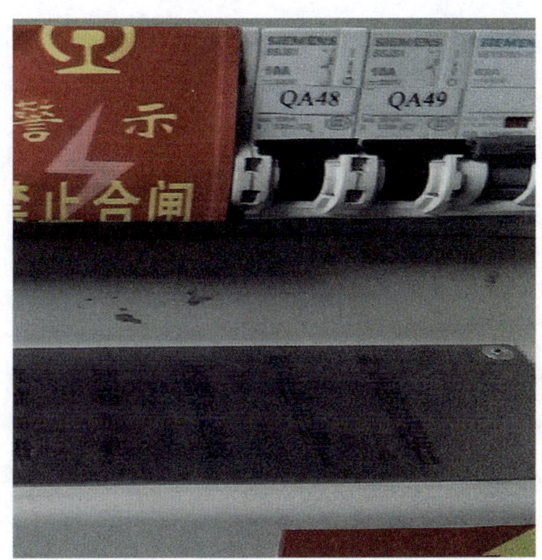

图 7-99　列供开关 QA48、QA49

钥匙。

(3)如车辆乘务员确认无故障点,经车辆乘务员同意后将对应的控制柜列供一 QA48 或列供二 QA49 自动开关断开,维持一路供电。

严格按照作业标准与车辆乘务员进行列车直供电作业。

> **重点提示:**
>
> 1. 发生供电过流隔离某一路供电柜时,必须征得车辆乘务员的同意,防止事态扩大。
>
> 2. 单路供电时,随时注意供电电流的显示,供电电流达到 750 A 时,保护装置动作,当供电电流超过 670 A 时,及时通知车辆乘务员减载,防止保护装置动作。

第四步:

供电接地故障时:

(1)一路供电接地,重新复位供电,不能消除则断供电钥匙及主断路器,供电转换开关转另一组后重新供电,故障消除则继续运行。

(2)仍不能消除,通知车辆乘务员进行车辆接地检查,切除车辆接地故障后恢复供电。

(3)若车辆乘务员确认车辆无接地时,司机必须与车辆乘务员联系确认车辆无接地后,断供电钥匙及主断路器,将对应列供柜内的供电控制箱接地扳钮开关置“隔离”位(图 7-100),再重新供电维持运行,并密切注意微机屏列供电电流、电压显示。供电控制箱接地扳钮开关及供电电流、电压显示如图 7-101 所示。

(4)如在挂车后供电时出现供电接地,断开主断路器及供电钥匙,断合控制电器柜对应列供一 QA48 或列供二 QA49 自动开关,同时将供电转换开关转换到另一组,重新闭合供电钥匙一次,故障仍不能消除时,应立即要求车辆人员摘开供电连线,机车进行供电空载试验,以判断机车供电柜接地,还是车辆负载接地。如属于机车供电柜接地,有一路能供电时维持

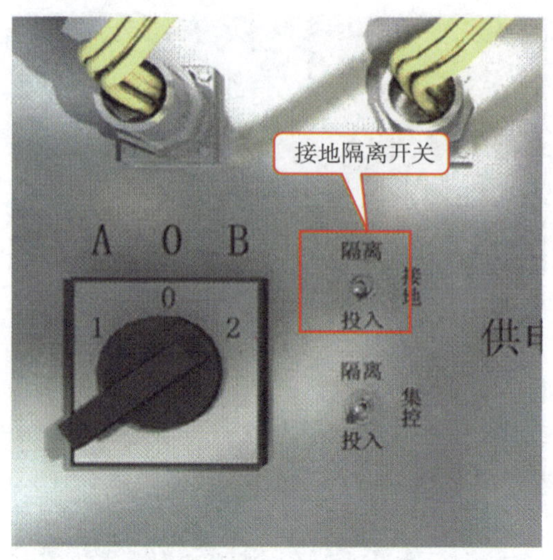

图 7-100　接地扳钮开关

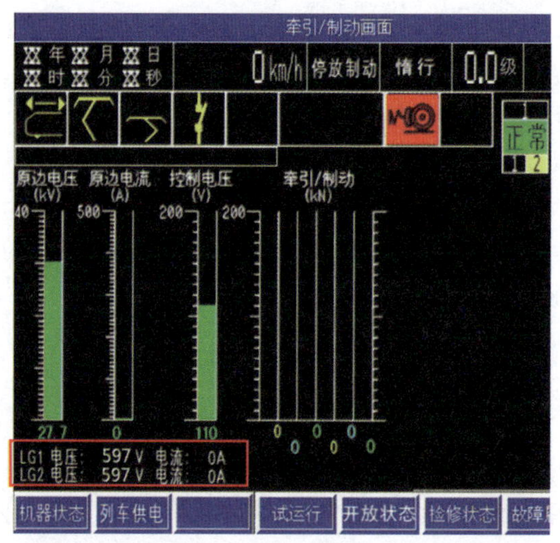

图 7-101　供电电流、电压

一路供电运行，如两路都不能供电时更换机车。

安全提示：

1. 当有接地故障发生时，应该首先确认接地位置、评估影响，不可盲目执行接地隔离，以免造成危险、人员伤害及财产损失。

2. 加强与车辆乘检人员联系，加强机械间巡视，防止电气设备短路引起电气火灾。

3. 严格按照作业标准与车辆乘务员进行列车直供电作业。

（十四）微机屏黑屏的处理

现象：

微机屏黑屏的处理。

处理流程：

第一步：

确认微机屏上无异物，断开微机电源，用手指一直按住触摸屏，此时按住触摸屏的手指不要拿开，给电源闭合微机控制电源开关，大约 10 s 左右，屏幕右上角出现一个白色小光标，按住光标。右上角光标如图 7-102 所示。

图 7-102　右上角光标

第二步：

2～3 s 左右，光标消失（发出“噼”的声音），触摸屏左下角出现同样的光标，按住此处光标 2～3 s 左右，光标消失（发出“噼”的声音）。左下角光标如图 7-103 所示。

图 7-103　左下角光标

第三步：

接着进入 TCMS 英文黑白菜单界面，按左下角 Writeconfig（写入）触摸按钮。再按右下角重启触摸按钮，重起电源。

第四步：

待微机启动后，再试 TCMS 触摸屏各触摸按钮作用是否良好。

安全提示：

1. 必须在停车、断电、降弓后进行此项操作。
2. 运行中出现黑屏现象时，注意解锁警惕装置，以免造成惩罚制动。
3. 如微机屏经处理无法正常显示，有条件时，可将前后端微机显示屏互换。

复习思考题

1. SS_4G 型电力机车不升弓的操作办法是什么？
2. SS_4G 型电力机车主断路器不闭合的操作办法是什么？
3. SS_4G 型电力机车劈相机故障如何用第一通风机代替？
4. SS_4G 型电力机车空压机故障如何处理？
5. HXD_2 型电力机车辅助变流器隔离故障如何处理？
6. HXD_2 型电力机车油泵故障如何处理？
7. HXD_2 型电力机车水泵故障如何处理？
8. HXD_2 型电力机车牵引风机故障如何处理？
9. HXD_2 型电力机车如何转备用模式？
10. HXD_1 型电力机车主接地的处理流程是什么？
11. HXD_1 型电力机车辅接地的处理流程是什么？
12. HXD_1 型电力机车停放制动不缓解的处理流程是什么？
13. HXD_{3C} 型电力机车复合冷却器风机故障如何处理？
14. HXD_{3C} 型电力机车牵引风机故障如何处理？
15. HXD_{3C} 型电力机车微机屏黑屏的处理流程是什么？

第三篇 相关知识

第八章 新技术应用

第一节 机车自动驾驶技术特点

一、列车运行自动化等级

在轨道交通行业，城市轨道交通的自动驾驶研究起步最早。IEC 62267 根据运营人员和系统所承担的列车运行基本功能的责任划分，确定列车运行自动化等级（grades of automation，GOA）为 5 级：GOA0 等级为目视行车，GOA1 等级为非自动化列车运行，GOA2 等级为半自动化列车运行，GOA3 等级为无人驾驶列车运行，GOA4 等级为无人干预列车运行。基于 GOA 等级分级，GOA2 等级一般也称为有人值守的自动驾驶；GOA3/4 等级称为无人驾驶。

相较于城市轨道交通列车简单封闭的运用场景和固定编组的运输组织模式，干线铁路运输组织体系十分复杂，货物装卸、机车车辆编组解编作业频繁，地面作业及安全保障人员多，机车车辆装备、地面配套系统与基础设施保障体系不够完善。如果参照城市轨道交通实现无人驾驶的目标，资源投入巨大，因此以有人值守的 GOA2 等级自动驾驶作为目标，后续再逐步向无人驾驶方向发展的方式更加符合目前国内干线机车的运用现状。

二、发展现状

世界上首个机车自动驾驶系统于 2018 年在西澳铁路的重载铁路网上成功应用。该系统采用安萨多尔的 ETCS-2 信号系统，自动驾驶系统 ATO 采用克诺尔研发的 LEADER 系统。该自动驾驶列车由 3 台内燃机车集中牵引 236 辆货车车辆，载重超过 2.8 万 t，可实现 GOA4 等级的无人驾驶。

GE 公司开发的 TO（Trip Optimizer）系统在美国批量运用，累计装车 7 000 余套。该系统在机车速度大于 15 km/h 时才被允许进入，当 TO 系统获得控制权后，仅控制机车的牵引和电制动（不控制空气制动系统）。该系统以内燃机车节能、列车冲动降低作为主要技术特点。

英国、法国、德国等多个国家在干线铁路上进行了基于 ETCS 的 ATO 技术研究与试验，在欧盟主导的铁路创新计划中，其长期目标是发展 GOA3/4 等级列车无人驾驶的干线铁路应用，现阶段主要集中在 GOA2 等级的列车自动驾驶技术研究，致力于研究一种可互操作的方法，开发可扩展到不同应用场景和兼容不同厂商的 ATO 解决方案。

在我国，中车株洲机车车辆研究所有限公司研制的机车自动驾驶系统于 2018 年 9 月在西安铁路局 HXD1 型电力机车上装车，首次实现了正线“零起零停”的货运列车自动驾驶；2019 年 12 月在包神铁路开行了首列具备干线铁路异物入侵检测、覆盖正线自动驾驶与站段自动调车的万吨重载列车；2020 年以来，先后在国内 2 条运量最大的重载专线——大秦线与朔黄线开展 2 万 t 重载组合列车自动驾驶线路试验，解决了重载组合列车平稳控制、循环空气制动控制等技术难题。

三、机车与动车/城轨自动驾驶的区别

机车自动驾驶与动车、城轨自动驾驶的区别主要体现在受控对象方面，具体对比见表 8-1。

表 8-1 机车与动车/城轨自动驾驶的对比

项　目	机　车	动车/城轨
编组形式	单编列车、单元列车、组合列车	城轨：固定编组；动车：标准列、标准列重联
负载类型	敞车、罐车、棚车等	客运车厢
制动类型	自动式空气制动系统	直通式电空制动系统
列车载重	单编列车 100～200 t，单元列车 5 000～10 000 t，组合列车 2.1 万 t	城轨：400 t 动车：500～1 100 t
控制方式	集中式牵引，推挽模式，分布式动力	动力分散，控制同步

由表 8-1 可知，动车与城轨具有编组短、载重小、动力分散、制动系统同步性好等特点，而机车自动驾驶则更需要聚焦长编组、大载重的大惯性系统，实现在复杂线路及非确定变量条件下的精准控制，因此机车自动驾驶的控制难度更大，且动车、城轨的自动驾驶控制方法不适用于机车。

四、机车自动驾驶技术难点

重载列车编组长、载重大、列车覆盖的纵断面多，因此受力复杂。实现自动驾驶的高效安全运行主要存在以下难点：

1. 重载列车建模难度大

1 列 2 万 t 重载组合列车由“1 辆主控机车＋105 辆货车＋1 辆从控机车＋105 辆货车＋1 辆带可控列尾装置的机车”构成，列车全长 2.6 km 左右，整列车通常覆盖 3～4 个线路纵断面，导致整列车的线路附加阻力分布不均匀。主控与从控机车之间的控制指令依靠无线传输，货车的制动指令依靠空气制动波传输，因此在列车运行过程中可能出现主控-从控机车控制响应延时，空气制动过程中前部与尾部车辆存在制动/缓解时间差，使得重载组合列车在运行过程中的受力十分复杂，建模难度大。

2. 约束条件耦合多

重载列车开行受到线路、环境制约，随着列车载重增大、编组辆数增多，在牵引/制动力的加/减载、特殊场景下电制动力的限制、空气制动与电制动的协同配合、空气制动的最低缓解速度、过分相前后的平稳操纵等方面有很多约束条件，一旦操纵不当容易出现冲动，严重时可能诱发中部机车渡板变形、车钩分离、脱轨、脱线等重大安全事故。

3. 循环空气制动精准操纵难

我国货运拖车多使用自动式空气制动系统，其空气制动只能阶段施加、一次缓解。对重载列车而言，在长大下坡道区段内机车电制动的速度调节能力有限，必须与车辆空气制动协同控制才能保障安全通过。空气制动系统的制动力特性与再充风时间、列车速度和闸瓦摩擦作用均有关，车辆空气制动性能存在离散性大的问题，但循环空气制动缓解对列车缓解地点与速度均有严格要求，这对重载列车在长大下坡过程中的精准操纵提出了很高的要求。

综上所述，针对操纵难点保证重载列车运行的平稳性与安全性是机车自动驾驶技术研究的重点与难点。

第二节　机车自动驾驶系统架构与关键技术

一、场景分析

结合车载系统、信号系统、地面系统及机车乘务员操纵的相关规定开展运用场景分析，为实现机车自动驾驶提供场景描述、边界划分、约束条件和经验规则，从而实现控制策略与实际运用的紧密结合。根据目前国内干线机车运用情况及相关操纵规定，机车自动驾驶系统的运用场景应包含干线机车调车和正线作业。干线机车调车是指干线机车在段内和站场运行，其场景覆盖机车唤醒、机车出段和正线发车，以及正线运营完成后的站场解编和机车入段休眠；正线作业场景是指机车完成正线运营所需要的场景，覆盖区间运行、车站的到达、停车及通过等。在列车运行过程中，遇到的故障及非正常场景，自动驾驶也需要做出对应的安全导向。具体场景组成如图 8-1 所示。

二、系统架构

机车自动驾驶系统运用场景包括站段自动调车与正线自动运行，其系统整体架构由车载与地面 2 个部分组成，车载部分由机车自动驾驶装置、智能显示单元、自动唤醒装置、健康管理系统、障碍物检测单元、车载云平台及车地无线通信单元等组成，地面部分包括调车管理系统、无线信号控制系统、定位服务器、调度中心、数据中心、智能运维系统、通信系统等。针对具体运用需求，该系统组成与功能可进行裁剪与适应性更改。机车自动驾驶系统整体架构如图 8-2 所示。

机车自动驾驶系统车载设备以机车自动驾驶装置（ATO）为核心，通过与车载既有关键控制设备（网络控制系统、空气制动系统、列车运行监控设备、无线同步操控等）、健康管理系统、障碍物检测单元，以及调度、监测、通信等地面系统进行信息交互与安全联动，并基于多目标约束条件下的最优曲线规划和智能跟随等技术实现列车自动唤醒、自动整备、自动调车和正线自动运行等全场景的自动控制。

自动唤醒装置用于自动驾驶列车的唤醒与休眠；健康管理系统监测车载关键设备状态并将对应信息实时发送给 ATO；障碍物检测单元与车载雷达及摄像头连接，进行近距离、低速度场景下的障碍物检测；车载云平台将车载数据以无线方式传输至地面。调车管理系统负责获取机车服役状态、出勤计划与整备计划，同时具备远程操纵功能；无线信号控制系统获取联锁进路信息并将其发送至车载设备，用于计算调车速度防护曲线；定位服务器采用北

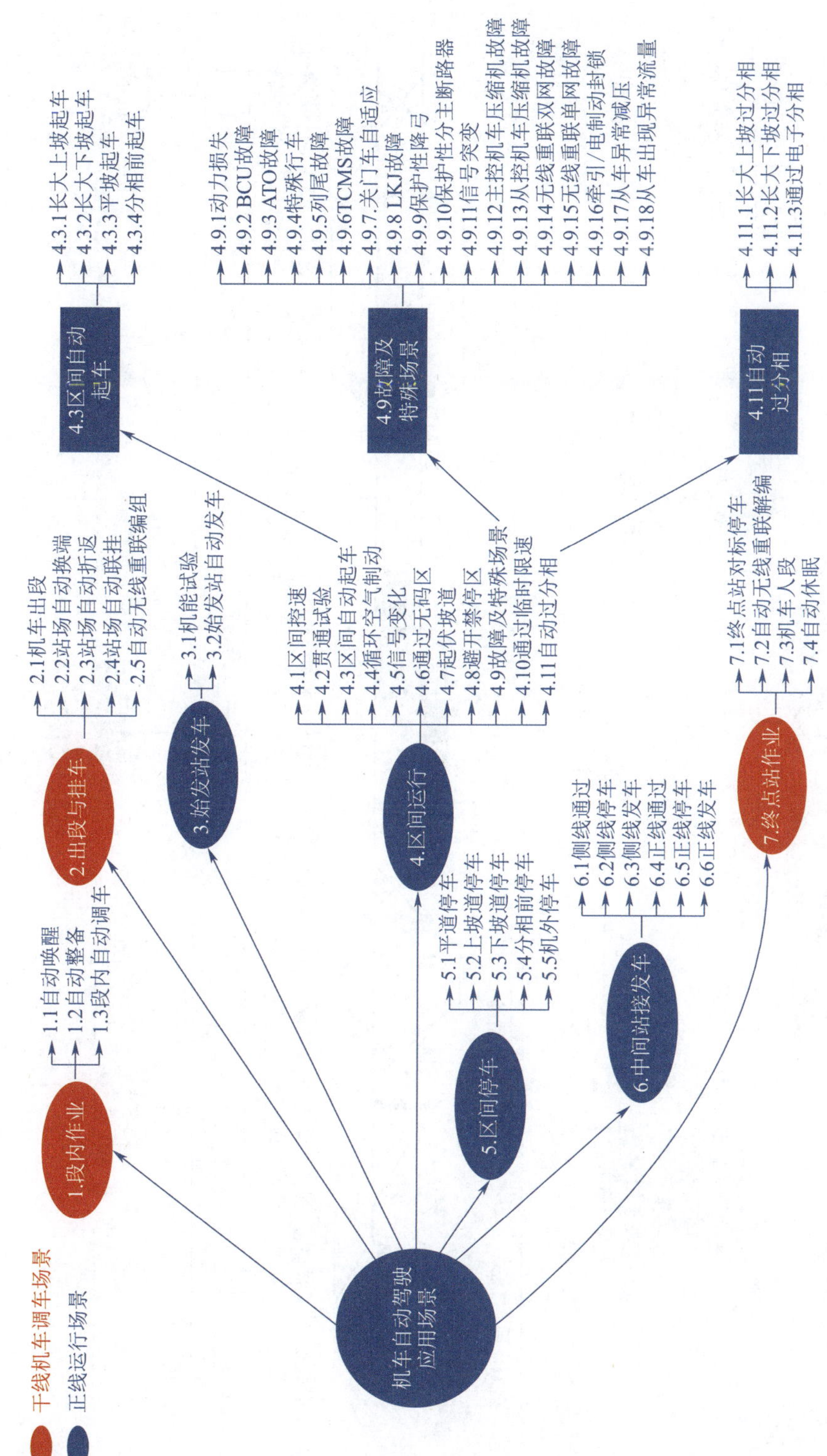

图 8-1 机车自动驾驶运用场景

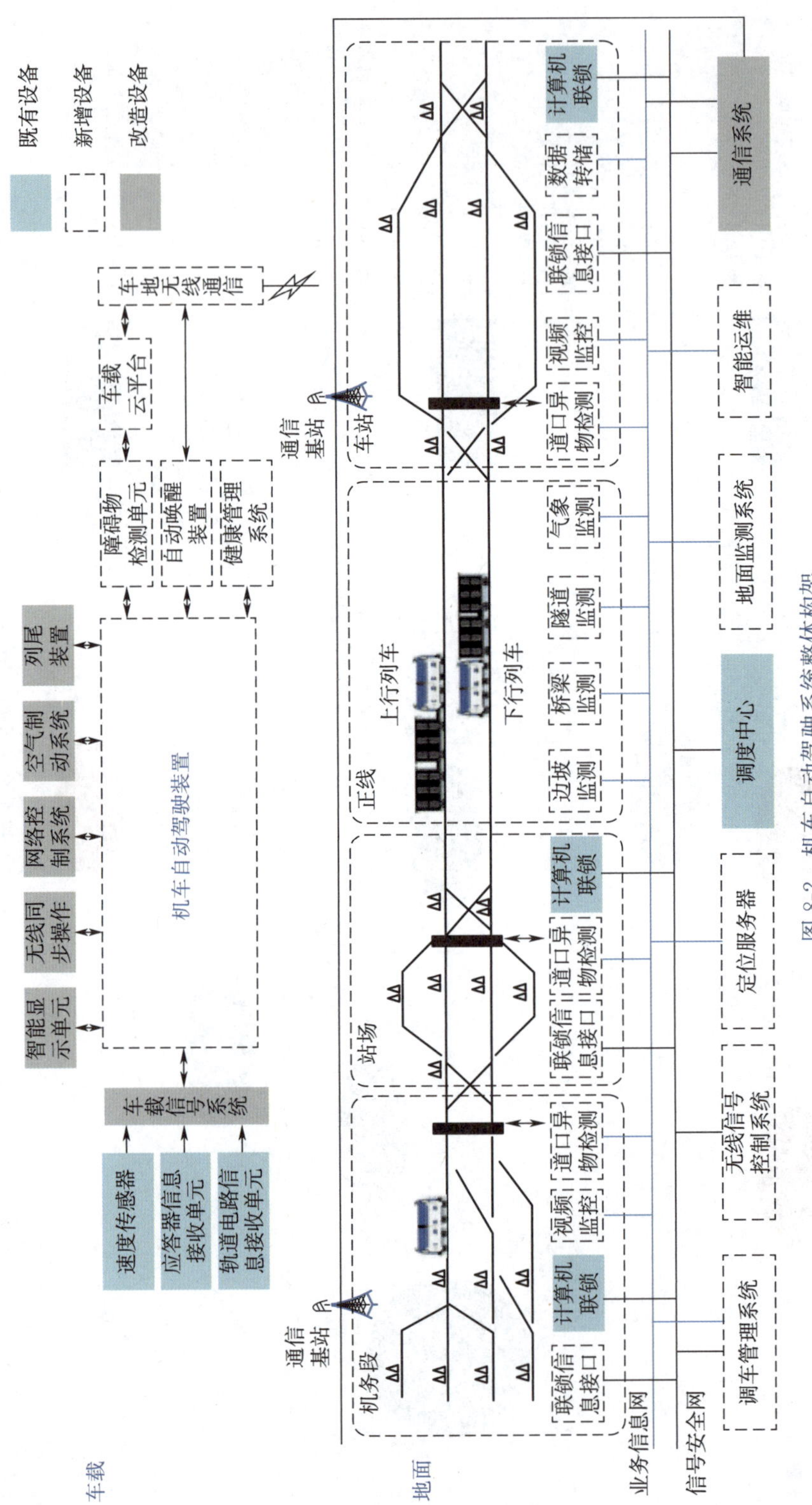

图 8-2　机车自动驾驶系统整体构架

斗差分定位，用于提升列车的定位精度；地面监测系统实时获取地面的异物入侵、边坡桥梁、气象、视频监测等信息；智能运维系统负责分析机车在运行过程中产生的各类数据，辅助人工决策；通信系统负责将地面监测数据与调度数据发送到车载自动驾驶系统。

三、关键技术

机车自动驾驶技术的发展目标为替代人工操纵，实现列车安全、平稳、准点、节能运行。从空间维度划分，自动驾驶关键技术包括车载侧技术和地面侧技术。在车载侧，机车自动驾驶装置作为决策控制的核心，通过信息感知、决策规划、跟随控制等关键技术完成自动驾驶的决策行为，将车载控制指令序列发送给关联系统执行并实时观测运行状态。在地面侧，为保障自动驾驶列车根据运行计划和临时调度命令信息进行动态调整，需通过地面调度系统进行车地协同；与此同时，为保障自动驾驶系统的高效安全运行，需构建 1 套基于列车纵向动力学的仿真技术平台，为自动驾驶运行品质的不断优化提供完备、真实的仿真与测试保障。机车自动驾驶关键技术如图 8-3 所示。

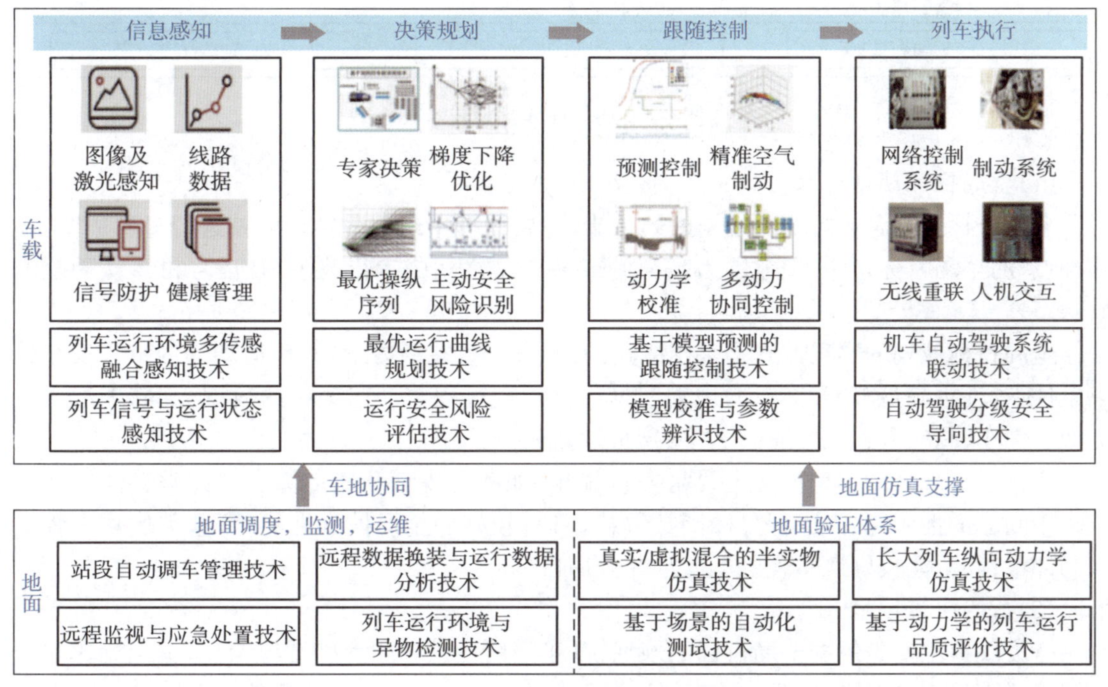

图 8-3　机车自动驾驶关键技术

1. 运行曲线规划技术

运行曲线规划是根据列车运行线路数据、信号状态、运行时分和限速要求，结合机车牵引制动特性曲线、车辆特性、列车编组等信息，计算未来一段时间的运行曲线。运行曲线规划的本质是一个带约束的多目标运动规划，目标包括安全、平稳、节能和准点。考虑全局运营目标、复杂场景及动态运行因素的影响，将运行曲线规划技术划分为全局目标规划、行为决策和动态目标规划 3 个部分，技术框架如图 8-4 所述。

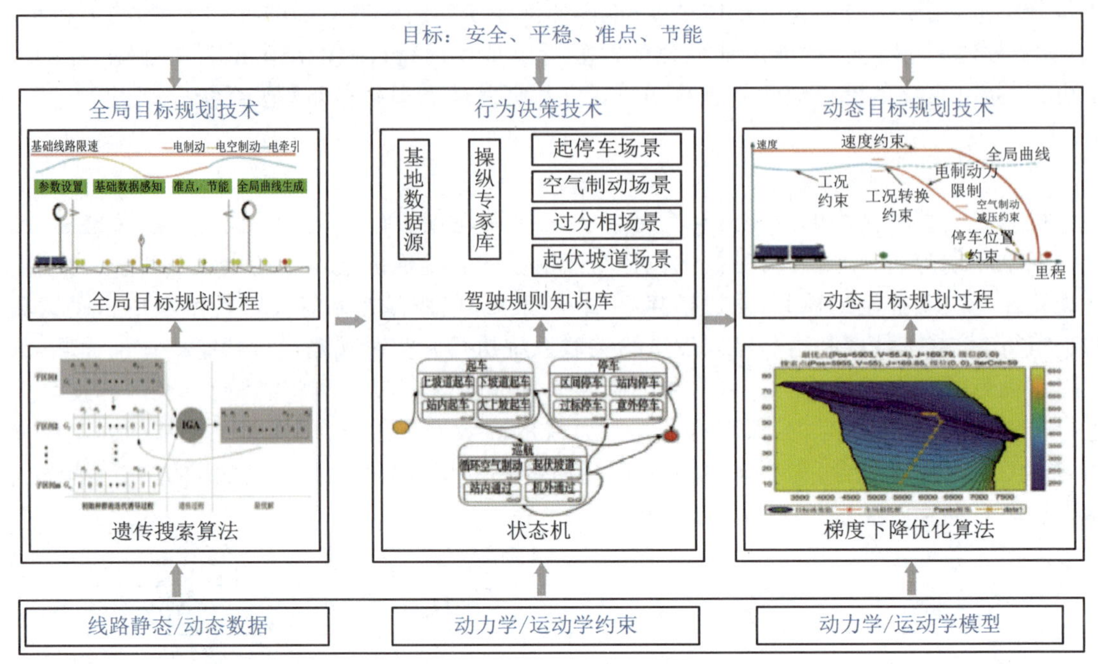

图 8-4　运行曲线规划技术

(1)全局目标规划技术

全局目标规划是运行曲线规划的第一步，主要用于实现机车自动驾驶运行过程中“节能和准点”的全局目标，其实现范围为站与站或多个站之间的运行范围，且信号机默认为全开放状态。

全局目标规划的实现方式是基于线路的静态信息，在动力学约束、运动学约束和安全约束条件下，计算满足节能、准点的规划序列。该实现过程与动态变化的数据无关，无法实现类似于停车、临时限速区域通过之类的动态功能。

全局目标规划的实现算法主要是搜索优化，如动态规划和遗传算法。此类算法一般不依赖于问题的性质，只需进行目标函数寻优，具有较好的全局搜索性能，可避免优化过程陷入局部最优解，能较好地实现机车运行的全局目标。

(2)行为决策技术

行为决策主要是依据全局目标的规划，基于当前场景和环境感知等信息，输出列车对应的驾驶行为目标，它的功能是缩小运动规划的解集空间，提高规划动作的安全性。

行为决策功能首先根据决策数据、专家知识库确定机车驾驶状态与操纵规范的约束，然后通过有限状态机或决策树等推理决策算法得出合理的驾驶行为，最后将该驾驶行为转化为相应的速度和工况约束以用于动态目标规划。决策数据包含车辆状态、线路数据和动态数据等不同维度和尺度的输入信息；专家知识库包含《列车牵引计算》《铁路机车操作规则》和优秀机车乘务员经验。

行为决策的典型决策场景包括起停车、过分相、循环空气制动、动能闯坡、临时限速运行、起伏坡道运行等。典型决策场景所对应的决策包含：起车模式、停车模式、电制动与电空制动的选择，空气制动施加与缓解位置的选取，提前控速的距离，道岔区电制动力限制值，空气制动的减压量，理想的充排风时间等状态和控制约束。

(3)动态目标规划技术

动态目标规划是根据行为决策的结果来实现机车运行过程中的动态目标，即当前信号机动态变化，相应后续的信号机默认按照降码模式且同时满足限速曲线的要求进行目前的动态计算。

动态目标规划的实现方式为：①在行为决策结果中提炼出非线性状态约束、控制约束和终端约束，将速度规划问题转化为带约束的非线性最优控制问题；②设计非线性梯度下降求解优化算法，在非线性状态和控制约束下对平稳和节能目标进行梯度寻优，得到控制量序列以及速度序列。

2. 跟随控制技术

自动驾驶动态运行规划完成后，机车必须按照规划精准执行。跟随控制是以规划好的运行曲线为目标，以列车动力学和运动学模型为基础，克服模型失准等影响，计算得出实际控制列车运行的牵引/制动和空气制动指令，实现自适应鲁棒速度跟踪控制。列车在行驶过程中其内部参数会随着载荷、线路状况的变化而改变，同时环境、天气、轨道湿滑程度等也会影响牵引和制动系统执行部件的能力发挥。因此，跟随控制技术应能够根据不同的场景、运行等级，给定不同的牵引/制动和空气制动指令，满足多目标运行的需求。机车自动驾驶跟踪控制技术主要包含控制器设计和模型参数辨识 2 个层面，如图 8-5 所示。

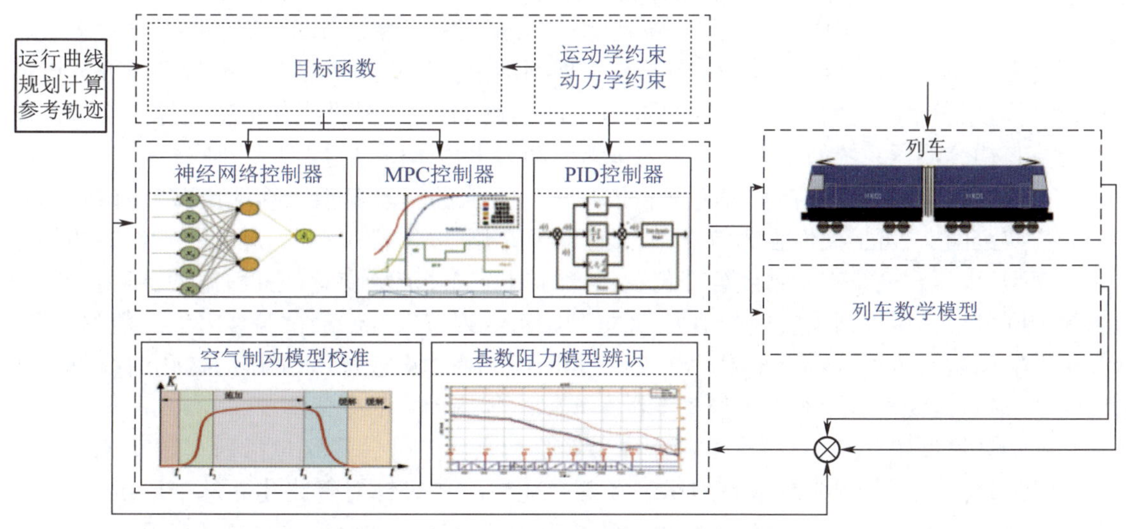

图 8-5　跟踪控制技术

控制器主要包括两类控制算法，第一类是无模型传统控制算法，第二类是基于模型的先进控制算法。无模型传统控制算法是在运动学和动力学约束条件下设计专家 PID 控制器，解决典型场景的跟随控制问题。但列车运行环境复杂，面临动态过程非线性强、随机扰动多的问题，同时过程模型时刻改变所带来的模型失配问题会降低控制算法的精度。基于模型的先进控制算法首先基于列车运动学状态空间方程构建出预测模型；其次考虑列车运行舒适性要求和空气制动操纵约束，增加包括加速度、冲击率、力的给定斜率等状态量在内的约束规则集，设计带约束的多目标代价函数；最后设计优化计算策略，比如 QP 求解器，实现代价函数寻优求解计算。基于模型的先进控制算法能够实现更高精度的速度跟踪控制，但对计算能力的需求过大，且对模型比较敏感，鲁棒性较低，不一定适用于所有控制场景。

模型参数辨识主要包含随机性扰动补偿、空气制动模型校准和基本阻力模型参数辨识。随机性扰动补偿是采用基于学习规则而设计的神经网络算法，从实际数据中分析扰动特性，补偿模型中的随机性误差且消除模型失配带来的预测偏差。空气制动模型校准和基本阻力模型参数辨识是通过估计出列车模型误差，并将其分离为随机误差项和常值误差项，分别校准运行轨迹规划及跟踪控制的列车模型参数，并进行迭代优化以保证列车在全线路不同场景中的安全运行。

3. 列车纵向动力学

通过列车纵向动力学仿真分析影响列车纵向运动过程中动力学性能的相关因素，包括车钩缓冲器装置、操纵策略、线路条件、编组模式、车辆空气制动系统和运行工况等。通过该技术可实现列车运行安全性能指标的定量分析，多种操纵策略、装备方案的比选和风险预测，促使列车操纵更科学化、规范化，从而提高列车运行的平稳性、安全性。

列车纵向动力学仿真技术框架图如图 8-6 所示，纵向动力学模型中每个机车车辆都具备独立的自由度，首先通过对空气制动系统、机车牵引系统、环境阻力和钩缓系统分别建模得到各自由度的空气制动力、实际牵引电制动力、环境阻力、车钩力与车钩位移关系，同时对机车指令信号传递的时间特性进行模拟；然后将空气制动力、阻力、牵引电制动力等集成到列车纵向动力学方程组中，使用 Newmark 和 Runge-Kutta 等数值求解算法同时迭代求解各个自由度的速度、加速度和车钩力等；最后根据制动试验数据和实测车钩力数据校准关键模型，实现适用于多工况的多编组列车纵向动力学仿真，为列车操纵优化提供支撑。空气制动系统与车钩缓冲器系统的仿真建模是列车纵向动力学技术研究的重点与难点。

空气制动系统模型包括物理模型和依赖试验数据的经验模型。物理模型具有精度高、模型适应范围广、可扩展性强等特点，通过建立机车制动、车辆制动、列尾装置工作时的气体运动模型，可得到列车制动系统各个位置任意时刻的气体流场变量（密度、温度、压力等）；经验模型则可快速仿真列车空气制动力，通过利用重载列车空气制动试验台采集的数据（不同类型车辆的制动数据），对列车制动和缓解过程中的制动波速、制动缸压力变化曲线进行非线性动态拟合，模拟不同充排风场景下机车车辆空气制动力的变化情况。

在物理模型中，空气制动系统被分解为管路和边界条件。管路包括列车制动主管和支管，边界条件包括分配阀、缸室和列尾装置等。建模时首先针对管路建立基于质量、动量和能量守恒的偏微分方程组，再利用特征线法或有限差分法将方程组进行离散变换，然后联立边界方程进行联合求解，在时间维度上迭代计算得到任意车辆位置在任意时刻的制动缸压力，最后对基础制动装置和闸瓦建模得到空气制动力。

缓冲器是耗散机车车辆冲击力的关键部件，缓冲器类型包括摩擦斜楔形缓冲器和胶泥型缓冲器。构建高精度物理模型，首先需对不同类型缓冲器的材料特性、机械结构和部件间的相对运动进行分析，并通过数学模型描述得到各个类型缓冲器的阻抗力-位移特性曲线，再根据机车车辆实际编组情况进行缓冲器串联仿真处理，最后得到机车车辆间的相互作用

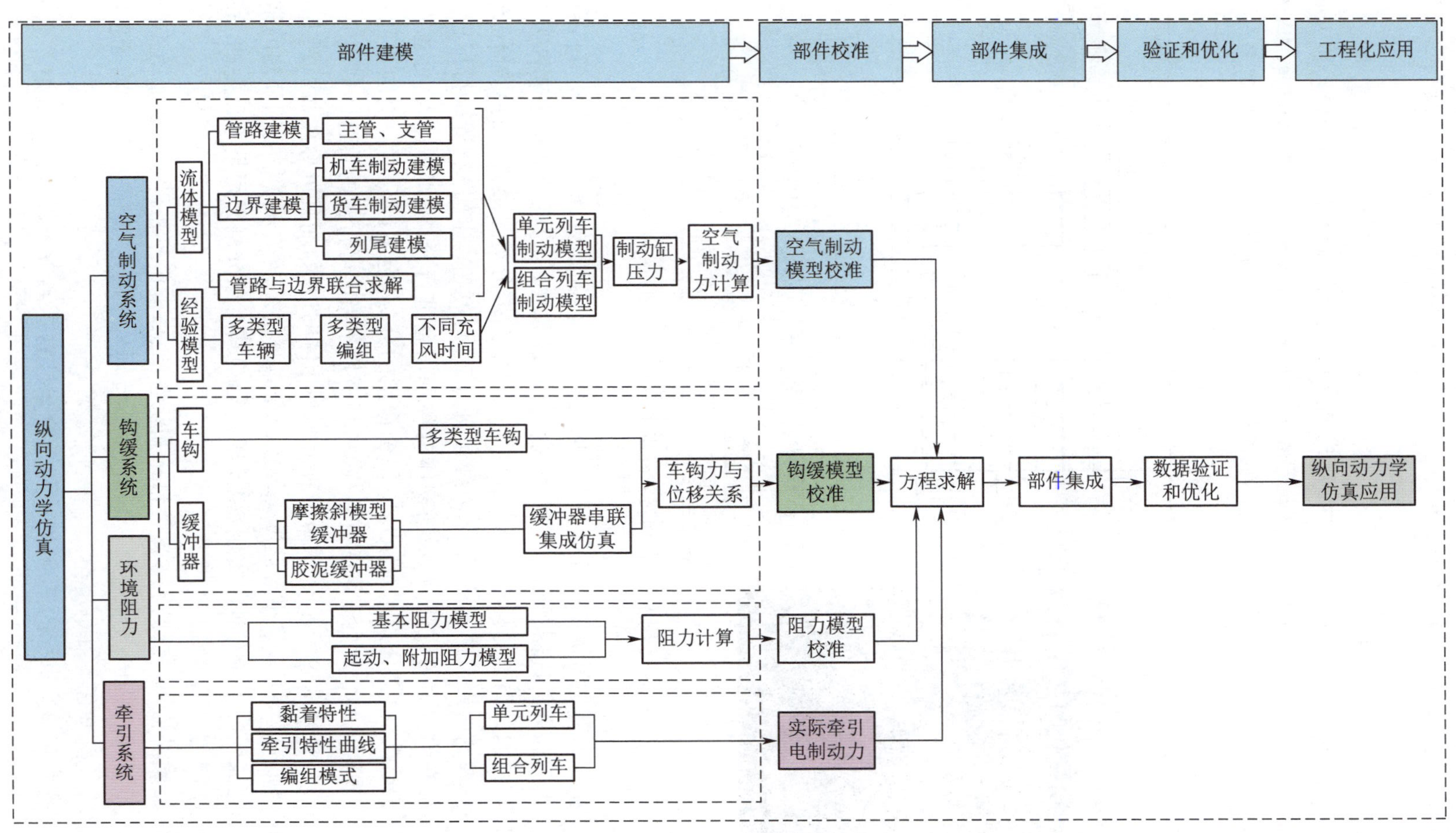

图 8-6 列车纵向动力学仿真技术框架

力。为提高列车纵向动力学仿真计算速度，可预存钩缓受力特性曲线，通过查表法快速计算车钩力。

4. 多传感器融合感知技术

精确感知列车运行环境中的行驶区域，行人、列车及障碍物的位置与速度，以及信号灯与标识牌之类的线路信息，可为机车自动驾驶的决策提供必要信息和参考依据。以在包神铁路装车的障碍物检测系统为例，典型的列车融合感知应用所需的传感器配置及其系统功能架构如图 8-7 所示。

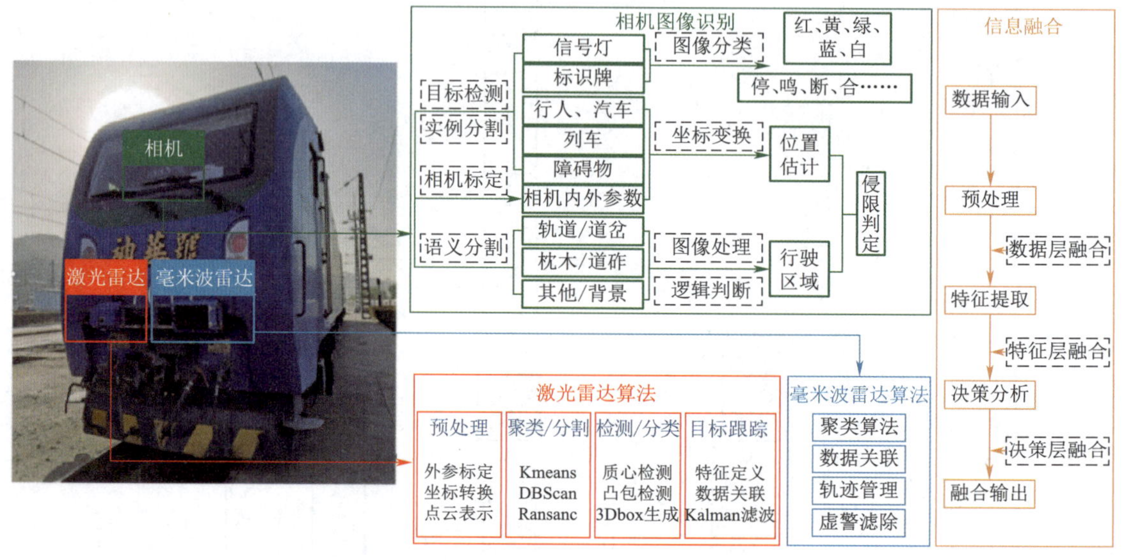

图 8-7　自动驾驶障碍物检测系统功能架构

基于相机摄像并通过机器视觉算法可获取视野内物体的颜色、纹理和形状等信息，近年来深度学习大大提升了机器视觉算法的准确性。自动驾驶中的视觉算法主要涉及目标检测、语义分割、图像分类、实例分割、全景分割等。其中图像分类是最常见的基础任务，可利用模型判断图像的所属类别属性，如标志牌信息、信号灯颜色、列车车型等。目标检测用于定位常见目标在图像中的位置，并根据物体的类别信息进行分类，如对行人、标志牌、信号灯、机车等的检测。语义分割是对图片中每个像素的分类，但不区分同一类别中的不同对象，例如可实现铁轨和轨道内区域的有效检测，判断列车当前可行驶的轨道区域。实例分割是目标检测与语义分割的结合，不仅可精确分割到物体的边缘，而且可标注并识别出图像中同一类别的不同个体，但模型推理速度比较慢。全景分割是语义分割与实例分割的结合，相比语义分割它能区分单独的对象实例，相比实例分割其对象分割必须是不重叠的。机车自动驾驶视觉检测的效果如图 8-8 所示。

虽然通过相机感知可以提供丰富的目标和状态信息，但由于相机是一种被动式传感器，感知深度不足，因此测距精度低且易受环境影响，特别是在强光、低照度、雨雪雾等恶劣环境下仅靠相机完成感知任务其难度会大幅提升。

雷达传感器能检测目标的三维信息，目前毫米波雷达和激光雷达较为常用。毫米波雷

(a) 目标检测

(b) 语义分割

(c) 图像分类

(d) 实例分割

图 8-8　自动驾驶视觉检测效果

达受天气影响小且抗干扰能力强，对烟雾、灰尘有很好的穿透性，能实现全天时、全天候工作，是汽车和航空领域障碍物探测(测距、测速、测方位)的首选雷达。但在轨道交通领域，毫米波雷达的使用面临杂波干扰大、探测距离不足，雷达峰值功率、发射和接收天线增益不足，方位分辨率差等问题，现有成熟产品难以推广应用。

激光雷达具有距离分辨率高、抗有源干扰能力强、探测性能好、可全天时运行的特点。相比毫米波雷达，激光雷达能够从数据中提取距离、姿态等更为细致的目标信息和更为丰富的路况信息，探测范围更广，探测精度更高，是轨道交通中近距离障碍物探测的首选雷达。但同时激光雷达在进行运行环境感知时需提供障碍物(包括当前轨道机车)的准确位置，且存在诸如点云数据量大、轨道场景地面不平、轨道反射点云稀疏等技术难点。因此激光雷达点云障碍物检测算法必须通过合理的位置标定、点云提取与降采样、聚类、平面拟合和多帧融合等技术实现障碍物的检测与跟踪，并最终结合轨道曲线判断并输出障碍物位置、类型及是否侵入限界等关键信息。自动驾驶雷达检测的效果如图 8-9 所示。

(a) 毫米波雷达目标识别

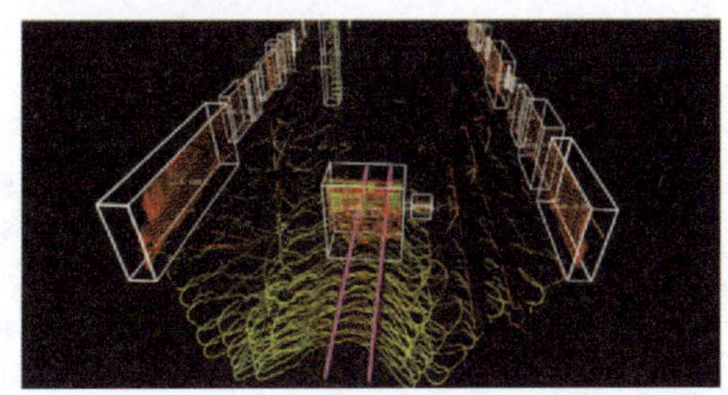
(b) 激光雷达目标识别

图 8-9　自动驾驶雷达检测效果

由于各类单一传感器均具备明显的劣势，因而将多种传感器信息融合是进一步提高感知可靠性和准确性的必要途径。按照信息处理方式，多传感器融合可以划分为数据层融合、特征层融合和决策层融合，目前主流方式为数据层融合和特征层融合。

数据层融合也称像素级融合，即先将各传感器的数据融合，再从融合的数据中提取特征向量并进行判断识别。数据层融合不存在数据丢失的问题，得到的结果也是最准确的，但计算量大，且对系统通信带宽的要求很高。

特征层融合是中间层次融合，即先从每种传感器提供的观测数据中提取有代表性的特征，再将这些特征融合成单一的特征向量后运用模式识别方法进行处理。这种方法的计算量及对通信带宽的要求相对降低，但因对部分数据的舍弃而降低了其准确性。

决策层融合是指在每个传感器对目标做出识别后，再将各传感器的识别结果进行融合，属于高层次的融合。由于对传感器的信息进行了压缩，这种方法产生的结果准确率偏低，但其计算量及对通信带宽的要求最低，是目前自动驾驶领域应用最广的方案。

5. 系统仿真技术

重载列车现场试验存在成本高、效率低、周期长等问题，因此需建立一套真实/虚拟相结合的自动驾驶地面仿真系统，方便线路试验前针对自动驾驶控制策略、运行效果、动力学性能等的测试、验证及完善。同时为支撑自动驾驶系统批量应用，需构建融合列车动力学和《铁路机车操作规则》等的重载列车操纵评价系统，以实现对机车自动驾驶系统运行风险的识别和对常态化运行情况、性能指标的全面评价。

系统仿真平台需对列车在不同线路和信号条件下的运行进行仿真，因此需要包含机车、车辆、线路、信号系统、无线同步操控系统、列尾装置等。考虑到仿真的可用性与有效性，仿真平台采用真实实物与虚拟软件相结合的方式实现对长大列车的仿真。真实实物方面采用与实车一致的网络控制、车载信号、无线同步操控、自动驾驶、人机交互等系统，虚拟软件方面采用机车、列车和动力学仿真软件来模拟列车运行状态。系统仿真平台如图 8-10 所示。

仿真软件包含机车仿真和列车运行仿真 2 个部分。在机车仿真方面，主要针对牵引系统、制动系统、辅助系统、高压设备、低压设备等机车关键系统进行建模，根据人工驾驶或自动驾驶的控制指令，实现对牵引力、制动力、主司控器手柄、制动系统手柄等机车关键设备仿真；在列车运行仿真方面，主要针对列车运行环境、阻力、车辆、钩缓等建模，实现对列车速度、运行阻力、列车管压力、车辆制动力、加速度、车钩力等列车运行状态关键参数的仿真计算，从而提供完备、准确的列车运行仿真环境，满足列车自动驾驶的测试和验证要求。

该仿真平台可支持不同机车类型、不同编组类型、不同线路等条件下的列车自动驾驶仿真，可模拟列车在站段和正线所遇到的场景，也可模拟故障场景，验证自动驾驶系统的安全导向功能，为自动驾驶系统软件迭代升级及验证提供可靠环境。

四、系统应用情况

1. 典型应用

本文所述的机车自动驾驶技术及其相关产品已经在国内 9 种车型的机车上装车，可适配不同厂家的网络控制系统、空气制动系统、无线同步操控系统、信号系统，具备良好的兼容

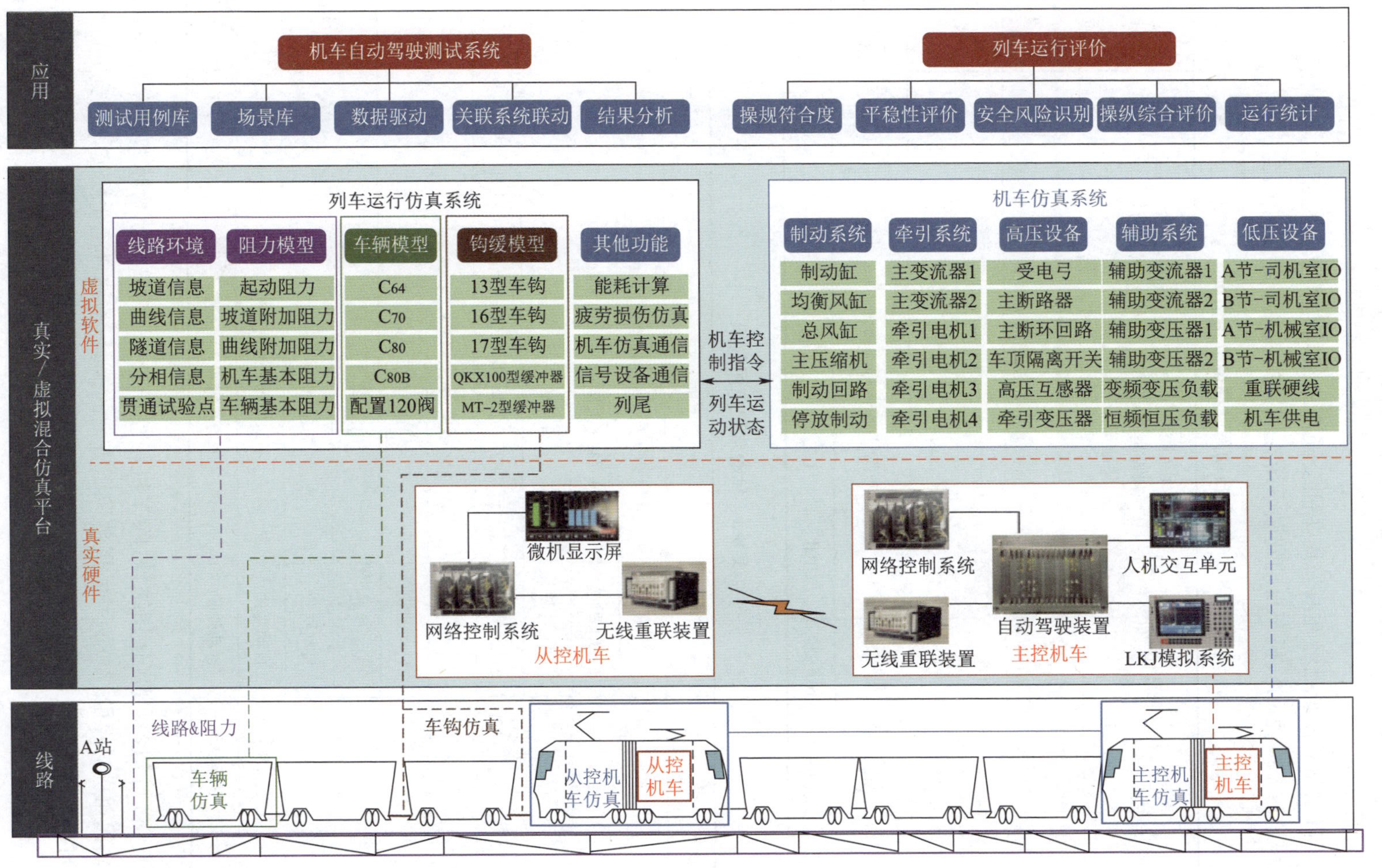

图 8-10 列车自动驾驶系统仿真平台

性及可扩展性。目前，该系统典型应用情况见表 8-2。

2. 运用效果

机车自动驾驶系统已经在西安局集团公司西康线与包神铁路神朔线常态化运行，累计运用里程超过 150 万 km，机车自动驾驶系统在线路的应用效果统计见表 8-3。

表 8-2 机车自动驾驶典型应用情况

车　型	信号系统	网络控制系统	空气制动系统	无线同步操控系统供应商	载　重	负载类型	运行里程/(10^4 km)	场　景
国产化 HXD1	LKJ2000	DTECS	DK-2	—	4 500 t	货运	100	正线
HXD2	LKJ2000	MPU	JZ-8	—	4 500 t	货运	2	正线
神华八轴	LKJ15C	DTECS	DK-2	时代电气	1 万 t	货运	55	正线/站段
神华八轴	LKJ15C/ATP	DTECS	DK-2	时代电气	2.1 万 t	货运	0.6	正线
HXD1	LKJ15C	SIBAS32	CCBⅡ	GE	2.1 万 t	货运	155	正线

表 8-3 自动驾驶应用效果

项　目	载　重	类　别	数据统计	效　果
单位能耗	上行重载	人工驾驶	150.999 7 kW·h/(10^4 t·km)	节能 1.2%
		自动驾驶	149.237 6 kW·h/(10^4 t·km)	
	下行轻载	人工驾驶	117.433 6 kW·h/(10^4 t·km)	节能 4.6%
		自动驾驶	111.997 0 kW·h/(10^4 t·km)	
技术速度	上行重载	人工驾驶	均速 55.9 km/h	提速 2.0 km/h
		自动驾驶	均速 57.9 km/h	
	下行轻载	人工驾驶	均速 62.0 km/h	提速 3.4 km/h
		自动驾驶	均速 65.4 km/h	
操控率	上行重载	自动驾驶	平均接管 0.5 次/趟	自动操控率 98%以上
	下行轻载	自动驾驶	平均接管 0.4 次/趟	

由表 8-3 可知，经现场运用统计，除车机联控场景外，机车自动驾驶系统在运行期间能够完全替代司机对牵引、制动手柄、尾部风压查询的操纵，整体自动化操控率达到 98%以上；通过对列车运行能耗及运行速度数据的统计，机车自动驾驶相比人工驾驶其上行重载节能 1.2%，下行轻载节能 4.6%，平均节能 2.9%；上行重载提速 2.0 km/h，下行轻载提速 3.4 km/h，平均提速 2.7 km/h。自动驾驶系统的障碍物检测效果见表 8-4。

表 8-4 自动驾驶系统的障碍物检测效果

类型	范围或大小	检测召回率	检测准确率
行人	200 m 以内	95.15%	94.81%
火车	400 m 以内	97.39%	95.84%
汽车	目标框大于 900 像素	94.15%	91.19%
信号灯	目标框大于 900 像素	98.29%	97.62%
标识牌	目标框大于 900 像素	94.89%	95.23%
障碍物	30 cm×30 cm×30 cm	98.21%	97.05%
平均值		96.35%	95.29%

由表 8-4 可知，经现场运用统计，在机车站段调车作业过程中，障碍物检测系统可以辅助司机对行人、信号灯、障碍物、标志牌等进行识别和检测，其中目标检测平均准确率约为 95.29%，平均召回率约为 96.35%，系统无故障运行累计超过 20 万 km。

复习思考题

1. 机车自动驾驶与城轨/动车自动驾驶的区别是什么？
2. 机车自动驾驶技术难点有哪些？
3. 机车自动驾驶运行曲线规划技术分为哪些？
4. 简述多传感器融合感知技术有哪些特点？
5. 机车自动驾驶系统仿真技术依托于哪些专业知识？
6. 机车自动驾驶系统应用情况有哪些？